JN333365

経営者と管理者の研究

東洋大学経営力創成研究センター 編

Research Center for Creative Management,
Toyo University

学文社

執 筆 者 (執筆順)

小椋　康宏　東洋大学教授 …………………………………………（第1章）
　　　　　　東洋大学経営力創成研究センター長

河野　大機　東洋大学教授 …………………………………………（第2章）
　　　　　　東洋大学経営力創成研究センター
　　　　　　プロジェクト・サブリーダー

中村　公一　駒澤大学教授 …………………………………………（第3章）
　　　　　　東洋大学経営力創成研究センター客員研究員

加藤　茂夫　専修大学教授 …………………………………………（第4章）
　　　　　　東洋大学経営力創成研究センター客員研究員

小嶋　正稔　東洋大学教授 …………………………………………（第5章）
　　　　　　東洋大学経営力創成研究センター研究員

松本　芳男　日本大学教授 …………………………………………（第6章）
　　　　　　東洋大学経営力創成研究センター客員研究員

中村　久人　東洋大学教授 …………………………………………（第7章）
　　　　　　東洋大学経営力創成研究センター研究員

幸田　浩文　東洋大学教授 …………………………………………（第8章）
　　　　　　東洋大学経営力創成研究センター
　　　　　　プロジェクト・サブリーダー

経営者と管理者の研究

まえがき

　東洋大学経営力創成研究センターは，平成21年度の文部科学省による私立大学戦略的研究基盤形成支援事業の認可を受け，統一テーマ「日本発経営力の創成と『新・日本流』経営者・管理者教育の研究」のもとに新たな研究活動を進めております．本研究センターは，2004年7月に設立され，オープン・リサーチ・センターとして5年にわたる研究活動を続け，成果を発表してまいりました．引き続き2009年には，本研究センターは新しい統一テーマによる研究活動を進め，その成果を『経営力創成研究』第6号，『経営力創成研究』第7号，および「『新・日本流』経営者・管理者教育に関するアンケート調査中間報告書」を刊行してまいりました．

　ところで，日本企業を取り巻く経営環境には厳しいものがあります．経営のグローバル化，金融のグローバル化における経営環境の変化はもとより，東日本大震災・原発による環境異変およびタイの大洪水による長期にわたる操業停止等，いずれも大きな環境変化が経営体そのものの変革を余儀なくさせております．

　このような状況のなかで，本研究センターの研究活動の中間成果物として，本書を出版することになりました．本書は，本研究センターの研究員および客員研究員による3年間にわたる共同研究の成果を国内外企業の経営実践家および国内外の研究者に対し，発信することを狙ったわけです．本書は，第1章から第8章にわたって8編の論文で構成されており，いずれも経営力創成，経営者教育，および管理者教育の研究に関わるものであります．また，8編の論文の後には「『新・日本流』経営者・管理者教育に関するアンケート調査中間報告書」をまとめたものを収録しました．また，補録として，東洋大学経営力創

成研究センターの概要と活動報告（2009年4月から2011年7月まで）の概要の一部をまとめております．本書は本研究センターが抱える研究テーマ，研究目的をもとに展開した内容の論文であることを強調しておきたいと思います．

　最後に，本研究センターの事業活動にご協力いただいております関係者各位にお礼を申し上げます．また，本書の出版に関し，ご尽力いただいた学文社社長，田中千津子氏に厚くお礼を申し上げる次第です．加えて，本研究センター研究員・客員研究員の研究活動の展開を祈念して，まえがきといたします．

　2011年11月24日

東洋大学経営力創成研究センター

センター長　小椋　康宏

目　次

まえがき　i

第1章　現代経営者の経営理念―企業価値創造とCSR―……………1
1．はじめに　1
2．現代経営者の経営理念の本質　2
3．経営理念とステークホルダー　5
4．現代経営者のコンプライアンス　15
5．マネジメント・プロフェッショナルとしての現代経営者　24
6．日本の経営者の経営理念　26
7．おわりに　27

第2章　経営体存続目標―Druckerの諸概念を関連させて―……………30
1．はじめに　30
2．〈経営体存続目標〉における全八項目　30
3．経営体存続目標と経営体三［四］重制度との関連づけによる追加項目　43
4．近年必要になった最高経営職能（狭義）からの追加項目　46
5．経営体存続的な経営力の意味　48
6．おわりに　49

第3章　経営戦略の実行能力……………54
1．はじめに　54
2．経営戦略の策定から実行へ　55
3．M&A戦略のプロセスと実行能力―M&Aコンピタンスの概念　60
4．経営戦略の実行能力の把握―アンケート結果より　65

5．経営戦略の実行から学習へ　69
　6．おわりに　72

第4章　ベンチャー企業とソーシャル・ビジネスの使命
　　　　―ベンチャースピリットとソーシャルベンチャー…………………………76
　1．はじめに　76
　2．ベンチャー企業とは何か　76
　3．BOP（ボトム／ベース・オブ・ザ・ピラミッド）　82
　4．ソーシャル・ビジネス　84
　5．ピラミッド型組織からバルーン型組織・ソーシャルベンチャー　94
　6．おわりに―ソーシャルベンチャーが主役の時代　95

第5章　起業家概念の変質と起業家社会の構築………………………………101
　1．はじめに　101
　2．起業家の役割の拡大　101
　3．雇用者社会における自営業　103
　4．起業家の類型化　107
　5．起業家社会の構築のために　118

第6章　経営者能力とその育成……………………………………………………126
　1．はじめに　126
　2．経営者能力とは何か　127
　3．経営者能力は測定可能か　129
　4．経営者能力の育成　131
　5．人間教育　135
　6．むすび　139

目　次　v

第7章　経営者教育におけるリーダーシップ開発論と
　　　　　サーバント・リーダーシップ論 ……………………………… 143
　1．はじめに　143
　2．リーダーシップの類型とその展開　144
　3．リーダーシップ開発論　150
　4．リーダーシップ発現のプロセスとその構成ファクター　153
　5．サーバント・リーダーシップ論　157
　6．おわりに　162

第8章　日本企業における管理者能力の育成 ……………………… 166
　1．はじめに　166
　2．日本企業における能力概念―職務遂行能力　167
　3．戦後日本企業における人材育成管理の変遷　170
　4．東洋大学経営力創成研究センター「日本発経営力の創成と『新・日本流』経営者・管理者教育アンケート調査」結果より　182
　5．首尾一貫した経営哲学と人材育成施策―むすびにかえて―　185

資　料 ……………………………………………………………………… 191

東洋大学経営力創成研究センターの概要と活動報告 ………………… 233
　1．本センターの概要　233
　2．シンポジウム　235
　3．刊行物　238

索　引 ……………………………………………………………………… 239

第1章

現代経営者の経営理念
―企業価値創造とCSR―

1．はじめに

　2011年における経営環境は東日本大震災，原発事故以来，現代経営者に大きな圧力を与えることになった．サブ・プライムローンによる金融問題はとりあえず終結に向かったが，地球環境を含めたエネルギーの問題，日本企業の国際競争力の問題，現代経営者のリーダーシップの問題，現代経営者のステークホルダーに対する対境関係の問題は，いずれも今日の企業経営に重要な経営課題をつきつけてきたといえる．

　現代経営者が今日の経営環境のもとで経営実践する場合，もっとも大事なものは経営理念であると考えることができる．経営理念は，第二次世界大戦後の日本のマネジメントの経営実践のなかで議論されてきた問題である．具体的には，企業の社会的責任，最近の用語であるCSR（Corporate Social Responsibility）の問題は，21世紀に入った現在，あらためて現代経営者の経営実践に問われなければならない．またその経営実践原理は経営研究の重要な研究課題であるといってよい．

　従来の日本的経営から日本型経営への経営実践は，アベグレン（J.C. Abegglen）がその著で展開してきたようにアメリカのマネジメントを取り入れた日本的マネジメント実践のなかで展開してきた経営理念に求めることができる[1]．日本における現代の経営理念は，日本企業の国際競争力を求める原点の一つであると考える．現代経営者は，経営のグローバル化のなかで，もっとも大事な経営実践の原点を表す原理として経営理念を定義しておく必要がある．

　本章では，まず第1に現代経営者における経営理念の本質を明らかにする．

ここでは，企業価値創造の枠組みを明らかにし，現代経営者にとって重要なものの一つである経営機能主義とCSRを明らかにする．第2に経営理念とステークホルダーとし，各ステークホルダーの主張する内容を経営意思決定過程に取り込む方法を検討する．第3に現代経営者のコンプライアンスとし，企業倫理とコンプライアンスの問題を検討し，加えて現代経営者の経営者報酬の実態を検討する．第4に，マネジメント・プロフェショナルとしての現代経営者とし，全人格性を持って経営機能を遂行する現代経営者像を検討する．第5に，アンケート調査による日本の経営者の経営理念について，経営学的検討を試みる．

以上の検討により現代経営者の経営力創成のためのあり方を考える．

2．現代経営者の経営理念の本質

2.1 企業価値創造の枠組み

図表1-1は，ベスリー（Besley, S.）とブリガム（Brigham, E.F.）が示したものであり，財務の視点から価値評価プロセスに含まれる全般的関係を表したものである．これによれば，企業体の価値は，投資家が将来において生み出されると期待されるキャッシュフローと経営活動や成長のための資金調達の目的のために企業体に資金を提供する収益率の関数であるということになる．

経済状況や金融市場，経営活動に含まれる多くの要因は，期待キャッシュフローや投資家が資金を投資するとき，要求する収益率の決定に影響を与える．われわれが企業価値を論究する場合，企業価値は資産から生み出される将来キャッシュフローの現在価値であるという考え方が重要である．

現代経営者のCSRの基本理念は，経営体の自立的経営活動を遂行するうえで，すべてのステークホルダーとどのような関係を持ち，どのようにステークホルダーと対応するかという点にある．経営体のCSR活動は，基本理念として，経営体の企業価値創造につながるものである．現代経営者の基本的機能は，経

図表1-1　企業体の価値

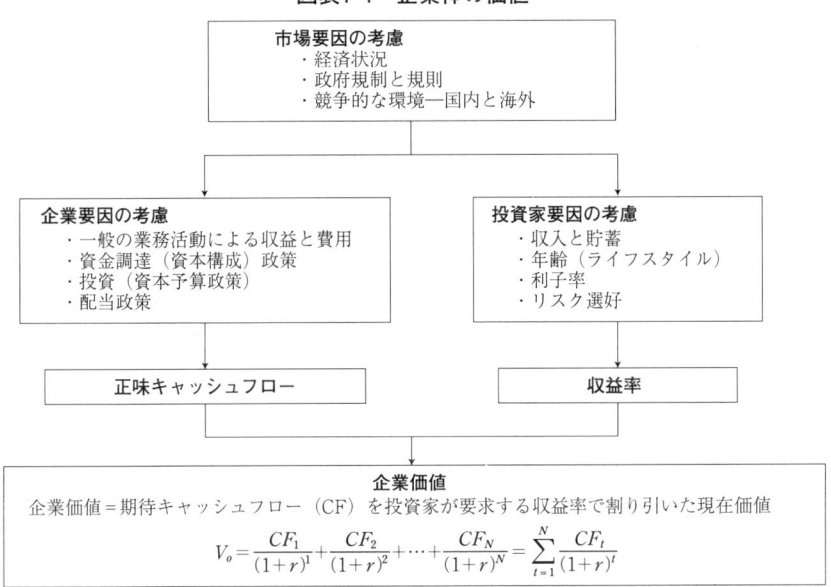

```
                    ┌─────────────────────────┐
                    │     市場要因の考慮          │
                    │   ・経済状況              │
                    │   ・政府規制と規則         │
                    │   ・競争的な環境—国内と海外 │
                    └─────────────────────────┘
                              │
                ┌─────────────┴─────────────┐
                ▼                           ▼
┌───────────────────────────┐   ┌───────────────────────────┐
│     企業要因の考慮            │   │     投資家要因の考慮          │
│ ・一般の業務活動による収益と費用 │   │ ・収入と貯蓄                │
│ ・資金調達（資本構成）政策      │   │ ・年齢（ライフスタイル）      │
│ ・投資（資本予算政策）         │   │ ・利子率                   │
│ ・配当政策                  │   │ ・リスク選好                │
└───────────────────────────┘   └───────────────────────────┘
                │                           │
                ▼                           ▼
       ┌────────────────┐           ┌────────────┐
       │ 正味キャッシュフロー │           │   収益率    │
       └────────────────┘           └────────────┘
```

企業価値
企業価値＝期待キャッシュフロー（CF）を投資家が要求する収益率で割り引いた現在価値

$$V_o = \frac{CF_1}{(1+r)^1} + \frac{CF_2}{(1+r)^2} + \cdots + \frac{CF_N}{(1+r)^N} = \sum_{t=1}^{N} \frac{CF_t}{(1+r)^t}$$

出所）Besley and Brigham, 2008：15

営体の企業価値創造を通じて，経営体の維持・成長に貢献することを意味する．

このように経営体は，すべてのステークホルダーとの対境関係をもちながら，金融市場における株主価値評価（自己資本の総市場価値）を受ける．これらの対境関係がうまくいっている場合，すべてのステークホルダーと経営主体である経営体とは，それぞれの富を享受することになる．

2.2　経営機能主義とCSR

現代経営者の経営理念を考える場合，広義の経営理念と狭義の経営理念を考える必要がある．広義の経営理念は，ミッション，ビジョンと狭義の経営理念を含んだものである．狭義の経営理念はCSRと同義である．特にここでのCSRは企業の社会的責任を意味しており，今日ではCSRは経営の社会的責任

としてすべてのステークホルダーとの対境関係で生じる経営活動を含んでいる（小椋，2009b：3-4）．

　現代経営者の経営理念の最上位にあるミッションは，会社の存在意義を表したものであり，社会的存在としての現代経営体のミッションを担っており，現代企業においては，現代経営者は，そのミッションをもとに企業価値創造を行っている．次にビジョンは，経営体の将来像をもとに設定する方向付けをいう．ここでは，現代経営者は，ビジョンを通して協働する従業員を一体化させ，経営体の成長につなげるためのリーダーシップをとるのである．狭義の経営理念はCSRと同義であり，各ステークホルダーに対する経営活動を通じて基本的な経営理念を明確にする必要がある．ここでのステークホルダーは，株主・消費者・地域社会・一般公衆・労働組合・政府・金融機関・取引先・社会活動家集団および地球環境などである．ところで山城章は，経営の「社会性」社会責任を経営理念の第一義的責務として取り上げてきた．

　山城のいう「社会性」社会責任は，経営機能主義理念からみたものであり，マネジメント・プロフェッショナルが遂行する仕事の内容を含んだものである．すなわち山城は次のようにいう．「経営は，経営という仕事を社会的な職務としてこの職務を十分に意識し，それを努力し，達成し，またよりよき将来の達成のための能力啓発に努めることが，経営が社会に負う責任・責務つまり，社会責任のうちの『社会性』社会責任であると解する」．山城のいう「社会性」社会責任は，経営理念の本質であると考えてよい．現代経営者は広義の経営理念であるミッション，ビジョンおよびCSRを一体として経営実践する経営行動が経営理念を遂行する本質である．

　21世紀における現代経営者の育成は，新たな世界経営システム（世界経営社会）を展開させることになり，そこにおける経営体を指導する現代経営者は，その経営行動の基礎として経営理念をもつことになる．現代経営者は，経営行動の実践の担い手としての役割を持つのである．

3．経営理念とステークホルダー

3.1　ステークホルダーとの対境活動

　現代経営者の狭義の経営理念のなかに，ステークホルダーとの対境活動がある．現代経営者は，その対境活動を経営意思決定過程にどのように組み込むかが重要となる．経営体とこのステークホルダーとの対境活動について，山城は，経営の「公益性」社会責任として説明する．山城は公益としての経営体の収入とステークホルダーに対する配分の側面を「公益性」社会責任として説明する．山城は次のようにいう．「経営体のための真の収入は，このように消費者との間に Public relations があり，消費者の尊重という Public interest（公益）の意味をもっている．収入はパブリックな性格と関連をもち，この公益性は，収入をあげる側面だけではなく，あげた収入の配分の側面もまたパブリックであり，広義の PR（Public relations）が存在する．経営体に関係をもつ多くの集団の利害を尊重し，これら集団の支持を得，それが調和のとれた関係におかれるように，経営体は配慮せねばならない．このような配慮はいわゆる対境関係である．対境的なパブリック集団それぞれと，さらに全体関係との円満で調和ある対境関係，つまりパブリック集団のインタレストの関係と調和均整をたもち，さらにこの集団から積極的支持を与えられるのがよき経営体の活動である．この諸パブリックの各インタレストへの貢献に力を注ぎ，インタレスト関係者の満足を獲得するのがまさに，『公益性』である．つまり公益とは Public interest の対境関係の円満な確保ということである．これが『社会性』活動をささえ，社会責任の表裏一体の行動となるのである」(山城，1982：217)．

　「このように公益のため，つまり，みなのインタレストの要求をできるかぎり満足にみたしていくために収入をあげるという，出ずるをはかって入るを考えねばならない公益的活動が，経営体の存続・発展の条件となってきている．このような関係が公益性である」(山城，1982：213)．

　「公益とは，その経営体以外のインタレスト集団のみならず，その経営とい

う集団自体のインタレストにも役立つことに注目したい．『みなのインタレスト』という際の『みな』のなかには，経営体も含まれている．経営体も生きる権利をもつ生存体であり，市民権をもつ他の集団が，生活のためにインタレストを要求するように，その経営体の生存のインタレストを要求することは当然である」(山城，1982：213)．

図表1-2は，経営体とステークホルダーとの対境関係を表したものである．実線で囲んでいるステークホルダーは，金融市場（マネー・マーケット）に関連したものであり，とくに財務の企業価値評価によるマーケットの評価と関連をもっている．

ステークホルダーの主張する内容を経営体の意思決定過程に組み込む方法はどのようなものになるのか．経営体とステークホルダーとの関係は対境関係であり，経営実践の場においては，経営体とステークホルダーとの対話や交渉によって，経営意思決定過程へ取り込んでいくのである．そのためには，経営体

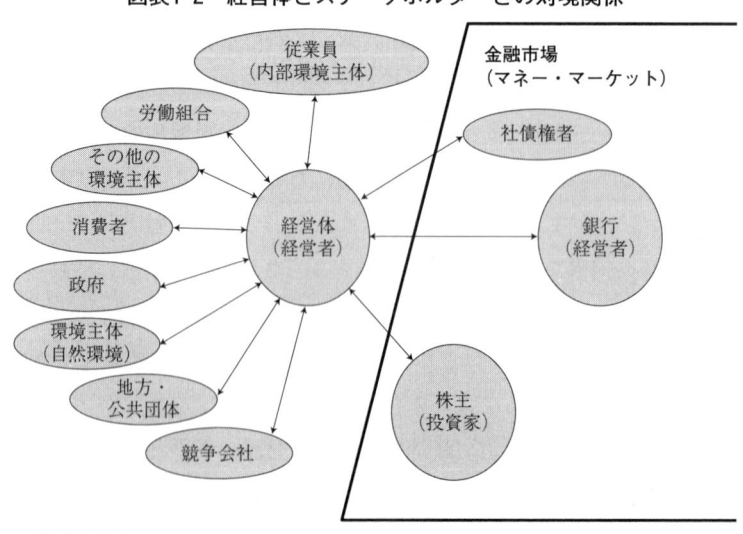

図表1-2　経営体とステークホルダーとの対境関係

出所）筆者作成

を指導する現代経営者は,「私」という考えではなく,「公」として経営社会に貢献しているという経営理念を持つことである．この経営理念によってステークホルダーの主張を現代経営者が尊重する経営理念が生ずるものであると考えることができる．

3.2 日本企業の経営理念

現代経営者のミッション,ビジョンおよび CSR の関係は図表1-3に示される．ここでいうミッション,ビジョンと CSR の関係は,次のように示すことができる．

ミッションとは,会社が社会のなかで何をする機関なのか,その会社の存在意義を表したものである．ミッションは広義の経営理念の一部として定義され,狭義の経営理念は,CSR と同義である．また,CSR は企業の社会的責任を意味し,今日の経営体にとっては,経営の社会的責任としてすべてのステークホルダーとの対境関係で生ずる経営活動を含むものである．

現代の経営体は,社会的存在としてのミッションを担っており,現代経営者は,そのミッションをもとに企業価値創造を行うことになる．すなわち企業価値創造の活動は,すべてのステークホルダーと対境関係をもつことになる．こ

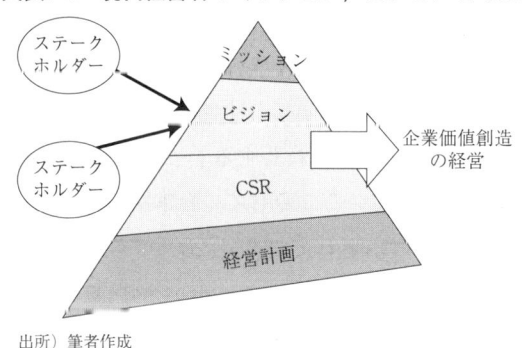

図表1-3 現代経営者のミッション,ビジョンと CSR

出所）筆者作成

の企業価値創造を目標として経営者は，経営実践することになる．その場合，現代経営者にとってまず大事なことは，ビジョンの設定である．ビジョンは，経営体の将来像をもとに設定する目標の方向づけである．経営者は，ビジョンを通して協働する従業員を一体化させ，経営体の成長につながるための経営行動をするのである．

　CSR は，経営活動をするうえでの基本的な経営理念（狭義）を意味しており，各ステークホルダーに対する基本的経営理念を明確にすることである．ここでいう主要なステークホルダーは，次のものである．所有者（株主），消費者，従業員，地域社会，一般公衆，労働組合，政府，金融機関，取引先，社会活動家集団などである．これらのステークホルダーとの対境活動の基本活動がCSR 活動であるということができる．

　それぞれの日本企業は，これらのミッション，ビジョンおよびCSR を経営理念（広義）に設定し，実行するのである．

　次に日本の代表的企業がどのようなミッション，ビジョンとCSR をもっているかについて，2つの企業の事例をとりあげ，それからミッション，ビジョンとCSR に関する今日的課題を検討してみよう．

(1) **日本電産の事例**

　ここでは，日本電産株式会社（以下，日本電産）がどのようなミッション，ビジョンとCSR をもっているか，みてみよう．

　日本電産は，社是において「わが社は科学・技術・技能の一体化と誠実な心をもって全世界に通じる製品を生産し，社会に貢献すると同時に会社および全従業員の繁栄を推進することをむねとする」（日本電産，2008：3）とし，本論文でいうミッションを掲げている．そして，日本電産コーポレート・スローガンという形で以下のように示されている．「2007年4月1日，日本電産グループは，コーポレート・スローガン『All for dreams』および日本電産グループのアイデンティティとステークホルダーの皆様にご提供する価値を明文化した

コーポレート・ステートメントを制定しました．日本電産グループは，コーポレート・スローガン『All for dreams』のもと，全グループ社員が一丸となって『夢を形にする社員集団』となり，常に『挑戦と成長と強さ』を追求するとともに，ステークホルダーの皆さまの期待に沿う企業活動を展開し，企業価値の向上に努めていきます」（日本電産，2008：3）．これは本論文でいうミッションとCSRにあたる部分である．

また，日本電産は，本業を通じて社会に貢献することを目指しており，安定的雇用の創出と環境に配慮した製品開発の2点を挙げている．

安定的雇用の創出においては，「企業の持続的成長を支える礎は，競争力や企業価値を生み出す人材であるとの認識のもとに，当社では『安定的雇用の創出』が最大の社会貢献と考え，会社の成長に軸足を置いた経営を行ってまいりました．過去に実施した27社に上るM&Aにおいても，雇用の維持継続を前提として企業再建を実施してきており，現在13万人におよぶ社員が世界中の日本電産グループで働いています」としている（日本電産，2008：2）．

環境に配慮した製品開発においては，「当社は，低消費電力・低騒音・長寿命といった，多くの優れた特性を持つブラシレスモータを主力製品とした事業展開を行っています．この当社の環境にやさしく，高性能なブラシレスモータはIT・AV機器，家電，自動車などあらゆる製品に搭載され，環境負荷の低減に貢献しています．世界の電力需要の50％以上をモータが消費していると言われており，私たちは，モータのエネルギー効率を改善していくことが環境に大きく貢献するものと考えています」としている（日本電産，2008：2）．

日本電産では，CSRの新体制を通じて，CSR憲章に基づくCSR活動をグローバルに展開しているといえる．

(2) 信越化学工業の事例

次に，信越化学工業株式会社（以下，信越化学工業）がどのようなミッション，ビジョンとCSRをもっているか，みてみよう．

信越化学工業では，ミッションにあたる部分を，CSRビジョンとして提示している．その内容は以下の通りである．「信越グループでは㈳日本経済団体連合会の企業行動憲章を支持し，『安全・環境第一』『人間尊重』をCSR活動の基本指針として，経済的・社会的な企業価値の増大を目指します」（信越化学工業，2008：1）．また，ビジョンにあたる部分として，企業理念がある．その内容は以下の通りである．「素材と技術を通じて，暮らしや産業，社会に貢献する」（信越化学工業，2008：1）．そして，CSRにあたる部分として，CSRの基本方針があり，4項目を定めている．その内容は以下の通りである．「1．『素材と技術を通じて，暮らしや産業，社会に貢献する』という企業理念のもと，法令遵守に徹し，公正かつ健全な企業活動を行い，また企業価値を高め，安定成長する企業を目指す．2．『安全・環境第一』の基本原則のもと，環境重視の企業活動を推進し，ステークホルダーから信頼され続ける企業であることを目指す．3．『人間尊重』の理念のもと，差別・強制労働・児童就労のないことはもちろん，従業員が働きやすい環境を作る．4．『社会との調和を維持し続ける』ために，社会貢献活動を推進し，適時・的確な情報開示に努める」（信越化学工業，2008：1）．

　また，信越化学工業ではコーポレート・ガバナンスの充実がCSR経営上の最重要課題として位置づけており，組織体制として監査役制度を採用している．また，役員報酬委員会，業務監査，リスクマネジメント委員会の設置，内部統制推進チームを設置し，コーポレート・ガバナンス体制の強化を図っている．

(3) **経済同友会の事例**

　ここでは，「現代経営者のビジョンとCSRとは何か」といった問題に答える上でまず，2008年7月に経済同友会が刊行した『新・日本流経営の創造』（経済同友会，2008）の報告書をみてみよう．図表1-4でみるように，まず日本と欧米の企業のそれぞれの強みをとりあげている．

　また，経済同友会（2008）は，国際競争力強化への取り組みについては次の

図表1-4 欧米企業と比較した日本企業の強み

日本企業の強み	欧米企業の強み
① 経営者の高い倫理観・道徳心	① 意思決定のスピードと大胆さ
② 長期的視野に立った経営	② 人材の流動性・多様性
③ 事業のあらゆる分野における徹底した生産性・効率性の追求	③ 経営資本効率重視の経営
④ コンセンサス経営に基づく実行の精度の高さ	④ ステークホルダーとのコミュニケーション
⑤ 環境に優しい技術・製品を生み出す力	⑤ 明確なビジョン
⑥ 優れた擦り合わせ技術	⑥ 人材獲得・育成投資
⑦ サプライヤー，協力企業との連携の強さ	⑦ 柔構造社会
⑧ プロセス・イノベーション	⑧ 透明性
	⑨ しっかりした契約概念

出所）経済同友会，2008：5より筆者作成

ように述べている．第1に，今後も強化すべき日本流経営として，① 長期的視野に立った経営，② 経営陣と従業員の信頼関係，③ 集団主義・チームワークの3つを挙げている．

長期的視野に立った経営においては，「優れた人材が長期的に企業に貢献し，価値を提供していくためには，能力の発揮を促し，その結果として組織へのロイヤリティが高まる取り組みが求められる」としている（経済同友会，2008：24）．

また，経営陣と従業員の信頼関係においては，「労使関係以前に，会社として従業員との信頼関係を維持・強化するための透明度の高い経営や，タテ・ヨコのコミュニケーション促進のための仕組みづくりや努力は不可欠であることは言うまでもない」としている（経済同友会，2008：24）．

そして，集団主義・チームワークにおいては，「これまで日本企業の強みといわれてきた集団主義・チームワークは，製造現場等では特に有効に機能してきたと言える．プロセス・イノベーション，現場力，高い生産性，決まったことを高い品質で実行していく力等々の原動力となってきた．これは今後も原動力となり続けていくものと思われる」としている（経済同友会，2008：25）．

第2に，経営の意識改革として，①グローバルビジョンの確立，②経営者のグローバルマインドの醸成，③多様性（ダイバーシティ）への脱皮，④ビジネスプラクティスとしてのクリティカル・シンキングの必要性の4つを挙げている．

グローバルビジョンの確立においては，「今日の企業経営で最も大切なことは，世界からできるだけ多くの優秀な人材を惹きつけ，一人ひとりの社員の力を最大限に発揮させ，ベクトルを合わせることによって，ベストのパフォーマンスを持続して達成するための仕組みをつくりあげることであろう．そのためには，この企業は何のために存在しているのかというビジョンと，それを実現していくため日々の事業活動において何を拠り所にして判断し行動するかといったいわゆるフィロソフィー（経営哲学＝理念）とを明確にし，経営者自らが先頭に立ってその実践と浸透に尽くさなければならない」としている（経済同友会，2008：25）．

次に，経営者のグローバルマインドの醸成においては，「特にオペレーションを既にグローバル化している企業の将来を担う可能性のある幹部候補生は，育成の過程で，少なくとも欧米それぞれで数年程度の実務経験を積むことが必須であろう」としている（経済同友会，2008：26）．

また，多様性（ダイバーシティ）への脱皮においては，「外国文化や外国人の流入による多様化にうまく対応し，更にそれを活用できなければ，国家の発展が望めない時代になっている．『日本企業が抱える共通の課題』の一つとして挙げた『イノベーションの促進』にも，多様性を取り込んでいくことは重要な要素となる」としている（経済同友会，2008：26）．

そして，ビジネスプラクティスとしてのクリティカル・シンキングの必要性においては，「どのような情報であれ決して鵜呑みにせず，『すべては仮説』として捉え，反証していく姿勢を持ち，最悪の事態や通常では起りえないような事態を想定した上での事業継続計画の立案や経営計画には織り込んでいないような事態が発生した場合の対応策を予め考えておくことである」としている（経

済同友会，2008：27）．

　第3に，製品・サービスの競争力強化として，① 現場におけるプロセス・イノベーション，② 優れた擦り合わせ技術／現場力のネットワーキング／品質へのこだわり，③ 徹底した生産性・効率性の追求，④ 技術力を生かした少子高齢化への取り組みの4つを挙げている．

　まず，現場におけるプロセス・イノベーションにおいては，「製造業の現場で磨き上げたプロセス・イノベーション力を，製造業に止めるのでなく，相対的に生産性が低いといわれているサービス業を中心とする非製造業にも普及させることによって，日本の非製造業の生産性を飛躍的に向上させる可能性を秘めている」としている（経済同友会，2008：27）．また，「日本的プロセス・イノベーションのもう一つの特徴は，大企業と下請企業があたかも共同体のような意識を持ち，共に協力しながらプロセス・イノベーションに取り組んでいることであろう」としている（経済同友会，2008：28）．

　次に，優れた擦り合わせ技術／現場力のネットワーキング／品質へのこだわりにおいては，「現場レベルにおける意図的なローテーションによる多面工化や工程間の連携，更には，現場の叩き上げからの経営幹部への昇進等，日本ならではの慣行が多くある．また，将来経営トップになると目されている人材も若い間に現場を経験することが一般的であり，長期雇用制度と相俟って，日本の経営者は現場を良く知り，人を良く知っているのも強みである」としている（経済同友会，2008：28）．

　また，徹底した生産性・効率性の追求においては，「将来とも日本企業の優位性を保つポイントとなり得るだけに，決して手を抜くことなく，今後とも磨き続けて行くことが必要である」としている（経済同友会，2008：29）．

　そして，技術力を生かした少子高齢化への取り組みにおいては，「少子高齢化対応の観点からの日本の技術革新の方向と活用は，大きく言って二つの分野に分けられる．第一には，ものづくり現場における自動化，ロボット化の更なる進展であり，第二には，高齢者支援・介護の現場におけるロボットの活用で

ある．世界のロボット先進国である日本では，様々な機能を有する人型ロボットが多数研究・開発され日々改善されており，その進歩は目覚ましいものがある」としている（経済同友会，2008：29）．

最後に，競争力強化のための環境整備としては，① 官民一体護送船団方式との決別，② 資源獲得競争への対応，③ ベンチャービジネス等新規事業創造・立ち上げの促進を挙げている．

まず，官民一体護送船団方式との決別においては，「競争原理を働かせる中でより成果をあげた企業が自由に伸びていけるように，規制緩和を促進したり，研究開発を促進するなど，個々の企業の国際競争力を高める方向に集中すべきであろう」としている（経済同友会，2008：29-30）．

次に資源獲得競争への対応においては，「日本の経済力を維持強化し続けることによって，少々値段が上がっても購入できるだけの力を維持していくことであろう」としている（経済同友会，2008：30）．

そして，ベンチャービジネス等新規事業創造・立ち上げの促進においては，「新規事業立ち上げ数の少なさは，環境の未整備に加えて[2]，日本人のリスクをとることを好まない性格や，横並び意識の強いところも影響していると思われるので，その意識改革に取り組んでいかなければならない」としている（経済同友会，2008：31）．

以上において，経済同友会（2008）が示した提言が，日本企業の経営者によって経営実践することができるとしたならば，日本型経営の進展がみられることになる．しかしながら，これらの日本企業経営者による経営実践は，必ずしも新たな経営環境の変容のなかで，経営実践されているとはいえない．それぞれの経営課題の問題解決プロセスの実践プログラムが必要であると考える．

4. 現代経営者のコンプライアンス

4.1 企業倫理とコンプライアンス

　現代経営者の経営理念のなかで，コンプライアンスの問題がある．コンプライアンスは，企業倫理も含め，また通常の法令遵守を超えたものとして考える必要がある．山城は，経営の「公共性」社会責任は経営者も人であることの責任であり，現在，われわれが経営で問題としているコンプライアンス論であると考えてよい．山城は次のようにいう．「経営者とは，(1)経営活動，(2)経営者，(3)経営体に共通するものとして使用しているが，『経営者も人間である』『経営者である前に人間である』という表現を私はしばしば使用してきたが，これは，この人間問題を加え，経営力あるのみならず人間としての立派さが，経営者のプロ資格であると解される意味である．『人間としての公共性』が社会責任の1つの内容をなすのである」(山城，1982：216-217)．

　ところで飫冨順久は，コンプライアンスを次のように定義づけている．「コンプライアンス経営は，①コンプライアンスを基礎にした企業倫理の確立と実践であり，企業行動規範，コンプライアンス体制，コンプライアンス教育との補完ではじめて実効性があること，②経営理念などに掲げられている企業使命の実現を目指し，企業倫理の確立と実践を行うことにより，企業使命を遂行することがわかる．このことから，コンプライアンス経営は，法令のみを遵守するだけではなく，誠実な企業を形成する不可欠な経営実践であり，コンプライアンスを基礎にした企業倫理を実践することが重要である」(飫冨，2009b：147)．

　また飫冨は企業倫理の確立について次のようにいう．「①企業倫理とは，個人の道徳規範を企業活動や目標にどのように適応するかを研究すること，②倫理は，人間同士の積極的な相互関係が理想的に進められるための規範と規律を下から支えている基盤であること，③企業倫理は，企業・産業・その他の関連活動，制度あるいはやり方，信条に関わる道徳的（倫理的）諸問題の

体系的研究であること，などが挙げられる」(飫冨, 2009b：148).

　加えて飫冨は，企業理念を次のようにいう．「これらの企業倫理の見解から読みとれることは，①企業倫理は，組織体の構成員に関わる問題であり，それをどのようにして企業活動に結びつけるかということ，②企業倫理は，倫理観に優れた人間に対する人徳と同じように，企業の倫理・道徳に関する企業の徳，社徳である」(飫冨, 2009b：57) と指摘している．

　平田光弘は，コンプライアンス経営を企業理念・企業倫理・企業統治と関連させて次のようにいう．「コンプライアンス経営は，コンプライアンスを基礎にした企業倫理，すなわち企業行動規範の確立と実践を目指して展開されるわけであるから，企業として守るべき道を心得た『徳』のある企業は，社会との関係においては，人権を尊重し，人間らしさを追及し，人間性を重視するような行動が積極的にとれる企業であるだろう．そのような社徳ある企業は，例外なしに，立派な企業理念を掲げ，優れた倫理観をもって事業を展開しているはずである．にもかかわらず，現実には，企業不祥事が後を絶たず，消滅する気配がない．そこにコンプライアンス経営が必要とされるゆえんがあるのである」(平田, 2003：123).

　このようにして，コンプライアンスが企業倫理を含めて，現代経営者の経営理念の基本にあるものとして位置づけられるのである．

4.2　経営者報酬とコンプライアンス

　ところで，米国における経営者報酬が，この十数年来，企業業績と比べ巨額に上っていること，また社会的規範と経営者報酬額が一般従業員の報酬額と比べ，多すぎるという批判がなされるようになった[3]．これに対し，日本においては，1億円以上の経営者報酬について公開されるようになり，いくつかの日本企業の実態が明らかにされるようになった[4]．

　そこでここでは，外国人経営者がCEO（最高経営責任者）として活動している2社と，日本企業2社との経営者報酬の実態を取り上げ，経営者報酬との

図表1-5 2010年3月期決算における重要な企業の高額報酬者一覧

	企業名	役職名	人名	報酬額（単位：万円）	業種
1	日産自動車 1)	社長	カルロス・ゴーン	89,100	輸送用機器
2	ソニー 2)	社長兼会長	ハワード・ストリンガー	81,450	電機
3	大日本印刷 3)	社長	北島義俊	78,700	精密機器・諸工業
4	東北新社 4)	最高顧問	植村伴次郎	67,500	情報・通信
5	武田薬品工業 5)	取締役	アラン・マッケンジー	55,300	化学・医薬品
6	信越化学工業 6)	社長	金川千尋	53,500	化学・医薬品
7	双葉電子工業 7)	最高顧問	細矢礼二	51,700	電機
8	日本調剤 8)	社長	三津原博	47,726	化学・医薬品
9	セガサミーホールディングス 9)	会長兼社長	里見治	43,500	機械
10	富士フイルムホールディングス 10)	社長	古森重隆	36,100	化学・医薬品

1) 日産自動車のカルロス・ゴーン氏の報酬額（89,100万円）の全額が基本報酬である（日産自動車有価証券報告書，2010：52）。
2) ソニーのハワード・ストリンガー氏の報酬額（81,450万円）のうち基本報酬は30,800万円，業績連動型報酬は10,000万円，ストック・オプションの付与を費用計上した金額は40,650万円となっている。なおストック・オプションについて，2009年度において付与された新株予約権の付与日現在の1株当たり加重平均公正価値は813円となっている。当該1株当たり加重平均公正価値は，ブラック・ショールズ・オプション・プライシング・モデルにもとづいていくつかの想定値を使用して見積もられている（ソニー有価証券報告書，2010：112）。
3) 大日本印刷の北島義俊氏の報酬額（78,700万円）のうち基本報酬は，75,800万円であり，役員賞与が2,900万円である。また基本報酬には，北海道コカ・コーラボトリング株式会社分（4,800万円）も含まれる（大日本印刷有価証券報告書，2010：47）。
4) 東北新社の植村伴次郎氏（東北新社創業者）の報酬額（67,500万円）のうち59,900万円は，退職慰労金であり，7,600万円が基本報酬である（東北新社有価証券報告書，2010：42）。
5) 武田薬品工業のアラン・マッケンジー氏の報酬額（55,300万円）のうち基本報酬が9,000万円，役員賞与が12,000万円，ストック・オプションによる株価連動型報酬が34,100万円，退職給付関係費用が200万円となっている（武田薬品工業有価証券報告書，2010：58）。
6) 信越化学工業の金川千尋氏の報酬額（53,500万円）のうち基本報酬は23,800万円，賞与は5,000万円，ストック・オプションの付与日における評価額24,700万円が計上されている（信越化学工業有価証券報告書，2010：64）。
7) 双葉電子工業の細矢礼二氏（双葉電子工業創業者）の報酬額（51,700万円）のうち50,000万円は創業者功労金であり，基本報酬は，1,700万円である（双葉電子工業有価証券報告書，2010：29）。
8) 日本調剤の三津原博氏（日本調剤創業者）の報酬額（47,726万円）のうち基本報酬は，36,030万円，賞与が5,600万円，退職慰労金が6,096万円となっている（日本調剤有価証券報告書，2010：36）。
9) セガサミーホールディングスの里見治氏の報酬額（43,500万円）のうち基本報酬は，22,500万円であり，役員報酬が21,000万円である（セガサミーホールディングス工業有価証券報告書，2010：45）。
10) 富士フイルムホールディングスの古森重隆氏の報酬額（36,100万円）のうち基本報酬は13,700万円，役員報酬は4,600万円，ストック・オプションによる費用計上額は，17,400万円である。ストックオプション分については，確定した金額ではなく，第三者機関の価値算定により付与日での評価額を見積もり，その評価額と付与個数に基づき当事業年度に期間相応する部分について損益計算書に費用計上したものである（富士フイルムホールディングス有価証券報告書，2010：67）。

出所）平成21年度有価証券報告書をもとに筆者作成

関係で検証してみることにする．

　図表1-5は，日本企業の2010年3月期決算における重要な企業の高額報酬者一覧のうち上位10社までの企業，人名，報酬額および業種を表したものである．具体的内容については脚注で示してある．

　また，図表1-5からもわかるように外国人経営者である日産自動車株式会社社長のカルロス・ゴーン，ソニー株式会社社長兼会長ハワード・ストリンガーの経営者報酬額が突出していることがわかる．ただし，その中身については，脚注の通りとなっている．いずれにしても，日本企業の経営者である高額所得者を含め，21世紀の経営者像としてステークホルダーも納得する経営者報酬が求められることになろう．

(1) CEOが外国人経営者の事例

　今日の日本企業のCEO（最高経営責任者）の問題は，当該企業のコーポレート・ガバナンスに関する基本的な考え方と大きく関連しているといえる．
① ソニーの事例

　ソニーは，まずコーポレート・ガバナンスに関する基本的な考え方として次のようにいう．

　「当社は，経営の最重要課題の一つとして，コーポレート・ガバナンス体制の強化に取り組んでいます．その一環として，会社法上の『委員会設置会社』を経営の機関設計として採用し，法令に定められた事項を遵守することに加え，業務執行の監督機関である取締役会の執行側からの独立性を強化するための事項，各委員会がより適切に機能するための事項などの独自の工夫を追加し，健全かつ透明性のある仕組みを構築・維持しています．また，それぞれの責任範囲を明確にしたうえで取締役会が執行役に業務執行に関する決定権限を委譲し，迅速な意思決定による効率的なグループ経営を推進しています」（ソニー有価証券報告書，2010：106）．

　また「委員会設置会社」形態を採用する理由として次のようにいう．

「当社は，2003年に商法（当時）上の『委員会等設置会社』へ移行する前から独自に導入してきた執行役員制，指名委員会・報酬委員会制度，取締役会議長とCEOの分離，取締役会の監督機能の強化及び執行責任の明確化と一層の権限委譲の実現により，ソニーグループのガバナンスのさらなる強化と経営の透明性の向上を図ってまいりました．同様の趣旨から，2003年6月に改正商法下の「委員会等設置会社」に移行し，2006年5月1日に施行された会社法の制度下でも，「委員会設置会社」形態を採用・維持しています」（ソニー有価証券報告書，2010：106）．

次に，ソニーは取締役報酬について次のように定めている．「取締役の主な職務がソニーグループ全体の業務執行の監督であることに鑑み，グローバル企業であるソニーグループの業務執行の監督機能の向上を図るため，グローバルな観点で優秀な人材を当社の取締役として確保するとともに，その監督機能を有効に機能させることを取締役報酬決定に関する基本方針とする．具体的には，取締役の報酬の構成を・取締役報酬（定額報酬）・株価連動報酬・株式退職金とし，各報酬項目の水準及び構成比については，前記方針に沿った設定を行うものとする．具体的には第三者による国内外企業経営者の報酬に関する調査にもとづき，適切な報酬水準とする．また，執行役を兼務する取締役に対しては取締役としての報酬は支給しないものとする．また，2005年度より導入された株式退職金については，各任任年度毎に報酬委員会にて定められるポイントを

図表1-6　取締役および執行役に対して支給されている報酬等の額

	基本報酬		業績連動報酬		退職金 （株式退職金を含む）	
	人数 （名）	支給額 （百万円）	人数 （名）	支給額 （百万円）	人数 （名）	支給額 （百万円）
取締役 （うち，社外取締役）	12 (12)	181 (181)	― (―)	― (―)	3 (3)	34 (34)
執行役	8	650	8	324	1	47
合　計	20	831	8	324	4	81

出所）ソニー有価証券報告書，2010：111をもとに筆者作成

取締役に付与し，退任時にその累積数に当社普通株式の株価を乗じて算出される金額とする．退任する取締役は，この支給された退職金を用い，当社普通株式を購入することとする」(ソニー有価証券報告書，2010：113)．図表1-6はソニーの取締役及び執行役に対して支給されている報酬等の額を表したものである．

② 日産自動車の事例

日産自動車は，コーポレート・ガバナンスに関する基本的な考え方を次のように述べている．

「当社のコーポレート・ガバナンスにおける最も重要なポイントは，経営陣の責任の明確化であり，当社は，株主及び投資家に向けて明確な経営目標や経営方針を公表し，その達成状況や実績をできるだけ早く，また高い透明性をもって開示している．これによって経営陣の責任を明確にし，コーポレート・ガバナンスの充実を図っている」(日産自動車有価証券報告書，2010：48)．

また日産自動車は，役員報酬等については以下のように定めている．

「当社の取締役に対する報酬は，平成15年6月19日開催の第104回定時株主総会において決議されたとおり，確定額金銭報酬と株価連動型インセンティブ受領権から構成されている．確定額金銭報酬は，平成20年6月25日開催の第109回定時株主総会の決議により年額29億9,000万円以内とされており，その範囲内で，企業報酬のコンサルタント，タワーズワトソン社による大手の企業の役員報酬のベンチマーク結果を参考に，個々の役員の会社業績に対する貢献により，それぞれの役員報酬が決定される．一方，株価連動型インセンティブ受領権は，当社の持続的な利益ある成長に対する取締役の意欲を一層高めることを目的としており，会社のビジネスプランに直接連動した目標を達成することにより付与される．株価連動型インセンティブ受領権は，年間付与総数を当社普通株式600万株相当数を上限としている．監査役に対する報酬は，平成17年6月21日開催の第106回定時株主総会の決議により年額1億2,000万円以内とされており，その範囲内で監査役がより安定的に透明性の高い監査機能を果たすこ

図表1-7 日産自動車における役員区分ごとの報酬等の総額等

区　分	金銭報酬 (百万円)	人　数
取締役（社外取締役を除く）	1,689	10
監査役（社外監査役を除く）	24	1
社外役員	60	5

出所）日産自動車有価証券報告書，2010：52をもとに筆者作成

とを促進することを基本とした運用を行っている」（日産自動車有価証券報告書，2010：52）．

　当事業年度の取締役および監査役に支払われた報酬は図表1-7の通りである．

(2) CEOが日本人経営者の事例

① 信越化学工業の事例

　信越化学工業は，コーポレート・ガバナンスに関する基本的な考え方として次のようにいう．「当社は継続的に企業価値を高めることを第一とする，株主重視の経営を基本方針としております．この方針を実現するために，事業環境の変化に迅速に対応できる効率的な組織体制や諸制度を整備するとともに，経営における透明性の向上や監視機能強化の観点から，株主・投資家に対する積極的で適時・的確な情報開示に取り組むことが，当社のコーポレート・ガバナンスに関する基本的な考え方であり，経営上の最も重要な課題のひとつとして位置づけております」（信越化学工業有価証券報告書，2010：60）．

　図表1-8は，信越化学工業における役員報酬等を表したものである．役員の報酬等の額又はその算定方法の決定に関する方針の内容及び決定方法は，次のようになっている．

　「当社の取締役の報酬は，株主総会でご承認をいただいた報酬枠の範囲内で，社外取締役を委員長とする役員報酬委員会の審査，評価を踏まえ，取締役会で決定されます．その内容は，役職，職責等に応じた『基本報酬』と年次業績を勘案した『賞与』のほか株価連動型報酬である『ストックオプション』であり

図表1-8　信越化学工業における役員報酬等

役員区分	報酬等の種類（百万円）			計	対象となる役員の員数（人）	報酬等の種類（百万円）	対象となる役員の員数（人）
	基本報酬	賞与	退職慰労金			ストックオプション	
取締役（社外取締役を除く）	749	215	—	964	18	750	18
監査役（社外監査役を除く）	31	8	—	39	2	—	—
社外役員	158	—	—	158	8	—	—

出所）信越化学工業有価証券報告書, 2010：64をもとに筆者作成

ます」（信越化学工業有価証券報告書, 2010：65).

② 武田薬品工業の事例

　武田薬品工業は，企業統治の体制を次のようにいう.

　「優れた医薬品の創出を通じて人々の健康と医療の未来に貢献する」という経営理念のもと，グローバルに事業展開する世界的製薬企業にふさわしい事業運営体制の構築に向け，健全性と透明性が確保された迅速な意思決定を可能とする体制の整備を進めるとともに，コンプライアンスの徹底を含む内部統制の強化を図っております．これらの取組みを通じて，コーポレート・ガバナンスのさらなる充実を目指し，企業価値の最大化に努めてまいります」（武田薬品工業有価証券報告書, 2010：54).

　武田薬品工業は，役員報酬について次のように定めている.

　「取締役の報酬等は，定額である基本報酬，各事業年度の連結業績等を勘案した賞与および中長期的な業績に連動するストック・オプションにより構成されております．なお，使用人兼務取締役の使用人分給与および使用人分賞与は含まれておりません．［1］基本報酬額は，月額40百万円以内（平成2年6月28日開催の第114回定時株主総会決議による）において，役職別に定額としております．［2］賞与支給予定総額は，平成22年6月25日開催の第134回定時株主総会

において承認可決された160百万円であります．賞与は，会社業績（連結売上高および連結営業利益）ならびに本人業績に基づき役職別に金額を算定し，上記総額の範囲内で決定しております．［3］ストック・オプションは，中長期の業績と企業価値の向上を目的とし，取締役に新株予約権の割り当てを行っております．新株予約権の割り当てについては，基本報酬の60％相当額を割り当て日現在のオプション価値で除した個数とし，上限は年総額350百万円となっております．なお，当事業年度におけるストック・オプションに係る報酬等の総額は，ストック・オプションとして割り当てた新株予約権に関する報酬等のうち当事業年度に費用計上した額（180百万円）であります」（武田薬品工業有価証券報告書，2010：58-59）．

　日本企業におけるCEOがとくに外国人の場合多額な経営者報酬を受けている事例をみることができた．これらの経営者報酬の決定には，いずれもその当該企業のコーポレート・ガバナンスのなかでの決定に依存しているといえる．しかしながら，それぞれの日本企業が経営体として経営社会における社会的存在として意味を持つことになるとすると，本論文の主張だけではなく，ステークホルダーである一般公衆の考え方や主張に対しても対応する必要があり，21世紀の企業経営のなかであらためて具体的な経営報酬の基準を考えることが求められよう．

　図表1-9は武田薬品工業の役員報酬等の総額，報酬等の種類別の総額及び対

図表1-9　役員報酬等の総額，報酬等の種類別の総額および対象となる役員の員数

役員区分	報酬等の総額（百万円）	報酬等の種類別の総額（百万円）			対象となる役員の員数（名）
		基本報酬	賞与	ストックオプション	
取締役（社外取締役を除く）	673	333	160	180	9
監査役（社外監査役を除く）	112	112	—	—	3
社外役員	29	29			2

出所）武田薬品工業有価証券報告書，2010：58をもとに筆者作成

象となる役員の員数を表したものである．

5．マネジメント・プロフェッショナルとしての現代経営者

　マネジメント・プロフェッショナル[5]としての現代経営者の基本は，経営という機能（仕事）の遂行者である点にある．現代経営者の経営理念のうち，企業社会責任に関する部分は，山城章のいう①「社会性」社会責任，②「公益性」社会責任および③「公共性」社会責任の三者の統一として統合的に評価することが必要である．ここでいう①の「社会性」社会責任について，われわれは，企業価値創造を目標として経営体の持続成長を図る責任を意味している．②の「公益性」社会責任は，経営体と対境関係にあるステークホルダーの要求を，経営体（経営者）の主体的立場から経営の意思決定過程に取り込む責任を意味している．③の「公共性」社会責任は，コンプライアンスを単なる法令遵守にとどまらず，それを超えるものとして考え，企業倫理（経営倫理）を含め，経営体の存在基盤に内包する社会責任としてとらえることになる．現代経営者は，マネジメント・プロフェッショナルとして経営者にとどまらず，経営体を維持・発展させる推進者としての役割をもつ．山城によれば，仕事場としての社会責任の意味として，「マネジメントという職能を遂行し，その仕事の達成によって世の中に役立てるというのが，社会性責任の基本の考え方である．経営社会性責任とは，その会社，その集団が，社会の一部の仕事を分担して事業を営むとき，その社会にとって必要な社会に仕事を十分に達成するという役割を果たして，社会の要求にこたえることが大切である」（山城，1982：204）．

　次にマネジメント・プロフェッショナルの育成のために，経営教育の必要性を考えてみよう．経営教育の本質は，山城によれば，Ａという能力の開発にあるという．経営教育は，経営能力育成と自己啓発（self development）において完結される．経営教育そのものが経営実践学であり，それによって，経営教育論は経営実践主体の目的達成活動の行動能力を高め，啓発し，教育すること

を内容とする学問であるといってよい．山城章は経営教育に関し，次のように説明した（山城，1982：25）．

「経営実践の主体者である経営者の能力開発は，単なる知識の教育や，また実践家のスキルなどの訓練にとどまるものではなく，知識 K および経験 E を原理とし，またそれを基礎としつつ全人的に啓発されるものである．そこでは，目標達成に向かい，科学的知識『K』はもとより，さらに実際の経験『E』も考慮し，また社会的かつ文化的であり，知的だけでなく情緒・心情的な意思決定判断を含む全人的な能力育成を内容とするのである．つまり全人的なものをいわゆる『知・情・意』で表せば，経営学研究は単なる主知主義的，科学的であるだけでなく，情・意を含めた全人学習ともいうべき能力開発を必要とするのである」

経営教育における経営者の能力開発は自己啓発によるが，その自己啓発の方法としては山城が主張した経営者の全人的教育が，経営実践家である現代の経営者に対して強いメッセージを与えるといってよい．経営実践は実際の経営活動によるところが大であり，経営者・管理者は，自己啓発の方法によって経営・管理の専門的技術を高め，優れた経営・管理をつくりあげることが求められる．経営能力の育成は，第一義的には自己啓発である．自己啓発の原点には経営者が科学的方法を援用しながら自ら能力開発することにある．それは，経営主体である経営者・管理者の経営・管理能力の育成をその学問のなかに包含しているのである．

マネジメント・プロフェッショナルは，経営体を指導するプロフェッショナルとしての経営者・管理者のことである．現代経営者の経営理念は，マネジメント・プロフェッショナルである経営者の経営理念を意味している．山城が主張した KAE による経営実践学の研究方法（山城，1982：12-21）および研究態度が，芸術（アート）の学問などと等しい内容をもっているという考え方から，現代経営者の経営理念の研究態度のなかには，全人性（全人格的）をもったものであると考えてよい．ここに，現代経営者が，経営体とステークホルダーを

含めた経営社会において，社会的責任（CSR）を遂行する担い手としての役割を持つことになり，現代経営者の経営理念の重要性が明らかにされるのである．

6．日本の経営者の経営理念

ここでは，東洋大学経営力創成研究センター編（2011）『日本発経営力の創成と「新・日本流」経営者・管理者教育に関するアンケート調査，調査報告書』にみられる日本の経営者が回答した経営全般について，若干のコメントをしておこう．

第1に，経営理念の重要度について尋ねた．1．事業理念，2．社会貢献理念，3．ステークホルダー関係理念，4．環境適応理念，5．創業者理念のうち，日本の経営者が特に重視したものは，事業理念と社会貢献理念の重要性であった．ステークホルダー関係理念，環境適応理念，創業者理念については，その重要度に関し，やや低いものとなった．とくに創業者理念の低さは，現代の経営者が経営の意思決定過程に創業者の理念を十分，組み込めていないのではないかと考える．また，本調査は昨年のものであり，今日，東日本大震災の後の調査であれば，環境適応理念の重要度が増したと考えられる．

第2に，経営構想の重要度であるが，事業構想と企業全体構想の重要性が位置づけられた．日本の経営者が事業そのものの重要性を認識することは大変理にかなっているといえる．

第3に，意思決定主体の重要度であるが，取締役会，最高経営者層の重要度が指摘されることになった．この調査結果は，取締役会，最高経営者層が意思決定主体であることについては，異論がないと考えられる．ただし，筆者は，日本型経営において，トップダウン・アンド・ミドルアップ統合型意思決定のなかに，その本質があると考えており，この点については，今後の検討事項としておきたい．

第4に，意思決定の内容の重要度についてであるが，ここでとりあげた5つ

の意思決定は全て，日本の経営者は，その重要性を考えていることが明らかになった．5つの内容の重要度は，第1位，事業に関する意思決定，第2位，コンプライアンスに関する意思決定，第3位，ガバナンスに関する意思決定，第4位，社会的責任に関する意思決定，第5位，ステークホルダー関係に関する意思決定となっている．

　第5に，ステークホルダーにおけるその重要性については，経営体と直接関係を持つステークホルダーが高い重要度を持つと考えていることが明らかになった．そのステークホルダーとは，第1位に顧客，第2位に従業員，第3位に株主，第4位に取引先となっている．第5位になった社会と第6位となった自然環境については，調査時点では重要度についてやや低い評価となった．しかし，この社会や自然環境といったステークホルダーは，東日本大震災以後の現在では，その重要度が高まる可能性がある．いずれにしても，日本の経営者は，直接的な経営実践の場で対応するステークホルダーに関心を持っているといえる．

7．おわりに

　以上にわたり，企業価値創造とCSRを中心としながら現代経営者の経営理念に関して経営実践学的立場からみてきた．ここで議論してきたことは，今日の経営者の経営理念をマネジメント・プロフェッショナルとしての経営実践原理に位置づけることであった．現代における日本の経営者は，経営理念の必要性を説いているが，経営実践の場では，必ずしもうまくいっていない．端的にその実態を説明すれば，マネー・マーケットにおける企業価値評価において経営体が十分評価されているとはいいがたい．現代経営者が本来の任務の一つである「企業価値創造」がうまく遂行できるためには，ここで論じた「経営理念」の中身を再度経営者自らの経営実践のなかで検証する必要があると思われる．経営者が経営理念を大事にしながら経営実践することによって，企業価値が高

まり，経営者の自己啓発による経営能力の開発にもつながるものであると考えたい．

(小椋　康宏)

注
1) アベグレン，J.C.の日本の経営に対する見解は，新しく日本型経営を考えるわれわれにとって有効な示唆を与えている．(Abegglen, 1985, 2006) を参照．
2) 経済同友会は，環境の未整備について，創業支援のための社会基盤の整備や，ベンチャーキャピタルからの資金面や経営指導面のサポートの不十分さをあげている．
3) この点については，(小寺，2010，遠山，2007a) を参照せよ．
4) 日本企業の1億円以上の経営者報酬の開示については，新たな情報開示の一つとして参考になる．
5) マネジメント・プロフェッショナルとしての現代経営者における理念と育成については，次をみよ．小椋康宏 (2008)「マネジメント・プロフェッショナルの理念と育成」日本経営教育学会『経営教育研究』Vol.11, No.1：1-13, 学文社．

付記
本章は，主として次の論文を加筆・訂正したものである．
小椋康宏 (2011)「企業価値創造と現代経営者の経営理念」『経営力創成研究』第7号：57-70, 東洋大学経営力創成研究センター．

参考文献
小椋康宏 (2002)「経営環境とステークホルダー：企業価値創造との関連で」『経営論集』第55号：53-67, 東洋大学経営学部．
小椋康宏 (2009a)「コーポレート・ガバナンスにおける経営者の行動原理―日本企業のCSR報告書にみられるガバナンス体制を手掛かりとして―」『経営論集』第73号：59-73, 東洋大学経営学部．
小椋康宏 (2009b)「現代経営者のミッション，ビジョンとCSR：「新・日本流経営の創造」を手掛かりとして」『経営教育研究』Vol.12(2)：1-12, 日本経営教育学会．
小椋康宏 (2010)「経営実践学の方法と経営者教育」『経営力創成研究』第6号：5-18, 東洋大学経営力創成研究センター．
鈇冨順久 (2009a)「企業倫理と内部統制システム」『経営力創成研究』第5号：53-64, 東洋大学経営力創成研究センター．
鈇冨順久 (2009b)「企業倫理とコンプライアンス」『実践経営学』144-160, 日本

経営教育学会.
柿崎洋一（2010）「経営理念と社会的責任」小椋康宏・柿崎洋一『新版　経営学原理』65-80，学文社.
経済同友会（2008）『新日本流経営の創造』経済同友会.
小寺宏昌（2010）「日米の経営者報酬の現状と問題点」『証券アナリストジャーナル』48(6)：15-23，証券アナリスト協会.
坂和秀晃・渡辺直樹（2009）「経営者報酬と取締役会の経営監視機能についての検証」『金融経済研究』第29号：66-83，日本金融学会.
坂和秀晃・渡辺直樹（2010）「経営者報酬と企業パフォーマンスに関するサーベイ」『証券アナリストジャーナル』48(6)：5-14，証券アナリスト協会.
信越化学工業（2008）『環境・社会報告書2008』信越化学工業.
遠山勲（2007a）「海外レポート　米経営者報酬への批判と株主アクティビズム（上）」『みずほ年金レポート』(73)：69-76，みずほ年金研究所.
遠山勲（2007b）「海外レポート　米経営者報酬への批判と株主アクティビズム（下）」『みずほ年金レポート』(74)：67-73，みずほ年金研究所.
日本電産（2008）『社会・環境報告書2008』日本電産.
平田光弘（2003）「コンプライアンス経営とは何か」『経営論集』第61号：113-127，東洋大学経営学部.
平田光弘（2007）「日本企業におけるCSR経営の実践」『企業競争力の研究』85-118.
山城章（1982）『経営学（増補版）』白桃書房.
山城章（2009）「実践学としての経営学」『経営教育研究』Vol.12(2)：104-112，日本経営教育学会.
山本諒・佐々木隆文（2010）「コーポレートガバナンスと経営者報酬」『証券アナリストジャーナル』48(6)：35-43，証券アナリスト協会
Abegglen, J.C. (2006) *21st-Century Japanese Management: New System, Lasting Values*, Palgrave Macmillan.（山岡洋一訳（2004）『新・日本の経営』日本経済新聞社）.
Carroll, A.B. and A.K. Buchholtz (2005) *Business & Society: Ethics and Stakeholder Management*, 6th ed., Thomson South-Western.
Ucbasaran, D., Westhead, P., Wright, M. and M. Flores (2010) The nature of entrepreneurial experience, business failure and comparative optimism, *Journal of Business Venturing* 25, pp.541-555.
Ehrhardt, M.C. and E.F. Brigham (2006) *Corporate Finance-A Focused Approach*, 2nd ed., Thomson South-Western.

第2章

経営体存続目標
―Drucker の諸概念を関連させて―

1. はじめに

　経営体全体としての存立・存続いかんは，経営体にとって大きな課題である．これらにかかわる項目を本章で明らかにすることにする．その参考にすべきものとして，われわれは，まず，ドラッカー（Drucker, P.F.）の1．〈経営体存続（the survival of the business）目標（objectives）〉をあげ，さらに，2．企業・経営体の全体的な捉え方たる〈企業三重制度〉[the three-fold function of the enterprise; the triple personality of the enterprise = economic, governmental and social institution]，3．経営体全体の意思決定・指導・評価を担当する「最高経営（top management）」（狭義と広義），4．創成される能力たる「富創出能力（the wealth-producing capacity）」（広義）という諸概念に関連させて考察し，経営体存続諸目標の構成要素を解明する．

2. 〈経営体存続目標〉における全八項目

　目標管理（management by objectives）について一般での議論が，ドラッカーの74年著の出版当時においては，盛んであった．しかしドラッカー自身はそれらとは異なり，目標の要件を，事業に関係したものから始め，経営体の存続に関係したものにまで至る，というかたちで5つ示している（Drucker, 1974 : 99-100．邦訳上巻：160-161）．「① 目標は，『われわれの事業は，何か．将来どうなるか．如何にあるべきなのか』から導き出されなければならない．……行動の公約……事業の使命を遂行すべきもの……業績が測定されるべきもの……事業

の基礎的な戦略……」,「② 目標は,行動につながるもの（operational）でなければならない.……特定の標的と特定の〔仕事の〕割当にまで具体化できるもの……仕事を達成する動機づけになるだけでなく仕事を達成する基盤にもなれるもの……」,「③ 目標は,資源と努力を集中できるものでなければならない.目標は,経営体の諸目標のなかから基礎的なものを選り分けて,人・金・物的施設という基幹的資源が集中されうるものでなければならない……」,「④ 単一の目標というよりは複数の目標でなければならない.目標管理をめぐる今日の活発な議論の多くは,正しい目標を一つだけ探し求めることに関心を寄せている.この種の探求は, 非生産的と思われるだけでなく,害をなし,人をして方向を誤らせるものである.（原文改行）経営体を経営するということは,各種各様の必要性や目標の間に均衡をとることである.そのためには,複数の目標が必要になる」,「⑤ 目標は,経営体の存続がかかっているあらゆる分野で必要になる……」.なお,こうした目標設定的意思決定ないし戦略的計画作成の過程において,知識・情報のみならず起業家的な技能も必要であるとされている（Drucker, 1974：Chapter 10）.

　経営体存続目標についてのドラッカーの基本的な考え方は,2つの著書に示されている（Drucker, 1954：27-87. 邦訳上巻：33-130, 1974：50-129, 邦訳上巻：76-212）.54年著ではシアーズ社（Sears, Roebuck and Company）が主要事例とされ,74年著ではさらにマークス・アンド・スペンサー社（Marks & Spencer）の事例が追加されている.それらの目標項目は,後で考察するが,ほとんど同じである.これらは,54年著（企業を対象にしたもの）では,経営3職能のうちで第1にとりあげられた事業職能の8目標として示されたのではあるが,内容は企業全体の目標であり,次の節・項の3.2で考察するように,経営職能と8事業職能・経営体存続目標は関連づけうる,とわれわれは解釈する.

　こうした経営体存続目標は,以下においても示すように,事業の目的または事業の存在態様あるいは経営体の存在様式などと関連させて考察されている.

まず，事業の目的は，現在と将来における顧客・市場・用途の創造である．これの短縮させた表現が，顧客創造である．「事業体は，その目的が顧客創造であるがゆえに，2つの，いや，2つだけの基本的な職能をもっている．それらはマーケティングとイノベーションである．マーケティングとイノベーションだけが成果を生み出す……」．したがって，マーケティング（2節1項の2.1.以下同じ）とイノベーション（2節2項の2.2）が，新しいことをおこない「創造的な課題」をはたすようになる「2つの起業家的な職能」（the two entrepreneurial functions）である，とされることになる．「つまり経営者は，資源を，成果が小さい，ないし減少している分野から，成果が大きい，ないし増加している分野へ，向けなければならない．また経営者は，昨日から脱却して，既に存在しているもの，または既に知られているものを陳腐化させなければならない．また経営者は，明日を創造しなければならない」．そのためには，最適性・効果性を重視する必要がある．「この考え方は，……『いろいろとある製品のうち，どれが並み外れた経済的成果を生むのか，ないしは生むことができるのか．いろいろとある市場や最終用途のうち，どれが並み外れた成果を生むことができるのか』と問う」．

つぎに，「経営体は，顧客創造という目的を達成するために，富を創造するものとしての資源を利用する．経営体は，資源を生産的に利用する職能をもっている．これが，経営体の管理者的職能（the administrative function）である．その経済的側面が生産性である」．そのためには，能率を重視する必要がある．「この考え方は，『これこれのことを，もっと適切に行うには，どうしたらよいのか』と問い……『したがって，どの成果に対して経営体の資源と努力を配分して，能率によって，生み出せるかぎりの「並みな」成果というよりは，並み外れた成果を生むようにすべきなのか』と問う」．また，「製品・技術・工程・市場などにどのような変更・『比較的にわずかな変更』を加えれば，この事業の経済的な特性と成果を大幅に改善ないし改変することになるのだろうか」と問う．

基幹的な経営資源とは，人的資源ないし人間組織（2.3），物的資源（2.4），財務資源（2.5）であり，それらの活用度が生産性（2.6）である．これらは，「起業家的な目標に従うもの」であり，既存のもののための管理の対象である．

以上のもの以外に経営体存続目標にあげられているのは，社会的責任（2.7），利潤性という必要条件（2.8）であるが，それらの根拠は以下の該当箇所で示す．

なお，人的資源ないし人間組織（2.3），および社会的責任（2.7）については，54年著では次のように示されている．「これらの領域の活動は，定量的には測定しえないことを明らかにしておく必要がある．それらの領域は人を扱う．そして，人は，すべて一人ひとりが固有の存在であって，足したり引いたりできない．したがって，それらの領域で必要とされるものは，定性的な基準（qualitative standards）である．データではなく判断（judgment）である．測定ではなく評価（appraisal）である」．

2.1 マーケティング

① マーケティングは，製品・サービスを顧客・市場・用途に合致したものにさせ，ひとりでに売れてしまうようにして販売活動を不要にし，また消費者運動を不要にしてしまうことである，とさえ表現された[1]．したがって，「経営体（business enterprise）が社会の一機関である以上，事業（business）の目的として有効な定義というものはただ一つである．それは顧客を創造することである．（原文改行）……事業が満足させる欲求は，それを充足される手段が提供される前から，顧客が感じていたものかもしれない．……〔また，〕欲求が感じられていないこともある．経営体の活動が，革新，信用供与，広告，販売者活動によって欲求を創造するまでは（until business action created it〔= want〕——by innovation, by credit, by advertising, or by salesmanship），その種の欲求はまったく存在してこなかったであろう」．すなわち，「経営は，市場の力を見つけ出すとともに，自らの行動によって市場の力を生み出すものである」．

しかも，マーケティングとは，「事業の最終成果の観点，すなわち，顧客の

観点から見た事業全体（the whole business seen from the point of view of final result, that is, from the customer's point of view）である．マーケティングに対する関心と責任は，事業のあらゆる分野に浸透しなければならない」（1954：39．上田邦訳；上巻51．1974：63．野田・村上監訳；上巻98）．このことは，マーケティングの考え方が，事業体あるいは経営体のすべてにおいて（販売・流通・アフターサービスに加え，調達・製品計画・生産日程・在庫管理などについてまで）適用・具現化されなければならないということ，を意味している．これを具体化したものは，マーケティングを1940年ごろからはじめたGE社であり，その1952年の年次報告書がその事例にあたるとして，ドラッカー自身は引用していた．

　マーケティングの内容を個別の経営体において明らかにするには，次のような問いが必要である，とドラッカーは考えた．①「われわれの事業は何か」（顧客は誰か，どこにいるか，何を買うか，その価値は何か：事業の開始時や事業の成功時に問う），②「われわれの事業は将来どうなるか」（人口の増減・構成の変化，市場の潜在的な可能性，経済の発展・流行や好みの変化・競争〈間接的なものも含む〉の変動による市場の変化，イノベーション〔顧客の欲求を変化させ，新しい欲求を創造し，古い欲求を消滅させるもの，顧客の欲求を満足させる新しい方法を生み出し，価値の概念を変え，より大きな満足を可能にするもの，今日のサービスや製品によって満足させられていない顧客の欲求を満足させるもの〕：遅くも事業の成功期の末期には問う），③「われわれの事業は如何にあるべきなのか」＝「われわれは正しい事業のなかにいるのか，事業を変えるべきか」（社会・経済・市場での変化，自身の経営体によるイノベーションか他の経営体によるイノベーション，適正規模，計画的廃止：状況・環境が変化した時に問う）．

　マーケティングの目標には各種のものが考えられ，その基幹的な目標は，中核市場の目標と，市場地位の目標である．中核目標を設定する場合には，市場の動態・動向・変化といくども対比させて検証しなければならない．これが決

定されれば，事業の使命と目的を具体化させ，有効な戦略の基礎ができることになる．また，最適な市場地位を設定する場合には，製品〔サービス〕・市場区分・流通経路について注意深く分析しなければならない．

これらが決定されれば，特定のマーケティング諸目標・とくに市場地位に関連の諸目標を設定できるようになる．こうしたドラッカーの述べた目標をわれわれが分類し直して維持・廃棄・革新ごとに整理して示すと，つぎのようになる．まず，維持目標が，既存製品の既存市場や新規市場での占拠率・売上金額，既存の流通経路や価格，顧客のためのサービス，与信基準と与信効果などについて，必要であるとされているが，これらは，維持という表現から考えて，起業家的な職能よりもむしろ管理者的な職能（後に取り上げられるもの）である，とわれわれは理解する．また，知識・市場・製品組み合わせ・事業目標が変化してしまうために陳腐化することになる既存製品の生産・販売を中止するという廃棄目標が必要になる．さらに，維持目標とされた分野において，また，既存市場での新製品の種類・性質・量・占拠率，あるいは新製品の新市場での占拠率・売上金額について，それぞれ革新目標が必要である．

2.2 イノベーション

②「イノベーションとは，人的資源ならびに物的資源に，新しい，より大きな富を生む能力をあたえるという仕事であると定義することもできる」．そのイノベーションが必要とされているのは，事業体・経営体が，「拡大経済」あるいは「少なくとも変化を自然なものや受け容れうるものと見なす経済」において，「成長・拡大・変化のために特有な機関」である，からである．しかも，「イノベーションを個別の職能として考えることができないのは，マーケティングの場合と同じである．イノベーションは，技術や研究には限定されないで，経営体のあらゆる部門・職能・活動にまで及んでいる」．また，製造業に限定されず，流通業，保険業，銀行などでも必要とされている．さらに，「経営体内のどの管理単位（販売，経理，品質管理，人事管理など）にも，イノベーシ

ョンに対する責任とイノベーションの明確な目標をもたせるべきである」とされている.

ドラッカーは以下述べる.「イノベーションについての目標を設定するには2つのことが必要である. 第1に, 製品ライン, 現在の市場, サービスなど, マーケティングにかかわる目標に必要なイノベーションについての予測が必要である. 第2に, 事業のあらゆる領域において, 技術（・知識――河野補記）上の進展によってもたらされつつある変化, および, もたらされるだろう変化についての予測が, 必要である. これらの予測を, 時間軸によって, 分類しなければならない. すなわち, 一つは, すでに行われたイノベーションがもたらす具体的な進展についての短期の予測であり, もう一つは, あるべき姿を志向する長期の予測である」. ドラッカー自身がとりあげたイノベーションは次のような5項目であるが, そのなかに含められた「改善」(improvements)にかかわると表現され理解されるようなもの（(3)のすべて, (4)の一部, (5)の一部）は, イノベーションとは特性が異なるので, われわれは（注）に別書きにすることにする.[2)]「(1)市場における地位にかかわる目標の達成に必要な新製品や新サービス. (2)現在の製品を陳腐化するような新技術が原因となって必要となる新製品や新サービス. (4)市場における地位にかかわる目標を達成するために必要な新しいプロセス. (5)経理・設計・事務管理・労使関係など, 経営にかかわるすべての職能別活動における, 知識や技能の進歩にあわせた, イノベーション」.

2.3 人的資源ないし人間組織

③ 人的資源についてドラッカーは既に54年著でつぎのように述べていた.「人間に最も適するように仕事を組織し, 最も生産的・効果的に仕事ができるように人を組織することが必要である. 人間を, 一つの資源としてみることが必要である. たとえば資源としての銅の特性と同じように, 人間に特有の肉体的特性・能力・限界をもったもの (as something having peculiar physiological properties, abilities and limitations）を見ることが必要である．しかも同時に，そのような人的資源を，他の資源とは異なり，個性や市民性をもつ人間として（as human being, unlike other resources, personality, citizenship）みることが必要である．かつ，そもそも働くか否か，どれだけ良く働くか，を自ら決めることのできる存在（control over whether they work, how much and how well），したがって，動機づけ，参画，満足，報酬と報奨，リーダーシップ，地位と機能を要求する存在（and thus requiring motivation, participation, satisfactions, incentives and rewards, leadership; status and function）として，見ることができる．そのような要求を満足させることのできるものは，まさに経営である　経営だけなのである．なぜならば，それらの要求は，仕事と職務を通して，また経営体において，満足させられなければならない（they must be satisfied through work and job and within the enterprise）からである．そして，経営こそが，経営体を動かす機関なのであるからである」（Drucker, 1954：14. 邦訳；1996：19）．

　人的資源ないし人間組織の目標については，74年著で項目が例示されることになった（数字表示は河野補記．その他の項目についての参照箇所：河野：1984, 1994, 2006a, 2007）．「(i)経営者の採用・育成・業績についての特定の目標だけではなく，(ii)経営者以外の労働力について主要グループ別の特定の諸目標と，(iii)労働組合との関係についての目標も，設定するのが非常に望ましい．さらには，(iv)従業員の技能についてだけでなく，(v)従業員の態度についても目標を設定する必要がある」．これらのうち(iv)にあたるものが，54年著では，この74年著のように人的資源ないし人間組織として一項目にまとめられるのではなく，それぞれ一項目の目標領域，すなわち「経営者の仕事ぶりと育成」(i)，「働く人々の仕事ぶりと育成」(ii)（このなかには「労働組合との関係」(iii)も含む）としてあげられ，その細目のほうが示されていた．(i)の細目は，「目標自主設定と自己統制による経営者への指導，経営者の職務内容の設定，経営組織の精神，経営組織構造，将来の経営者の育成」である．(ii)ないしは(v)の細目の一部は，「中途採用・無断欠勤・労働災害・診療所利用率・提案制参加率・苦情件数・

従業員作業態度などが従業員の業績に与える影響」についてである．

2.4　物的資源

④ 物的資源としては，エネルギーや原材料の確保や，製品仕入先の育成などが，必要である．「マーケティングやイノベーションにかかわる目標の達成に必要な資源の確保にある」．また，「いつ工場の補修を止めて新しい工場を建設すべきか，いつ機械を更新すべきか，いつ新しい事務所を建設すべきか……．陳腐化した設備の使用にともなうコストは，通常は，隠れている．……設備は，過少であっても，過剰であっても，危険である．間に合わせ的につくってはならない．計画的でなければならない．そのための手法は，すでにある．それらの手法は，主としてコロンビア大学の経営学者ジョエル・ディーン（Joel Dean）によって開発された簡単な手法であって，……」とされている．すなわち，物的施設（工場・機械・事務所・店舗など），等々についての目標が必要である．

2.5　財務資源

⑤ 財務資源については，「資金の運用だけでなく，調達についても，目標が必要である」とされている．たとえば，「社内留保からの自己金融によって調達すべきか，長期あるいは短期の借り入れによって調達すべきか，株式の発行によって調達すべきか，ということは，それ自体，慎重に検討したうえで意思決定すべき問題であるだけではない．いかなる資本支出をおこなうかを左右する．価格政策，配当政策，償却政策，税務対策まで左右する」．

2.6　生産性

⑥「生産性の問題は，つねに，各種資源の各種の組み合わせ方法の全部を見渡した後で，費用・努力・リスクに対してアウトプットの比率を最適にする組み合わせ方法を見つけ出すという問題なのである」．生産性について，「少なく

とも経営体全体の生産性を定義できるようにする基本的な概念」として「付加価値」ないし「貢献価値」がある．「貢献価値とは，その経営体自身が最終生産物に資源をどれほど投入したか，また，この投入したものを市場がどれほど評価してくれたか，について明らかにするものである」からである．

　生産性目標にかかわるものは，(i)伝統的な肉体労働生産性，(ii)肉体労働を機械に代替することによる生産性向上，(iii)各種肉体労働から理論的な分析と概念を駆使した計画へと必要物を変更することによる生産性向上，(iv)知識の適正な応用による生産性向上，(v)時間（人的・物的資源の活用，高価な物的資源の遊休時間や高給・有能な人的資源の浪費時間の削減，経営者の時間）の生産性，(vi)諸製品の組み合わせ，(vii)諸工程の組み合わせ（部品の自製か外部購入か，自社での部品組み立てか下請けでの部品組み立てか），(viii)自社流通経路か他社流通経路か，自社商標での市場開拓か他社商標での市場開拓か，等々），(ix)組織構造ないし各種活動間の均衡，などである．以上のなかで，(v)時間のうち物的資源の活用と高価な物的資源の遊休時間の削減とによる生産性向上，(vi)諸製品の組み合わせ，(vii)諸工程の組み合わせ（部品の自製か外部購入か，自社での部品組み立てか下請けでの部品組み立てか）は，(x)資金〔活用——河野補記〕生産性ないし投下資金回転率の問題としても，後にまとめられることになる．

　なお，以上ではドラッカーが管理者的とした③④⑤⑥は，新規のものを展開し，それを組み込んだ成果が市場・顧客に受け容れられるようになれば，起業家的なものになる，とわれわれは解釈する（河野：1986，1994，2006a，2007）．

2.7　社会的責任

「経営体は，一般社会と地域社会のなかに存在している．……社会的責任を負わねばならない．したがって，経営体の『社会的次元』についての目標が必要になる」(Drucker, 1974：100．野田・村上監訳，1974：162)．こうした目標は，「経営者が社会の指導者的な存在であることに由来する責任，すなわち，事業

にかかわる責任を超える責任（responsibilities over and above those grounded in the business itself）」（Drucker, 1954：388．上田邦訳下巻；2000：311）である⑦ 社会的責任という目標のことである．54年著では，「社会的責任の領域における目標は，それぞれの経営体の経営〔者〕でなければ決定することができない．本書の最後（「結論　経営〔者〕の責任」──河野補記）に述べるように，この社会的責任にかかわる目標はきわめて明確である．しかしそれは，それぞれの事業と密接に関係のある社会的・政治的な条件にそって，かつそれぞれの経営者の信じるところに基づいて設定する必要がある」として示されたものである．また74年著では，経営体の3課題の一つとしてもとりあげられ，5章分をさいて「社会的衝撃と社会問題」の解消・解決・緩和などとして取り組まれたものである．

　社会的責任は，まず，ドラッカーがとりあげたように，① 経営体の社会的職能遂行の過程や結果が及ぼした社会的衝撃（とくに悪い影響）の解決に対する責任，② 経営体が発生原因ではなく社会自身の機能不全や不十分により生じた社会問題の緩和や解決に対する責任である．これらは，つぎの③との対比で，既存社会における社会的責任である，とわれわれは解釈する．つぎに，③ 社会が変化し社会が新しくなってできる知識社会（90年代以降に移行過程に入り，2020年代以降に本格化するとされるもの）およびそれと同時に社会に生じる新しい諸特性の萌芽が適切であるならば，育成していくことによって，新社会構築をするようにすることも，社会的責任の一つを構成することになった，とわれわれは解釈する（河野，1994，1995，2006a，2006c，2007）．

　ドラッカーは種々の問題を社会との関連で捉えているので，社会的責任問題も社会との関連でわれわれが解釈し分類し列挙していくのが適切であろう．各社会・各時代において，その良い特徴を経営体や人びとが生かし享受しつつ，同時に，予測が非常に困難と思われる不健全な問題点は経営体や経営者や人びとが個別経営体レベルや社会レベルにおいてその社会的責任で解決するというのが，その解釈である（河野，1986，1990，1994，1995，2006a，20006c，2007）．[3]

2.8 利潤性

　「以上の 7 つの基幹分野での目標が十分に検討され設定された後にはじめて，経営体は『どれだけの利潤性が必要になるのか』という問題に取り組むことができるようになれる．どの目標を達成するにも，大きなリスクを伴うからである．また，どの目標を達成するにも，努力つまり費用を必要とする．したがって利潤は，経営体の目標達成をまかなうために必要になる．いいかえると，利潤は経営体の存続条件である．利潤は将来形成費用（the cost of the future）つまり経営体継続費用（the cost of staying in business）なのである．……これまで議論した 7 つの基幹分野での経営体の目標達成を支えるのに必要な利潤性とは……(i) 経営体継続費用をまかなうための『リスク保険料』，(ii) 明日の職務・職場をつくるための資本の源泉，(iii) イノベーションと経済成長のための資本の源泉である」．また，利潤にはつぎに示されるような 4 つの機能があるとされているが，これらと上述の(i)(ii)(iii)とをわれわれはここで対応させてみることにする．第 1 の機能は，それが業績の判定者であるのは，「利潤は，マーケティング，イノベーション，生産性向上をおこなった結果である」からであるので，(iii)も含むと理解される．第 2 の機能は，不確実性というリスクを補填するための保険料であり，上述の(i)を含んでいる．第 3 の機能は，「今日よりも数多い職務・職場と，より良い職務・職場を，明日つくるための資本を供給すること」であり，上述の(ii)に対応する．第 4 機能は，「保険・国防・教育・オペラという社会の経済的満足とサービスを支弁する」ことであり，納税および寄付によるものであるとわれわれは理解する．この第 4 機能を将来のものも含むとすれば，上述の(iii)と一部は重なる，とわれわれは解釈する．なお，ドラッカーは，ドイツの経営者・政治家・社会学者のワルター・ラーテナウ（Walter Rathenau : 1867-1922）にならって，「社会的責任としての利潤」（*profit as a social responsibility*）という言葉さえ用いて，次のようにも述べていた．「たしかに，利潤をあげるのは，経営体の責任の全部ではないにせよ，経営体の第一の責任である．およそ，適正利潤を生めないような経営体は，経営体の善管義務とし

て委託された資源の統括を損なうとともに，一般経済の成長能力までも危うくするものである」．

以上により，ドラッカーの利潤は「経済的職能と社会的職能にふさわしいだけの利潤」(the profitability needed to fulfill the social and economic function of profit) ということになる．これは，われわれが "the cost of staying in business" を，たんに〈事業経済継続費用〉と訳すのではなく，幅広い全体的な〈経営体継続費用〉と訳すに至った根拠なのである．

以上のような74年著での主張は，すでに54年著においてもなされていた．「利潤には３つの目的がある．第一に利潤は，経営体活動の有効性と健全性を評価し測定して明らかにする．まさに利潤は，経営体にとって究極の判定基準である．第２に利潤は，設備の陳腐化と更新，市場のリスク不確実性など，補償すべきリスクのための余剰である．この観点から見るならば，いわゆる利潤なるものは存在しないことになってしまう．将来形成費用や経営体継続費用が存在するだけなのである．経営体の役割は，適正な利潤をあげることによって，経営体継続費用を適切に生み出すことである．しかしながら，この役割を果たしている経営体は，あまり多くはない．第３に利潤は，直接的には，社内留保による自己金融の道を開き，間接的には，経営体の目的に最も適した形での外部資金を当該経営体に流入させる誘因となることによって，経営体のイノベーションや拡大に必要な資金の調達を確実にする．……これら３つのいずれの機能も，経営体の存続と繁栄にとって必要な最小限度にかかわる概念である」．なお，第３の目的についての叙述は，1974年著で上述した(iii)に関連しているが，一般的な説明ではなく，内部資金の留保の場合と外部資金の調達の場合に分けて現実に即して説明している点に，54年著の特徴がある．

3. 経営体存続目標と経営体三［四］重制度との関連づけによる追加項目

3.1 経営体存続目標と経営体三［四］重制度

　ドラッカーの1950年著には，経済的・統治的・社会的な三重統合的な企業論と労働組合論が展開されていた．企業とは，世界的革命にふさわしい産業時代になるという社会における決定的で代表的な自主的である制度のことである．経済的といわれるのは，大量の諸資源の長期的な投資をともなった将来志向的な協働的生産組織体であるからである．統治的といわれるのは，人々に忠誠や服従を直接的・間接的に求めている秩序的政治組織体であるからである．社会的といわれるのは，協働的生産をしながら人々の各種の欲求を充足させていく人間的社会組織体であるからである．しかも，これら3つの面は，すべてを満たしてはじめて如何なる問題解決策も受け容れられうることになるという意味で，同時的存在である，とされている．

　この著書は産業社会・企業時代のものであったが，つぎの組織社会さらには知識社会では，それぞれの著書での記述対象が経営体にまで拡大・一般化されることになった．ただし，このような三重統合的な形式の理論をドラッカーは50年著以降においては言及しなくなってしまったが，われわれは，まずは経営体全体を捉える必要があるとして，この理論を重視する．また，ドラッカーの理論は，その後において補充・発展・復活させられてきた，と解釈される．補充とは，ドラッカーがかつて考察して然るべきであったが成しえなかった問題か，その研究中に重要であると気づかれた問題が，後に新しく取り上げられるようになった場合における，後者の前者に対する関係を指すことにし，また，発展とは，ドラッカーがかつて取り上げていた諸問題が後でより具体的により詳しく解明されるようになった場合における，後者の前者に対する関係を指すことにする（河野，1986，1990，1994，1995，2006a，2006b，2007）．復活とは，ドラッカーがかつて考察していたのに次第に取り上げ方が弱くなってきていた

が後に再びドラッカー自身かわれわれにより十分に考察されるようになった場合を指すことにする（河野，1994，1995，2006a，2006b，2007）．ドラッカーの長い研究活動やコンサルティング活動において，事業面の考察が，重要性を増してきて，経済的制度面から独立し発展させられることになった，とわれわれは解釈する．統治的制度面についての考察の問題数は補充されながら増加し，合計7つの問題がとりあげられることになった，とわれわれは解釈する．社会的制度面については，経営体内部に包含されている社会すなわち職場社会のみならず，経営体を包含している一般社会・地域社会との関係をも補充してとりあげられるようになった，とわれわれは解釈する．また，事業面のみならず統治面や社会面にも，各種の資源が投入され活用されるようになってくると，現在と将来の費用補償という経済的視点が，事業面・非事業面（統治面・社会面）にも適用されるようになった，とわれわれは解釈する．さらには，これら三重・四重面のなかには，復活される問題も含まれるようになった．

こうした経営体四重制度と前節の経営体存続目標を比較検討して相互関連づけることを，われわれは以下において試みてみるようにする．① マーケティングは事業的制度面に対応する．② イノベーションは各制度面に必要とされうる．③ 人的資源ないし人間組織は各制度面に必要とされうる．④ 物的資源は事業と経済の制度面に活用される．⑤ 財務資源は事業と経済の制度面に活用される．⑥ 生産性は，事業と経済の制度面で配慮される．⑦ 社会的責任は各制度面において問われうる．⑧ 利潤性は各制度面に必要とされうる．

3.2 経営体三［四］重制度における統治面の経営体存続目標への追加

こうした解釈の中において，四重制度のうちの統治面は，② イノベーション，③ 人的資源ないし人間組織，⑦ 社会的責任，に関連すると解釈したが，経営体の統治面と③人的資源ないし人間組織については特に注意を払う必要があるとわれわれは考える．これらの問題の中には，最高経営者・陣（top-management）と取締役会（the board）・理事会の関係が含められるからである．

最高経営者の課題（Top-Management Tasks）と組織（Top-Management Structure）の問題をドラッカーは74年著の第50・51章でとりあげ，取締役会の必要性を第52章でとりあげ，これら3章をまとめた全体の標題を"*Top-Management Tasks and Organization*"としている．そこでわれわれは，3つの章全体にあたる後者の"top-management"を広義の最高経営あるいは最高経営層と訳し，第50・51章にあたる前者の"top-management"を狭義の最高経営あるいは最高経営層と訳し分けることにする（山城，1977，1982．加藤，2010）．しかも，取締役会・理事会による最高経営者の統治を〈他者統治〉とし，両者あるいはその相互作用による経営体全体に対する統治を〈協働統治〉として表現することにする（ただし，経営者自身による経営体全体を維持するための諸利害者集団間の調整・統合を〈制度化された（＝破産法などに裏づけられた＝単なる個人的な理念表明とは異なりそれを超えた）自己統治〉（＝最高経営者の責任・職務として自身を律すること）とする）（河野，2007，2009）．取締役会・理事会と最高経営者の相互作用とは，取締役会・理事会による最高経営者に対する監視・監督・業績不良経営者排除などの作用，ならびに，それとは逆に，最高経営者による取締役会・理事会に対する相談依頼・最高経営代行機関準備・経営体教育（＝改善と革新の均衡，短期と長期の均衡などについて，とくに短期志向になりがちの機関投資家の代表になっているような取締役などに対して，実践にもとづいて教育すること〈Drucker, 2002：Chapter 6. 邦訳第Ⅱ部第6章〉）などの作用のことであり，こうした両者の相互作用・グループダイナミクスにおいて最高経営・全般経営（広義）が行われている，とわれわれは解釈する．こうした形の統治を，われわれは〈協働統治〉として表現することにした．したがって，われわれは，経営体存続目標に，以上のような⑨統治という項目を追加する必要がある，と考える．

統治に関するドラッカーの研究過程において，50年著の当時とその後の研究を合わせると，7つの統治問題をドラッカーがとりあげた，と理解できることになる（河野，1986；以下の④③⑤の3問題，1990；3問題②⑥①を追加し計6問題，

1994, 1995, 2006a, 2006b, 2007, 2009b, 1問題の⑦を追加し計7問題, であるとそれぞれ理解し取り上げ解釈した[4]).

　経営体・経営者の権限・権力の正当化問題は, 社会との関係, また経営体, において取り上げられた. 後者は, 取締役会・理事会や最高経営者の統治面の適正化 (＝⑤最高経営者に対する株主・取締役会や理事会による監視・監督・評価などという他者統治), ⑥諸利害関係者間の調整による経営体維持をめざすよう自らを律する最高経営者自身の自己統治, ⑦取締役会・理事会と最高経営者が相互に影響しあい協力して全般経営を適切に推進する協働統治).

　なお, ⑥は, 注4) の末尾で示したように, 〈各種利害者集団を永続的経営体維持に結集して権威づけられる統治的組織 (これを担当する取締役会と最高経営者の組織部分)〉, それに対応した〈社会的組織〉, それに対応した〈経営体の社会面〉, とそれぞれ関連している, とわれわれには解釈されうる.

4. 近年必要になった最高経営職能（狭義）からの追加項目

4.1　情報システム統合

　ドラッカーは, 経営者職能に関連して, 95年著 *Great Change* の第10章（1992年初出の論文）で, 情報関係について次のような捉え方を示していた. 第1に, 情報の利用者 (ユーザー) と専門家については, 前者が経営者・各種専門家・組織であり, 後者がコンピュータ情報という道具の作成者でありユーザーの相談相手であるという違いはあるが, 前者については情報に精通しなければならないとされた. 第2に, 情報システムの中に蒐集し活用し統合化されるべき内容については, 意思決定とくに戦略的意思決定のために活用されるような情報, すなわち, 成果・機会・脅威などの経営体にとって外部の情報, さらに具体化していえば, 既存顧客や非顧客 (＝市場には居ても当該経営体の製品・サービスの非購買者たる潜在的顧客) が購買する物・場所・方法などという経営体外の情報, ならびに, 人口動態や顕在的のみならず潜在的な競争相手 (の行動・

計画など),技術,経済,為替レート変化,資本移動などという市場外の情報でなければならない.第3に,会計を資金管理たる財務から切り離し業務に注目するような改革(ABC会計を指していると考えられる——河野補記)が必要とされ,また,経営活動を期待成果に結びつけるような新しい会計も開発され,また,資産評価を取得原価ではなく将来収益でおこなう試みもなされてきているので,会計データを意思決定情報に転化させ,会計システムとデータ処理システムとの間が,一体化させられるもの,あるいは,少なくとも矛盾のないもののようにしなければならない(従来は,会計学とコンピュータ・サイエンスは別々の学部で教育され,それらの学位も別々に授与され,また,これらを学ぶ人々も異なる学歴,異なる価値観,異なる昇進階段をもち,異なる部門で働き,異なる上司をもっていたが,コンピュータに精通した最高経営者が意思決定の地位に就くようになり変化が生じ始めており,10年以内に統合化される見通しであるとされたのであった〔1992年の段階でなされた見通しであった〕).

4.2 情報システム統合という新最高経営課題の経営体存続目標への追加

また,95年著では次のようにも述べるようになっていた(pp.139-140.邦訳1995:158).「かつては常に分離され別々の目的のために個別に使われていた諸々の手法であると見なされていたものを,一つの統合的な情報システムに変更すること」(convert what were always seen as discrete techniques to be used in isolation and for separate purposes into one integrated information system)(論文初出は1995).以上のことを受けてと考えられるのだが,2002年著では「意思決定者たる最高経営者が直面している新しい諸〔=5つの〕要請」の一つとして次の点が指摘されるようになった(Drucker, 2002:52-54, 55, 84.邦訳:114-116, 118, 142.).「会計システムとデータ処理システムの統合」(to bring together the accounting and data processing system)をめざして「外の世界で起きることを理解しなければならない」.これ以外の4要請のすべては,従来にも指摘されていた最高経営者の課題と関連づけることができる(河野,2006b:90-91).し

たがって，従来にはなかった最高経営者の直面している新しい要請が示されたのであり，経営体存続目標に追加すべきものは，⑩ 経営データ処理と会計のあいだの情報システム統合という課題である，とわれわれは解釈することになったのである（河野，2006b：65，107．2007：48，117．2009a：51-58）．

5．経営体存続的な経営力の意味

以上の10項目は，経営体存続目標であり，それらに関連した能力という意味においては経営体存続的な経営力に関係する，とわれわれは解釈する．

また，ドラッカーは54年著で，富創出能力（the wealth-producing capacity）について次のように述べていた（Drucker, 1954：386．上田惇生新訳，2002：308）．「経営体は，社会における富の創出機関であり生産機関である．経営者は，経済活動にともなうリスクを補填するだけの利潤をあげることによって，富の創出能力をもつ資源を維持していく必要がある．さらには，それらの資源の能力を増大させ，その結果，社会の富を増大させていく必要がある」．この富創出能力との関連で，日本には，独自の経営観・経営者観がある，とドラッカーは捉えていた（Drucker, 1992：196．上田・佐々木・林・田代訳，1992：301）．日本の大企業の経営行動を指導していると見なされる実体は，企業そのものの機関としての経営であり，また，日本の経営者は，まず従業員つぎに顧客さらに債権者そして最後に納入業者という多くの関係者を共通の利益に結集させる（bring together in a common interest）ところの永続的経営体への奉仕者（the servant of the going concern）であると考えられている．「ドイツでも日本でも，企業の富創出能力を最大化する（maximizing the wealth-producing capacity of the enterprise）ための経営計画に沿って会社が活動している限り，短期の業績いかんにかかわらず，そうした経営陣を機関投資家が支持するということは，企業の経営陣と，企業の所有者を代表する機関との間で，合意されている（is agreed upon）」と評価していた．この考え方をアメリカの企業にも推奨し，し

かも，この考え方はアメリカの破産法によってすでに制度化されてきているとし，経営者の単なる個人的なスローガン・理念表明ではないとした（Drucker, 1986：253．上田・田代訳，1986：308）．

さらに，富創出能力についてドラッカーはつぎのようにも述べるようになった（Drucker, 1992：238．上田・佐々木・林・田代訳，1992：367）．「富を創出し，財を創出し，職務・職場を創出する存在としての経営体」（the business as a wealth-producing, goods-producing, jobs-producing entity）[5]．このことから，富創出能力とは，経済面さらには事業面だけではなく，人間面・社会面も含む広義のものである，と解釈することになる．この点は，経営体存続目標ではたんに事業面だけではなく非事業面である社会面や人間面も考慮されていること，また，経営体存続目標を満たすための利潤性が，既述した通り，「経済的職能と社会的職能にふさわしいだけの利潤」（the profitability needed to fulfill the social and economic function of profit）であるとされていたことと符合しているのである．

6．おわりに

かくして，以上の10項目が，富創出的で経営体存続的な経営力を表示する経営体存続目標になりうる，とわれわれは解釈することになったのである．

なお，これらのうち，人的資源ないし人間組織についての経営力を「最高経営層のリーダーシップ力」に置き換え，また経営データ処理と会計の情報システム統合を一般化して「情報システム力」に置き換えることによって，「マーケティング力」・「イノベーション力」・「プロダクティビティ力（生産性向上力）」・「財務力」・「物的資源力」・「最高経営層のリーダーシップ力」・「ガバナンス力」・「収益力」・「情報システム力」のそれぞれの重要度（5段階評価）について，わが国の上場企業の実態をわれわれは調査することになったのである．これが，東洋大学経営力創成研究センター（私立大学戦略的研究基盤形成支援事業にもとづいて設置）によって2010年の夏季に実施されたものなのである．こうした調

査の集計結果と解析は,すでに2011年の3月に発表されたが,本書の191-231頁にも掲載されている.　　　　　　　　　　　　　　　　　　　（河野　大機）

注
1) なお,マーケティングが顧客・市場・用途のことをまず考えるということを一般化して,相手のことを最初に考慮するというように解釈して,ドラッカーは後程,単位事業や事業全体のマーケティング,資本・資金〔提供者〕のマーケティング,労働者〔人的資源〕のマーケティングという言葉さえ使うようになったのである.「人的資源ないし人間組織,財務資源,物的資源の各分野,とくに人的資源と財務資源の分野は,『マーケティングの分野』に属している.経営体は,仕事をする機会を売り出している（market [s]）.また経営体は,自社に対して投資する機会を売り出している（market [s]）.仕事と職歴の市場や資本の市場は,真の『外部』市場であり,そこには本当の『顧客』がおり,それぞれ期待と価値観と欲求をもっている.経営体は,必要な人間と資本を誘引できなければ,長続きしないことであろう」(Drucker, 1974：109；上巻邦訳：176).なお,以上のようにドラッカーが述べたときに,マーケティングを起業家的職能であると以前に定義したことをここでも意識していたか否かは,必ずしも明らかではない.
2) 改善：(3)市場における地位にかかわる目標を達成し,技術変化に備えるための製品の改善.(4)コスト上必要とされる生産プロセスの改善など,市場における地位にかかわる目標を達成するために必要なプロセスの改善.(5)経理・設計・事務管理・労使関係など,事業にかかわるすべての職能別活動における,知識や技能の進歩にあわせた改善.これらの点を考慮すると,改善は,すべての項目について設けられるべき目標である,とわれわれは解釈することになる.
3) 29項目①〜㉙が各拙著でとりあげられた.とりあげ方は,以下の通り変化してきた.その理由は,状況・環境の変化,ドラッカー自身の研究の進化,あるいは,われわれの解釈における進化であろう.1986年著では,「職場社会・被傭者社会・労働組合との関係」について③④⑥⑨がとりあげられ,「(多元社会における) 政府との関係」について㉓,「〔多元社会における〕偏執的な少数派利害者集団との関係」について⑲,「経営体の組織者構成員的な倫理責任」について⑯,「経営者の社会指導者集団的な倫理責任」について⑱が,それぞれとりあげられた.1990年著では,「価値〔地球環境保護〕実現社会との関係」について①がとりあげられ,「多〔超〕国籍化社会との関係」について②,「知識社会〔正確には知識経済〕との関係」について⑧⑨⑩がとりあげられ,「新多元社会（組織的多元社会ならびに政治的多元社会）との関係」について⑰⑱が追加的に,「新多元社会における

政治や政府との関係」について⑳〜㉓が追加的に，とりあげられた．1994・1995年著では，「知識社会〔正確には知識経済〕との関係」について⑪⑫が追加的にとりあげられ，「新多元社会における政治や政府との関係」について㉔㉕が追加的にとりあげられ，「地域社会あるいは市民社会との関係」について㉖㉗がとりあげられた．2006a・2006c・2007年著では，「知識経済との関係」について⑤⑦が追加的にとりあげられ，「新多元社会（組織的多元社会ならびに政治的多元社会）との関係」について⑬〜⑮が追加的にとりあげられ，「市場経済社会の確立との関係」については㉗が部分的に追加してとりあげられ，「起業家社会との関係」について㉘がとりあげられ，「政府・企業・非政府非企業経営体の3者で構成される知識社会との関係」について㉙がとりあげられた．なお，㉚は注4）末を参照のこと．（①〜㉚社会的責任の各項の中身は，紙幅の関係上，割愛する）

4）統治問題のなかには，拙著書での表現をそのつど変えたものがある．⑤について，1986，1990，1994，1995では〈被傭者投資家による所有者権力の行使にもとづく経営体および経営者の正当な経済権力〉，〈正当な経済権力にもとづいて運営される経営組織〉ならびに〈正当な事業統治権限にもとづいて運営される経営組織〉，〈取締役会の統治機関化と機能化の管理〉としていたが，2007：43以降では〈最高経営者への取締役会による他者統治〉と修正することにした．⑥について，1990では〈経営体の各種利害者集団との関係化および調整にもとづく経営体の正当な経営権力すなわち経営的権威〉，〈各種利害者集団を永続的経営体維持に結集して権威づけられた経営組織〉，〈利害者結集の管理〉としていたが，2006a：64では〈……経営権力，すなわち経営的権威〉，2007：44・71以降では〈各種利害者集団を永続的経営体維持に結集（最高経営者の自己統治）して権威づけられ正当化された経営組織〉，〈経営権力の正当化＝経営的権威の昂揚のための管理〉と追加的に修正することにした．

⑦について，1994，1995，2006aでは〈審査機関・業務執行委員会としての取締役会の機能化にもとづく正当な経営体統治権限〉としていたが，以下それぞれ，2006a：64では〈……全般的の統治権限〉と一部修正し，2006b：83-92，2007：44・71では〈正当な全般（組成的）管理的統治権限（最高経営者と取締役会・理事会の協働統治）に基づく経営組織〉，〈全般管理的統治権限の正当化のための管理〉，2009b：18-22では〈組成的・全般的最高経営に関する協働統治〉，と追加的に修正することにした．また，取締役会機能の一つの "public and community relations" に関しては，われわれは，これまで〈公共・地域社会関係〉と訳してきたが，株主・従業員・地域社会・消費者・納入業者・流通業者などとの間の適切な関係化が述べられているので，これを〈「利害者関係・地域社会関係」の適切化〉と訳し直すことにする．さらに，取締役会の構成組織の一つに "public and community relations board"〈利害者関係・地域社会関係委員会〉が挙げられている．このことにより，こうした取締役会・理事会のこの部分と最高経営者の自己統治および第4・5職能（＝顧客・主要納入業者・労働組合・銀行・金融機関・その他の外部機関などとの関係化，および，行事・委員会・夕食会などの各種儀式への参加）とは対応するようになった，とわれわれは解釈することにする．従って本文で前述したように，社会的に〈制度化された自己統治〉のみならず個別経営体的にも〈制度化された自己統治〉であることになった．

なお，〈各種利害者集団を永続的経営体維持に結集して権威づけられる統治的組織〉と〈社会的組織（最高経営者の第4・5職能である，顧客・主要納入業者・労働組合・銀行・金融機関・その他の外部機関などとの関係化，および，行事・委員会・夕食会などの各種儀式への参加，を担当組織部分）〉とは対応していること，をわれわれは改めて述べておくことにする．これらに対応して，経営体の新しい社会的制度面（経営体倫理の問題あるいはこれらの経営体によって構成された新社会の構築問題として提示する）について更に追記しておく必要性を，われわれは感じることになった．これを文章化することは，今後の課題にする．

5）これは，ドラッカー自身が日本の企業について述べたものであるが，アメリカの企業にも当てはまりつつあると次のように述べている．「しかし実際に，日本では，一般投資家を所有者としては扱ってはいない．請求権者（as a claimant）として扱っているのである．彼らの利益は（清算の場合を除き），富を創出し，財を創出し，職務・職場を創出する存在としての経営体の維持存続（maintenance）よりも，下位に置かれている．そして，われわれアメリカでも，徐々にではあるが，これと同じ方向に向かいつつある（And we in the U.S. are slowly moving in the same direction）」．なお，これをわれわれは，企業のみならず各種経営体一般にも適用できると解釈して，"the business" を「経営体」と訳すことにした．

参考文献

加藤勝康（2010）「有効かつ能率的な最高経営層構築にむけての一考察——P.F. Drucker, M.E. Porter らの諸説に触発されて——」村田晴夫・吉原正彦編『経営思想研究への討究——学問の新しい形——』文眞堂.

河野大機（1986, 1990）『ドラッカー経営論の体系』（初版，増補改訂版）三嶺書房.

河野大機（1994, 1995）『ドラッカー経営論の体系化』〈上巻〉〈下巻〉三嶺書房.

河野大機（2006a）『P.F. Drucker のソシオ・マネジメント論』文眞堂.

河野大機（2006b）『経営体・経営者のガヴァナンス——ドラッカーの所論ならびに関連諸理論・実践とそれらの統合化——』文眞堂.

河野大機（2006c）『コンプライアンス経営——バーナード／ドラッカーの理論と日本経団連の実践要請——』中央経済社.
河野大機（2007）『P.F. Drucker のマネジメント・プラクティス論』文眞堂.
河野大機（2009a）「経営の全体的な調整・統合化——バーナード＆ドラッカー理論と ERP/SEM 実践——」東洋大学経営力創成研究センター編『経営力創成の研究』第3章：38-60，学文社.
河野大機（2009b）「経営における他者統治・自己統治・協働統治——ドラッカーの実践理論とナドラー達の実践的調査・提言——」日本経営教育学会編『経営教育研究』Vol.12, No.2：13-24，学文社.
山城章（1977，1982）『経営学〔初版〕〔増補版〕』「第6編　第2・3章」白桃書房.
Drucker, P.F.（1950）*The New Society: The Anatomy of Industrial Order*, New York: Harper & Brothers.（現代経営研究会訳（1957）『新しい社会と新しい経営』ダイヤモンド社）.
Drucker, P.F.（1954）*The Practice of Management*, New York: Harper & Row, Publishers.（上田惇生〈新訳〉（2000）『現代の経営』（上）（下）ダイヤモンド社）.
Drucker, P.F.（1974）*Management: Tasks, Responsibilities, Practices*, New York: Harper & Row, Publishers.（野田・村上監訳，風間・久野・佐々木・上田共訳（1974）『マネジメント』（上）（下）ダイヤモンド社）.
Drucker, P.F.（1986）*The Frontiers of Management: Where Tomorrow's Decisions are Being Shaped Today*, New York: Truman Talley Books・E.P. Dutton.（佐々木・上田訳（1986）『マネジメント・フロンティア』ダイヤモンド社）.
Drucker, P.F.（1992）*Managing for the Future*, Oxford: Butterworth-Heinemann Ltd.（上田・佐々木・田代訳（1992）『未来企業』ダイヤモンド社）.
Drucker, P.F.（1995）*Managing in a Time of Great Change*, New York: Harper Collins Publishers.（上田・佐々木・林・田代訳（1995）『未来への決断』ダイヤモンド社）.
Drucker, P.F.（2002）*Managing in the Next Society*, New York: Truman Tally Books St. Martin's Press.（上田惇生訳（2002））『ネクスト・ソサエティ』ダイヤモンド社）.

第3章

経営戦略の実行能力

1. はじめに

　企業経営において，戦略という概念は企業の発展とともに1960年代から本格的な議論が進められてきた．企業の成長のための戦略について論じた Ansoff (1965) は，戦略 (strategy) とは部分的無知のもとでの意思決定のためのルールであり，一種の条件付き決定である方針 (politics) とは異なる概念であるとする．方針とは，採るべき必要な措置と偶発的に発生する事象の結果が事前に把握することが可能な場合の指針である．一方，戦略は事前にすべてを把握することができず，不確実性の高い状況のもとでの意思決定のための一つの方向性の提示という意味で使われる．そして，経営資源の調達や管理を担う管理的意思決定や，日常業務の中での生産計画や販売計画を担う業務的意思決定よりも，上位の概念である戦略的意思決定の重要性を指摘している．つまり，Chandler (1962) においても戦略とは「企業の目標達成に必要な経営資源の配分の方法である」と定義するように，戦略的意思決定は企業の成長のための施策を考えることであり，どの事業にどのように経営資源を配分するのかということを課題とする．企業全体からの視点をとることができるトップマネジメント層が取り組むべき意思決定である．

　経営戦略に関わる概念は，企業の内部資源と外部環境を分析して自社の位置付けを把握するための戦略分析 (SWOT 分析など)，企業の成長のための多角化戦略，多角化した事業を効率的に管理するための戦略手法の開発 (PPM 分析など)，競争優位を獲得するための競争戦略 (Porter の競争戦略論・ファイブフォース分析など)，競争優位性を持続するための RBV (Resource-Based

View：組織能力，コア・コンピタンスの概念など），他企業との融合から優位性を築いていく戦略的関係性（アライアンスなどの外部成長戦略）に関する議論へと発展してきた．つまり，企業の置かれた環境変化を取り入れながら，より効果的な経営を展開していくための概念が試行されてきたのである．

　しかし，それぞれの議論が，マネジメントの実践を考える上で重要な概念であるPDCAサイクル（Plan-Do-Check-Act：計画―実行―評価―改善）のすべての段階を議論の対象にしていたわけではない．特に，初期の議論では，Plan（戦略の策定）が中心的課題であった．そして，Planがいくら優れていても高い成果につながるわけではないという批判から，Do（戦略の実行）の段階へと視点が変わってきた．策定した戦略をいかに実行していくのかという問題である．また，実行した戦略をフィードバックし，将来により良いアプローチを考えていくために，Check-Act（戦略の評価・学習）の段階へと展開する．つまり，経営戦略には意図した戦略を計画化し，実現化していく計画的側面と，予期しない環境変化の機会を捉え，創造的に戦略を創造する創発的側面が存在する（Mintzberg & Waters, 1985）．

　本章では，PDCAサイクルの考え方から，戦略の策定段階と実行段階における論点を企業の戦略でも複雑な意思決定を伴うM&A戦略に着目して整理し，実行主体であるトップマネジメントのみならず，組織全体の視点から，その実行能力に関しての議論を展開する．また，東洋大学経営力創成研究センターが実施したアンケート結果によって，戦略の策定・実行の実際について検討する．最後に，実行した戦略から組織が学習していくという側面についても検討し，経営戦略の実行能力を高めるための課題を論じる．

2．経営戦略の策定から実行へ

　はじめに経営戦略と長期経営計画との違いを明らかにする．戦略は計画の上位概念であり，まずは戦略を策定した上で，具体的な計画の策定が必要になる．

次に，経営戦略の策定に関して，企業が分析・調査能力を向上させることを目的に，さまざまな分析手法の開発や専門スタッフの配置を行ってきた．経営戦略論の古典的研究では，経営戦略＝戦略分析手法と考えられてきた．ただし，緻密な分析が高い成果につながるわけではない．分析麻痺症候群と揶揄されたように，戦略策定能力が高い水準でも，実行なき戦略では意味のないことである．

2.1 長期経営計画と経営戦略

戦略の研究は，軍事（戦争）の研究から始まっている．軍事の課題は，いかに自分の領土を広げ，敵にいかにして勝つのかということである．これは，企業の戦略で考えると，いかに自社のシェアを拡大し（成長戦略），競争企業に対して優位性を築くのか（競争戦略）ということになる．そして，こうしたことは場当たり的に行っていくのではなく，"予め"何らかの施策を考えておくことが重要であり，古くは「孫子の兵法」の時代から言われてきたことである．

経営戦略は，1960年代前半の米国において，高度経済成長を背景に，いかに長期的な成長を図るための計画を策定するのか，ということを課題に論じられてきた．それまでの経営においては，経営者の経験や個人的判断を重視し，計画性というものは重視されてこなかった．事前に計画を立てなくても，経済が成長しているので，企業の売り上げも伸ばすことができたからである．しかし，場当たり的経営では短期的な業績は良くても，長期的な成長を持続することは難しく，ゴーイング・コンサーンである企業にとっては限界が生じてしまう．そこで，企業の将来のビジョンや長期的な数値目標である長期経営計画というものが必要になる．長期経営計画は企業の達成目標でもあるために，それを策定しただけでは企業行動は変化することはない．長期経営計画は，現在の活動の延長線上に描かれるものであり，具体的な数字で設定される場合は，その達成が最優先にされて，企業の成長や競争力を向上させるということは軽視される．つまり，企業変革を伴うような行動は生じない．そこで，長期経営計画を

立てる前に，経営戦略の策定を考える必要がある．

経営戦略は，企業がより成長し，競争力を向上させることを目標に考えられる．つまり，企業が長期的な成長を目指すにはどうしたら良いのかということをまずは考え，そのための施策を検討していく．1960年代前半は，事業は導入期―成長期―成熟期―衰退期というライフサイクルを辿るという考え方のもとで，いかに新しい魅力的な分野に進出するのかという多角化が大きな課題となった．先の Ansoff (1965) でも多角化先の事業をどのように選択するのか，成果を上げるためにはどういう事業に進出すれば良いのかということが議論されている．つまり，長期経営計画は，経営戦略の具体的な実行プランであるので，戦略をまずは策定した上で長期経営計画を考えていくことが求められ，両者は異なる概念であるということを認識する必要がある．

2.2 経営戦略の策定のために

経営戦略を策定することが，企業経営にとって重要だと認識され始めてきたのは，1960年代後半からであり，多角化戦略によって売上高の増加という規模の拡大は行えたが，増大した複数の事業の管理が効率的に行えず，収益性が低下してきたということが背景にある．例えば，GE (General Electric) ではより成長を目指した分野への進出を課題として，新しい戦略を構築する成長委員会という専門の戦略スタッフ組織を設置する (Rothschild, 2007)．成長委員会は，より高度な分析を可能にする専門スタッフの集団であり，今までの組織形態では限界のあった戦略策定能力の向上を目指したものである．実際に，ジョーンズ (Jones, R.) が経営者の時には，200人以上の専門スタッフによって戦略の策定が行われていた (Whittington, 2001)．また，企業内部の戦略的に関連する事業をグループ化する戦略的事業単位 (SBU; Strategic Business Unit) を設置し，能動的な企業活動が志向される．

さらに，この頃から戦略に関する専門知識と実践力を教育していくビジネススクールや，戦略の策定を専門業務とするサービス業であるコンサルティング

会社が急成長し始める．実際に GE では，マッキンゼー・コンサルティンググループとともに各産業における魅力的なビジネスマトリックス（GE スクリーン），ボストン・コンサルティンググループ（BCG）とともに経験曲線，ハーバード・ビジネススクールとともに PIMS（Profit Impact Market Strategy）を開発した（Whittington, 2001）．BCG は，経営資源の効果的な配分を可能にする PPM（Product Portfolio Management）などの分析手法も開発し，多角化事業の管理のための有効なツールを提供した．

戦略を策定していく上で，企業の外部環境分析と内部資源分析が課題となる．例えば，外部環境分析とは，自社にとっての機会と脅威を把握していくことであり，マクロ環境分析とミクロ環境分析に分かれる．マクロ環境とは，経済，技術革新，文化，政治，法規制などの一企業では変えることのできないものであり，その業界の企業は同じ影響を受ける．例えば，PEST 分析（政治的要因；Politics，経済的要因；Economic，社会的要因；Social，技術的要因；Technology の頭文字をとったもの）がある．ミクロ環境分析は，① 顧客分析（顧客層，購買動機，ニーズ；セグメンテーション分析など），② 市場分析（市場規模，成長予想，参入障壁；製品ライフサイクル分析など），③ 競合企業分析（業績，戦略，所属グループ；ファイブフォース分析など）があげられる．

ただし，こうした各種分析手法は正確に実行するには，高度な現状分析能力と戦略策定能力を必要とするものである（中村，2010b）．つまり，戦略を策定していくためには，まずは現状の分析が土台になるが，それを行うには，高い能力と多くの時間・コストがかかってしまい，なかなか自社内部で行うのは難しくなってくる．そうしたことを背景に，戦略分析さらには戦略提案を主要業務とするコンサルティング会社が成長してきた．コンサルティング会社は，企業が自分たちで考える以上のものを提供する必要があり，提案した内容が効果を発揮しないような場合は，契約を解除させてしまうので，コンサルティング・スタッフには MBA コースなどのマネジメント教育が求められるようになる．しかし，こうした戦略の策定と実際の実行は異なるということを認識する必要

がある．いくら優れた戦略を策定しても，それを実行できず成果を出せない場合もある．

2.3 経営戦略の実行とは

戦略に関する2種類の捉え方を認識する必要がある（Ansoff, 1965）．一つは多角化戦略には事業部制組織が適しているというようなChandler（1962）が課題としていた戦略を実行していくための組織の管理的環境を分析していくものである．もう一つは，戦略的意思決定のニーズと機会の探求をねらいとした分析手法を経営者に提供することである．戦略に関する議論は，組織管理に関する視点と意思決定に関する視点があるにもかかわらず，経営戦略論の中核的議論は意思決定に関するものに偏っていた傾向がある．

経営戦略の策定は，高度な専門知識が必要になり，分析や戦略策定そのものに力を注ぐ企業が増加し，実行面を軽視する傾向が見られるようになっていく．さまざまな戦略分析手法が開発されてきたが，どれもこの戦略を採ったから成功するというものではないのが特徴である．また，多くの分析手法が開発された結果，どれを採用するのが適切なのか判断することも困難な状況に陥ってしまった．このような意思決定段階を重視し，分析に力を注ぎ，「詳細な分析をすればするほど高い成果が期待できる」と考えて行動してきた．このような状況は，分析麻痺症候群と指摘され，実行力の伴わない戦略の策定は批判されていく．

そして，戦略の実行に関して考える場合，戦略の二面性をとらえる必要がある（Mintzberg & Waters, 1985）．意図した戦略を計画化し実現化していく計画的側面と，予期しない環境変化の機会を捉え臨機応変に戦略を創造していく創発的側面である．つまり，策定したものが，そのままの形で実行されることは難しいのが分かる．GEにおいても1970年代は，経営者や本社の戦略担当部門中心の計画重視の経営が行われていたが，1980年代以降，大胆な企業改革を行ったジャック・ウェルチ（J. Welch）が経営者に就任してからは，現場に自律

性を与える創意工夫を重視し，環境変化に迅速に対応する企業を目指していった．特に，1990年代以降にこうした傾向が強くなる．

つまり，経営戦略を実行するということは，策定することとは，全く違う性格のものである．また，戦略の策定段階では，本社の戦略スタッフや外部のコンサルティング会社などが大きな役割を果たすが，実行面では経営者層のリーダーシップや組織的にどのように取り組んでいくのかということが大きく影響する．経営戦略論の初期の研究では，策定段階のテーマが中心で，1990年代からコア・コンピタンスやケイパビリティなどの組織能力に着目する研究が登場してから，戦略だけでなく組織の問題も含めた実行段階のテーマがクローズアップされてきた．次節では，実際に戦略を策定し，それをどのように実行（マネジメント）していくのか，また実行していく際の組織の実行能力に関する議論を，成長戦略の代表的な手法の一つであるM&A戦略を対象にしながら論じていく．つまり，戦略のプロセスとともに戦略の実行のための組織面にも着目する．

3．M&A戦略のプロセスと実行能力—M&Aコンピタンスの概念

経営戦略を実行していくには，それを実行するための能力（competence；コンピタンス）を考える必要がある．われわれ人間の場合でも，立てた計画は自然に実行されるのではなく，それを実行できるだけの能力がその人にあるのかが重要となる．つまり，創業間もない資金力の乏しい企業が，グローバルに経営を展開していくという戦略を立てたとしても，経営資源の面や能力的な面で実行することは難しいだろう．

企業の能力に関する議論は，1990年代以降活発になってきた．特に，経営戦略論における能力という概念は，他の企業が容易には模倣できない競争優位を獲得し，それを持続するために必要な組織能力との関連で議論されてきた．その対象は，全社戦略の策定から，製品開発に対する技術，事業上のシステム，

社内の特定の人材に至るまで幅広く適用され，コア・コンピタンスとして認識されている．

本節では，経営戦略の実行能力に関する分析を進めるために，経営戦略の中でも特にダイナミックで複雑な戦略であるM&Aを取り上げ，M&A戦略の策定面（プレM&A段階），実行面であるマネジメントに関する議論（ポストM&A段階），こうした一連のM&Aを効果的に実行していく組織能力（M&Aコンピタンス）の面に関して論じる（中村，2003）．つまり，M&Aにはライフサイクルがあり，対象企業の選択，対象企業の評価，統合計画の策定，統合活動の実行，統合活動の評価，次のM&Aの着手という順番を辿る（McKiernan & Merali, 1997）．そして，単にM&Aの実行に対する経営者の能力が優れているだけでは限界があり，組織的にその能力を高めていくための取り組みをしていくことが課題となる．

3.1 M&A戦略の策定—プレM&Aの意思決定プロセス

M&A戦略を策定する段階はプレM&Aといわれ，意思決定に関することが中心的課題となる．自社の将来像でもある戦略目標を策定し，それを実現するための手段としてM&A戦略を立案する．まず，場当たり的にM&Aを行うのではなく，戦略目標の達成に貢献する買収候補企業を特定化するための分析評価が必要となる．候補企業の評価は，財務や法律などの専門知識が要求されるために，専門の調査機関や仲介機関を活用する場合もある．また，自社から積極的に候補企業を探索する方法以外に，日本では金融機関などからの持ち込み案件が多いのが特徴である．候補企業の選択が終わると事業内容に関する買収監査（デュー・ディリジェンス）が必要となる．財務面以外に組織面や戦略面など幅広い視点から相手企業の現状を評価し，実際に買収すべきかどうかの判断がされる．

つまり，M&Aを実際に実行するまでには，複雑な問題を解決し，相当の準備期間とコストを要する．通常の戦略と異なり，企業全体や事業単位の売買を

対象とするために，企業の運命を左右し，取引金額も巨額であり，多くの関係者に多大な影響をもたらす．多くのM&Aでは，その目的すら不明確なまま実行し，失敗につながっているという指摘があるように，M&Aこそが戦略目標の達成の上で最善の方法であるとする理由付けが課題となる．また，意思決定プロセスにおいては，買収企業は候補企業に関する情報を十分に獲得できないという不均衡な性格を有し，相当なプレッシャーの中での意思決定が要求される．候補企業の内情については，当事者ではない外部からは詳細な所までは認識できないのが現実であろう．実際にプレM&A段階において問題を含みながら意思決定がされていく場合には，それ以降の実行面において成功していくことは困難な過程になる．

つまり，プレM&A段階はM&Aを実行するかどうかの意思決定をする準備段階である．この段階に多額の投資をして分析評価水準を上げることは，その後の実行上のリスクを低下させることにはなるが，効果を生むようなM&Aが実行できるのかということとは別問題である．実行面にはまた別の課題があり，特にM&Aでは組織統合という課題が出てくるのが特徴である．

3.2 M&A戦略の実行—ポストM&Aの統合プロセス

ポストM&Aは，買収前に策定した計画に基づき具体的な成果を生み出していくための組織統合を実行する段階である．組織統合は，共通の目標を達成するために，企業間で組織的活動と組織的資源を調整することである (Pablo, 1994)．こうした行為は，潜在シナジーを実現するための企業の価値創出活動であり，組織構造や組織システムなどのハード的側面と，人的資源や組織文化などのソフト的側面における統合が課題になる．しかし，両企業間のものを単に統一すれば良いというわけではない．過剰な同一化や自社の方法を相手企業に強制することは，衝突を生じさせてしまう原因にもなる．

そこで，組織統合の本質について，Porter (1987) は企業間または事業間の相互関係 (interrelationships) を構築することであると指摘する．相互関係は，

価値連鎖同士でさまざまな活動を共有し協働することであり，コスト削減や差別化の強化に貢献するための機会を提供する．それは，ハード的側面とソフト的側面の同質化のような価値活動の共同化と，一方の企業が持つ経営上のノウハウや技能・知識を他方に移転するというスキルの移転から成り立っている．つまり，組織統合を考えていくには，具体的な活動や資源の共有のみならず，見えざる資産の移転が重要であることを示している．また，資源やスキルは一方的に移転するだけではなく，企業間で新たなものを創造するという学習的側面も見られる (Bresman *et al.*, 1999)．

このように，ポスト M&A 段階は，期待した目標を達成していくための段階であり，策定した M&A 戦略から成果を出していく実行段階である．策定した内容がそのまま実行できるわけではなく，組織統合では企業間の調整が大きな課題になり，実行方法次第では衝突が生じ，M&A を失敗に導く恐れがある．従って，M&A の組織統合を効果的にマネジメントしていくには，そのための実行能力（M&A コンピタンス：中村，2003）の育成が必要となり，戦略の策定から実行までのプロセスだけを考えるのではなく，その実行能力まで議論の対象に入れる必要がある．

3.3 M&A 戦略の実行能力―M&A コンピタンスの形成

経営戦略論において，分析中心の研究では，企業が広範な市場領域の中に，自社が魅力的と考える市場を探求し，そこに自社を位置付けるという市場ポジショニングを競争優位の源泉であると考えて展開してきた．その後，RBV といわれる企業を経営資源や能力の集合体として考え，それが企業特殊的で独自性が高く，他企業が容易には模倣できない場合に，競争優位を獲得できるとする研究が重要な分野となってくる．こうしたことを背景に，戦略を実行する能力の存在についても企業の経営戦略を考える上では不可欠になってきた．

M&A 戦略に関する実行能力は「M&A コンピタンス」として提唱されたが，これは M&A の意思決定から統合という M&A プロセスを効果的にマネジメ

ントしていく組織能力である．この能力は，M&Aを通して競争優位を実現する要因であるとともに，将来においてもM&Aを実行していく誘因にもなる．

M&Aコンピタンスは，それぞれの段階における具体的能力を示すとともに，一連の流れをまとめ上げるマネジメント能力でもある．プレM&Aでは戦略目標の達成に貢献するような候補企業を特定化するための分析評価能力や，交渉を円滑に進めWin-Winの関係を構築していく交渉能力である．ポストM&Aでは，企業間の経営資源の調整能力や問題解決能力，新しい資源を創造していく学習能力が該当する．M&Aプロセスに関わる知識やスキルは多岐にわたるものであり，それらは専門的かつ高度な水準を要求されるものであるが，その全体をうまくまとめていく能力や具体的な実行に移していく能力も必要とされる．

M&Aコンピタンスの存在の重要性は認識できたが，次にそれがどのように形成されるのか検討する必要がある．実行するM&A案件の量的増加というように，単に経験を積み重ねれば自然に形成されるというものではなく，企業がその重要性を認識した上で，組織的に取り組む姿勢が大きな影響を与える．戦略策定が大きな課題になってきたことを背景に，GEが専門の戦略担当スタッフを設置したように，M&Aにおいても専門担当者や担当チームを設置することが大きな意義を持つ（中村，2010a）．M&Aは高度な専門知識やスキルを要求される戦略であるので関連知識やスキルを組織に蓄積し，コア・コンピタンスの一つとして形成していくために組織的な対応が課題となる．

M&A経験の少ない企業では，そもそも社内に関連知識やスキルは存在しないために，外部のM&A専門家を活用する場合が効果的であろう．しかし，外部の人的資源を利用しているに過ぎないために，自社のコンピタンスになるわけではない．そこで，外部専門家のハンティングや専門担当者に一貫して業務を経験させることによって，M&Aに関する組織能力の向上が図られる．ただし，専門担当者に依存している段階では，そのコンピタンスは属人的なものであるので，当事者が人事異動や退職した場合には，コンピタンスそのものの喪失に

つながりかねない．そこで，専門のチームや部署として設置することが，お互いの知識や経験を共有可能な体制にすることができ，担当者は関連業務を専門的に遂行していくために多くの経験を蓄積でき，組織的なコンピタンスとして形成していくことにもつながる．

　つまり，M&A戦略の実行においては，その実行能力であるM&Aコンピタンスの存在が重要であるということが認識でき，その形成のためには，組織的な推進体制が構築される．ここまでで分かることは，戦略の実行を考えるにはトップマネジメントの実行能力という属人的な要因のみならず，その前段階である策定と実行を行う組織の能力や仕組みを考える必要があるということである．

4．経営戦略の実行能力の把握―アンケート結果より

　本節では，東洋大学経営力創成研究センターの「日本発経営力の創成と『新・日本流』経営者・管理者教育」に関するアンケート調査（2011年3月；実施は2010年8月／対象は上場企業3,522社／回答数205社・回収率5.8%）の結果から，経営戦略の実行能力に関する項目を分析し，その実際について考察していく．この調査は，日本企業の経営者・経営力創成・経営者教育・管理者教育についての行動原則を明らかにすることを目的に実施されている．

4.1　戦略の策定の実際

　経営戦略の意思決定つまり策定段階に関しては，アンケートの（Ⅰ-2）経営構想，（Ⅰ-3）意思決定主体，（Ⅰ-4）意思決定内容の項目から判断することができる．経営戦略を策定する場合，まずは全体的な経営構想の決定が前提となる．経営構想において，企業のどういうレベルのものを重視しているかが戦略策定にも大きく関係する．そして，企業においてどのような内容の意思決定を重視し，それを企業のどの階層が行っているのか認識することが，経営戦

略の意思決定の実際を探るには必要になる．

　まず経営構想における重要性についてであるが，アンケートでは① 事業構想（平均4.61/標準偏差0.59；平均は5段階評価），② 企業全体構想（4.34/0.64），③ 企業集団構想（3.94/0.75），④ 企業・社会関係構想（3.74/0.80），⑤ 企業グローバル構想（3.64/0.98）という結果である．つまり，事業の方向性や企業全体に関わる将来像などの企業の経営戦略に関わることが重要視されている傾向があることが分かる．企業集団やグローバルな視点よりは，まずは自社の競争力を高めていくことが課題となることが認識できる．

　次に意思決定主体であるが，① 取締役会（4.71/0.53），② 最高経営者層（4.50/0.71），③ トップダウン・アンド・ミドルアップ統合型意思決定（3.47/0.86），④ ジェネラル・戦略的スタッフ原案重視型意思決定（3.46/0.79），⑤ ミドル原案重視型意思決定（3.20/0.69）という結果である．意思決定主体は，専門スタッフやミドルマネジメントからの提案よりは，トップマネジメント層にあるという傾向が認識できる．企業の戦略策定などにおいては，全社的視野を持つトップマネジメントが最終的な決定をするので，その質的な水準が高いことが要求され，彼らの能力やスキルがその実行においても重要な影響を与えると考えられる．

　意思決定内容の項目においては，① 事業に関する意思決定（4.83/0.39），② コンプライアンスに関する意思決定（4.38/0.67），③ ガバナンスに関する意思決定（4.34/0.64），④ 社会的責任に関する意思決定（4.18/0.71），⑤ ステー

図表3-1　東洋大学経営力創成研究センター実施のアンケート結果
〈2011年3月；重要度4（かなり重要）以上の評価項目〉

経　営　構　想	意思決定主体	意思決定内容
① 事業構想（4.61） ② 企業全体構想（4.34）	① 取締役会（4.71） ② 最高経営者層（4.50）	① 事業関連（4.83） ② コンプライアンス（4.38） ③ ガバナンス（4.34） ④ 社会的責任（4.18） ⑤ ステークホルダー関係（4.14）

クホルダー関係に関する意思決定（4.14/0.73）という結果である．トップマネジメントにとっては経営全般における意思決定が重要であると認識できるが，特に事業に関するものの重要性が高い．まずは経営の基盤をしっかりすることが課題であり，企業の将来像を構想していくことが意思決定の中でも重要となっている．

以上の結果から，企業の経営構想において重要な事業に関する構想は，トップマネジメントが意思決定していく傾向が強く，トップマネジメント層には意思決定の判断材料となる分析力や構想力が求められる．トップマネジメント次第で，戦略の策定内容や質的水準も変わるということが言えよう．しかし，トップになれば誰でも能力を発揮できるわけではなく，どういう能力のある人材か，どういうことが実践できる人材かということが重要な課題となる．

4.2　経営戦略の実行能力の実際

経営戦略の実行面の実際を考えていく上では，アンケート項目の「Ⅱ経営力について」の（Ⅱ-1）マーケティング力，（Ⅱ-2）イノベーション力から探ることができる．企業にとって，いかに製品やサービスを販売していくのかというマーケティングに関する経営力は，売上高にも直接影響するものであり，顧客の創造という点は，企業活動の目標としても重要である．また，企業には環境の変化に合わせて，イノベーションしていく経営力も必要となる．製品・サービスレベルでのイノベーションのみならず，新しい戦略を実行していくには，現状の組織形態では限界のある場合が多く，組織のイノベーションが必要にな

図表3-2　東洋大学経営力創成研究センター実施のアンケート結果
〈2011年3月；重要度4（かなり重要）以上の評価項目〉

マーケティング力	イノベーション力
① 顧客価値への対応（4.67） ② 製品・サービスのブランド力（4.11）	① 製品・サービスレベル（4.38） ② 人材・人材活用レベル（4.20） ③ 技術・知識レベル（4.18）

る.

　まず，マーケティング力については，① 顧客価値への対応（4.67/0.56），② 製品あるいはサービスのブランド力（4.11/0.84），③ 市場シェアの獲得（3.77/0.88），④ マーケティングミックスへの対応（3.72/0.77），⑤ マーケティング・コスト削減能力（3.58/0.87）という結果である．顧客価値をいかに高めていくのかということと自社製品・サービスのブランド力の向上が，マーケティング力を高める上で重視されているということが分かる．顧客価値を向上させていく経営が実現できれば，顧客ロイヤルティが高まり，リピーター的な顧客を獲得できるのである．

　イノベーション力については，① 製品あるいはサービスのイノベーション（4.38/0.74），② 人材・人材活用のイノベーション（4.20/0.77），③ 技術・知識のイノベーション（4.18/0.78），④ 生産プロセスのイノベーション（3.66/1.00），⑤ サプライチェーン全体についてのイノベーション（3.55/0.90）という結果である．イノベーションは，製品開発や技術開発に関わるプロダクト・イノベーションと，生産プロセスや業務プロセスに関わるプロセス・イノベーションに分類できる．本アンケート項目は，それぞれに関してのものであるが，プロダクト・イノベーションの方が，その特徴がはっきりと分かり，競争上も認識しやすいので，本結果のような重視される傾向が出たと考えられる．また，戦略の実行段階では，その実践者とも考えられる人材の面が重視されているのが特徴であろう．

　しかし，このアンケート結果からは，マーケティング力やイノベーション力のどの部分を重要視して経営を行っているのかということは分かるが，それらをどのように高めていくのかという施策までは提供されていない．また，重要性は指摘しているものの実際の能力水準はどのようなものなのか，という疑問も残る．戦略の策定面に関してはトップマネジメントの位置付けが重要なことは認識できるが，実行を考える場合にはトップの能力だけでは限界があり，組織全体の役割を考える必要がある．（Ⅱ-2）の結果の中で，人材・人材活用の

イノベーションの重要度が高いことからも、いかに従業員の意識を変えて、新しい課題に取り組んでいく姿勢を作っていくのかが大きな課題になっていることが分かる。次節では、経営戦略の実行における戦略の経験の影響に関する議論を整理し、単なる実行のみならず、さらに戦略を革新していくという学習の面や実行能力を育成するという課題に関して考察する。

5. 経営戦略の実行から学習へ

経営戦略の実行面を考える場合、その実行能力の有無が成果を上げていくには重要な要件となるが、実行能力の形成は過去の経験によって大きく左右され、その水準を上げることができる性格のものである。ここでは、戦略の実行能力に対する過去にどういう戦略を行ったのかという経験の影響と、実行能力を向上させるための前提にもなる組織の学習能力に関して述べていく。

5.1 経営戦略の実行と組織的経験

企業の競争優位性の源泉の一つであるコア・コンピタンスが、過去の経験を反映した経路依存的な性格を持って形成されると指摘されるように、経営戦略の実行能力にも過去の戦略の経験というものが大きく影響する。例えば、過去にM&Aを実行したという経験のある企業の方が、経験のない企業が初めてM&Aを行った場合よりも高い成果を上げているとする研究もある（Fowler & Schmidt, 1989）。

M&A戦略に限定せずとも、他の経営戦略においても、同じようなタイプの戦略の経験のある企業の方が高い成果を獲得できるとされてきた。古くは、関連型多角化と非関連型多角化で、どちらが高い成果を上げるのかということを議論していたテーマにも関連し、類似する事業分野に進出していく関連型多角化の方が収益性の面では優れているとされた（Rumelt, 1974）。過去に似たような戦略を採用した経験のある企業では、潜在的利益に消極的な影響を与える

管理的問題に伴う調整コストを低減することができると考えられている．つまり，生産における学習曲線・経験曲線に関するコスト低減効果を，他の機能や活動にも適用が可能であると考え，戦略の実行に伴うさまざまなコストも経験とともに低減するとしている．

　この点を Ansoff (1965) では，新規事業分野に進出する際には，創業（start-up）と操業（operating）という2つの段階を伴い，それぞれの段階で発生する費用に対して事業間で関連性があれば，シナジーという相乗効果が働くとした．創業時のシナジーは，新しい事業活動を行う場合に，企業が何らかの優れた経営資源や能力を持てば，創業時に発生するさまざまな金銭上の費用を削減できるという形態（ブランドの利用など）と，操業に至るまでの時間の節約という形態がある．また，操業時のシナジーとは，規模の経済性から発生する効果と間接費の負担配分による効果であり，部分的なラインで発生する販売シナジー，生産シナジー，投資シナジー，そして全社的な経営管理の効果に影響する経営シナジーに分類する．

　こうしたコスト低減の側面以外に，今までに経験したことのない不確実性の高い性格の戦略の場合は，実行するためのノウハウや知識は，組織内に存在しないために，失敗するリスクも高くなる．一方，経験のある企業の場合には，過去の実行をもとに，より効果的な方法を考えることができる．つまり，過去の経験はトップマネジメントや戦略担当者に対して，価値のある教訓を提供するという意味を持つ．

　また，実行した戦略から成果を引き出すということを考える場合，単に戦略を繰り返すという量的増加を追求する行為だけでは不十分である．Kusewitt (1985) は複数の M&A を同時並行的または1年以内に繰り返す場合は，統合を行うための十分な時間がないために，組織内にカオス的状況を作ってしまい，それが混乱を招きマイナスの影響を与えると指摘する．こうした状況は，買収熱から生じる「企業の消化不良：corporate indigestion」と呼ばれる．つまり，十分な実行能力がないにもかかわらず，量的増加だけを追求する場合は，十分

な成果を引き出せず,反対に組織内に問題を生じさせてしまうのである.

以上のように,戦略の実行に際し,能力の伴わない実行では,その戦略がプラスに働かないだけではなく,組織内を混乱させたり,巨額の投資が回収できないというようなマイナス面を引き起こすことになる.経営者がダイナミックで影響力の大きい戦略を実行していたとしても,それらから成果を引き出すことは別の問題である.成果を引き出すためには,経営戦略の実行能力を高めることが必要であり,そのための施策を次に考える.

5.2 経営戦略の学習能力の育成

企業の組織能力を向上させるには,トップマネジメントや従業員の個人的能力の向上が課題となるが,単に個人レベルだけで考えていくだけでは不十分である.また,個人が能力向上のためには学習していくことが必要となり,学習を促進するような環境を組織が形成できるかどうかが重要になる.この一つの方法が,専門担当部署や専門チームの設置である(中村,2010a).専門部署のメンバーは,常に同じ業務に携わることができるために,関連する業務の知識やスキルを蓄積していくことができる.これは,組織内に分散していた関連スキルの集結という意味付けもある.また,部署内などで相互にコミュニケーションをとることによって,知識やスキルの共有が行われるという効果もある.

さらに,企業が競争優位性を獲得していく上で,企業が蓄積した情報や社員の業務知識・ノウハウをシステム化し,これを組織的に活用することで企業活動を改善していくナレッジマネジメントが注目を集めている(Davenport & Prusak, 1997).これは,個人の持つ知識を組織的に集結・連結して活用し,その単純な総和以上の成果を生み出すことを狙いとする.この方法は,戦略実行能力を向上させるためにも効果を発揮する.

まず,業務システムのデータの分析結果や業務の手順などをデータベース化することによって,特定の個人や組織が持っていた知識を,他者や組織が容易に活用できるように共有可能な状態にすることである.例えば,過去の戦略策

定におけるノウハウや，戦略実行時の失敗などもデータベース化しておけば，次からより良いアプローチを採っていく際の参考になるだろう．実際に GE キャピタルの M&A においては，10年間にわたり何百人ものスタッフを動員し，豊富な M&A 経験を踏まえて，各プロセスにおけるベストプラクティスの抽出を行っている．その結果として，一連の M&A プロセスを"パスファインダーモデル"といわれるモデルに体系化し，反復可能なプロセスとしてまとめ上げている（Ashkenas *et al.*, 1998）．

また，作業上のコツや個人の勘というような文書化することが困難な知識に関しては，知識を持っている個人に対して容易にコンタクトできるように，専門家マップなどを作成することが有効な方法である．知識やノウハウというものは，時間とともに新しいものが増えてくるので，データベースの更新や専門家マップの検証と改善が必要となり，これらを可能にするための情報インフラの整備も課題となる．

戦略の実行能力を高めていくには，過去の経験からの学習能力を高めることが必要になる．そのためには，組織がその環境を作ることが重要となり，専門部署の設置やナレッジマネジメントの活用によって，戦略に関する知識やノウハウ（戦略に関するベストプラクティス）の蓄積と共有が可能になる．

6．おわりに

本章では，経営戦略の実行能力に関して，その策定段階から実行段階における論点を整理し，特に戦略の中でも複雑な意思決定を含む M&A 戦略を通して，戦略のプロセスとその実行能力を考察してきた．経営戦略論の古典的研究においては，策定段階を効率的に行うことを課題に，SWOT 分析や PPM 分析などのさまざまな戦略分析手法が開発され，分析や評価の面での策定能力の向上が考えられてきた．しかし，PDCA サイクル的にみれば，計画（Plan）段階を議論しているに過ぎず，マネジメントの実践を考える上では，その後の実行（Do）

以降の段階が重要である.

　戦略の実行面を考える場合は，Mintzberg & Waters（1985）が指摘したように，意図した戦略の計画化・実現化の側面のみならず，環境変化を意識して戦略を創造していく創発的側面も捉える必要がある．つまり，計画したものがそのままの形で実現されるわけではなく，実現プロセスにおいて戦略も変化していくものであり，環境によって変化させていくものでもある．

　従って，経営戦略の実行能力というものが，策定した戦略の実現に大きな影響を与えるということが認識できる．そこで，M&A戦略を取り上げて，その実行能力の存在を検討してきた．M&Aプロセスを効果的に実行していく能力をM&Aコンピタンス（中村，2003）として提唱し，その形成のためには，専門担当者や専門部署の設置が有効であり，組織的に取り組むことが必要となる．

　アンケート調査の結果からは，経営戦略に対する組織的な役割については認識できなかった．しかし，企業の経営構想の中でも事業に関する構想は重要な位置付けにあり，トップマネジメントが意思決定をしていく傾向が強いために，個人的な分析力や構想力の育成を図る必要があることが分かる．そして，具体的にはマーケティング力とイノベーション力という項目で調査されているが，その中でも戦略の実行段階を担う人材のイノベーションが，技術・知識や生産プロセスのイノベーション以上に重要視されていることは興味深い．つまり，トップマネジメント層の能力向上のみならず，一般従業員層の能力向上も課題とされ，それが合わさって経営戦略の実行能力の向上につながっていくのである．

　そして，経営戦略の実行能力を向上させるためには，過去の経験とそれからの学習段階が課題となり，PDCAサイクルでいうCheck-Act部分に視点を当てることである．つまり，過去に同じような戦略を実行した場合は，さまざまなノウハウも蓄積し，より優れた方法を次からとることが可能になる．また，専門チームや部署を設置することは，組織内に分散している関連知識やスキルの集結を可能にし，メンバー間で共有も行われ，優れたアプローチの開発につ

ながる．メンバー間で知識やスキルの共有を促進するには，ナレッジマネジメントの手法を導入することも近年では注目を浴びている方法である．

以上で論じてきたように，経営戦略の実行能力に関する議論を整理し，アンケート調査の結果から，企業が具体的に重要視している項目は分かった．しかし，実行能力を高める具体的な方法や，実行能力の高い企業とそうではない企業を分けている要因に関しての検討は十分には行えてはいないので，今後の課題として取り上げたい．

(中村　公一)

参考文献
淺羽茂・牛島辰男（2010）『経営戦略をつかむ』有斐閣．
大滝精一他（2009）『新版　経営戦略』有斐閣．
桑田耕太郎（2007）「経営戦略」稲葉元吉・山倉健嗣編『現代経営行動論』155-142，白桃書房．
戦略研究学会編（2009）『経営戦略の理論と実践』芙蓉書房出版．
中村公一（2003）『M&Aマネジメントと競争優位』白桃書房．
中村公一（2009）「日本の経営者のためのM&A戦略」日本経営教育学会編『講座／経営教育2　経営者論』275-292，中央経済社．
中村公一（2010a）「専門組織と経営戦略―戦略策定能力から戦略実行能力の向上へ―」『経営力創成研究』第6号：73-85，東洋大学経営力創成研究センター．
中村公一（2010b）「経営教育と経営戦略論―戦略的分析から戦略的思考へ―」『駒大経営研究』第41巻第3・4号：145-164，駒沢大学経営研究所．
中村公一（2011）「外部成長戦略と経営戦略論―M&Aの戦略とマネジメントを中心に―」『経営力創成研究』第7号：43-54，東洋大学経営力創成研究センター．
三品和広（2004）『戦略不全の論理』東洋経済新報社．
山倉健嗣（2008）「経営戦略論の新たな展開を目指して」『成城・経済研究』第179号：5-25，成城大学．
Ansoff, H.I. (1965) *Corporate Strategy*, McGraw-Hill.（広田寿亮訳（1969）『企業戦略論』産能大学出版部）．
Ashkenas, R.N., L.J. DeMonaco & S.C. Francis (1998) Making the Deal Real: How GE Capital Integrates Acquisitions, *Harvard Business Review*, Jan-Feb, pp.165-178．（「GEキャピタルが実践する事業統合のマネジメント」『ダイヤモンド・ハーバード・ビジネス』1998年4－5月：104-117）．
Bresman, H., J. Birkinshaw & R. Nobel (1999) Knowledge Transfer in Internation-

al Acquisitions, *Journal of International Business Studies*, Vol.30, No.3, pp.439-462.

Chandler, A.D. (1962) *Strategy and Structure*, MIT Press.（有賀裕子訳（2004）『組織は戦略に従う』ダイヤモンド社）.

Davenport, T.H. & L. Prusak (1997) *Working Knowledge*, Harvard Business School Press.（梅本勝博訳（2000）『ワーキング・ナレッジ』生産性出版）.

De Kluyver, C.A. & J.A. Pearce (2003) *Strategy*, Prentice Hall.（大柳正子訳（2004）『戦略とは何か』東洋経済新報社）.

Fowler, K.L. & D.R. Schmidt (1989) Determinants of Tender Offer Post-Acquisition Financial Performance, *Strategic Management Journal*, Vol.10, pp.339-350.

Ghemawat, P. (2001) *Strategy and the Business Landscape*, Prentice Hall.（大柳正子訳（2002）『競争戦略論講義』東洋経済新報社）.

Kusewitt, J.B. (1985) An Exploratory Study of Strategic Acquisition Factors Relating to Performance, *Strategic Management Journal*, Vol.6, pp.151-169.

McKiernan, P. & Y. Merali (1997) Integrating Information System After a Merger, (B. Lloyd ed., *Creating Value Through Acquisitions, Demergers, Buyouts and Alliances*, Pergamon, 59-76).

Mintzberg, H. & J.A. Waters (1985) Of Strategies, Deliberate and Emergent, *Strategic Management Journal*, Vol.6, No.3, pp.257-272.（中本和秀訳（2006年3月）「用意周到な戦略と不意に生じる戦略」『産研研究』札幌大学, No.31・32：105-120）.

Pablo, A.L. (1994) Determinants of Acquisition Integration Level: A Decision-Making Perspective, *Academy of Management Journal*, Vol.37, No.4：803-836.

Porter, M.E. (1987) From Competitive Advantage to Corporate Strategy, *Harvard Business Review*, May-June：43-59.（「競争優位戦略から総合戦略へ」『ダイヤモンド・ハーバード・ビジネス』1987年8－9月：4-18）.

Rothschild, W.E. (2007) *The Secret to GE's Success*, McGraw-Hill.（中村起子訳（2007）『GE 世界一強い会社の秘密』インデックス・コミュニケーションズ）.

Rumelt, R.P. (1974) *Strategy, Structure, and Economic Performance*, Harvard University Press.（鳥羽欽一郎他訳（1997）『多角化戦略と経済成果』東洋経済新報社）.

Whittington, R. (2001) *What is Strategy*, Thomson Learning.（須田敏子他訳（2008）『戦略とは何か？』慶應義塾大学出版会）.

第4章　ベンチャー企業とソーシャル・ビジネスの使命
—ベンチャースピリットとソーシャルベンチャー

1. はじめに

　使命とは自分に課せられた任務であり，天職である．使命感は与えられた任務をやり遂げようとする責任感である（広辞苑より）．使命は当然のことながら人によってことなる．ただこの章で取り扱うことに関連して言及するならばBOPビジネスやソーシャル・ビジネスのリーダーの役割が様々な社会問題の解決を目指す，高邁な使命から成り立つということである．ベンチャースピリットをコアにした行動がますます重要性を帯びてくる．

　社会的存在として多くの優秀な人材を引きつけるパワーがソーシャルベンチャーに内包されている．その組織がバルーン型組織であり，その組織メンバーは社会的使命の成就を喜びとする．松下幸之助は「企業は事業を通じて社会貢献する存在」であり，その尊い使命は「人々の貧困をなくすために精一杯努力し，物資を次から次へと生産して，この世に物資を豊富に生み出すことである」といった．有名な水道哲学である．人類社会の幸福の実現に向かって突き進むという強い高度な使命感に裏打ちされた哲学である．時代は変化するがその使命感には今日のソーシャル・ビジネスやBOPビジネスに通じるものがあるといえよう．この章では以上のことに言及し，これからの経営の在り方を考える材料を提供しようとするのが目的である．

2. ベンチャー企業とは何か

　まず，ベンチャー企業とは何かについて検討することにする．ベンチャー企

業（venture business）は和製英語であり，1970年頃から急速に使用され始めた（京都経済同友会調査・プレジデント編集部編，1972）．中村秀一郎らはベンチャーを「リスクを伴う新事業であり」「企業家精神を発揮して展開された新しいビジネス」であるという．そしてベンチャー・ビジネスは「単なるアイデア商売的な一発屋的あるいは一旗組といった泡沫企業ではなくリスクを伴うイノベーター（革新者）である」「研究開発集約的，またはデザイン開発集約的な能力発揮型の創造的新規開業企業」とし，小企業として出発するが経営者の高度な専門能力と才能ある創造的な人々をひきつける魅力ある事業を組織する企業家精神をもつ高収益企業として捉えている．欧米では New Venture, New Venture Company, New Business Venture, Small Business Venture 等と呼ばれている（清成忠男ほか，1971．中村秀一郎，1990）．

　松田修一によるとベンチャー企業は「成長意欲の強いリーダーに率いられたリスクを恐れない若い企業で，商品の独創性，事業の独立性，社会性，さらに国際性を持ったなんらかの新規性のある企業」と定義している（松田修一監修，1994．松田修一，1998）．柳孝一は松田の定義を基本としながら次のように定義する．「高い志と成長意欲の強いリーダーに率いられたリスクを恐れない若い企業で，商品，サービス，あるいは経営システムに独創性があり，さらに事業の独立性，社会性，国際性をもった企業」と概念化するが（柳孝一ほか編著，1996），その後次のように定義し直している．「高い志と成功意欲の強いアントレプレナー（起業家）を中心とした，新規事業への挑戦を行う中小企業で，商品，サービス，あるいは経営システムにイノベーションに基づく新規性があり，さらに，社会性，独立性，普遍性を持ち，矛盾のエネルギーにより常に進化し続ける企業」と起業家，中小企業，イノベーションという言葉を導入している（日本経営教育学会編，2009）．榊原清則らの定義は「イノベーション（革新性）を歯車とし，高い志をもったアントレプレナー（起業家）がリスクにチャレンジしながらその夢を実現しようとする企業」と捉えている（野中郁次郎編著，2002）．

また，異なる観点からベンチャー企業を概観すると『2004年度版日経ベンチャービジネス年鑑』に掲載されている中小企業にそれを見ることができる．年鑑に掲載されている企業は，日本経済新聞社が最近，新聞，雑誌，書籍等で取り上げられたことのある企業（未上場）である．ベンチャー企業としての選考基準は，① 独自の技術，ノウハウを持っている，② ここ数年の成長率が高い，③ 会社設立後，比較的若い企業か，もしくは，社歴が古くても最近業種転換した企業となっている[1]．電通は① ニッチ性（新規の市場を開拓するものである），② 新規性（事業そのものが新しい），③ 独創性（独創的な技術や商品，あるいはビジネスモデルをコア・コンピタンスとしている），④ 成長性（事業の成長が著しい），⑤ 企業家精神（リスクを恐れず事業を展開している），⑥ 国際性（事業展開が国際的である）を勘案し，「株式未公開企業で，一定期間の売上高成長率が高い企業」と定義し，日米両国の未公開企業で直近5期分の売上高成長率の高いものから順に500社を比較している（電通総研，1999）．

以上の研究者らの考えを勘案し，筆者はベンチャー企業を「新しい技術，新しい市場の開拓（新製品・新サービスの提供）を志向したベンチャースピリット（高い使命の実現に向けて創造的で進取な心で，リスクに果敢に挑戦する意欲と責任感・倫理感を持つ心の様相—entrepreneurship—企業家精神）に富んだ経営者にリードされる中小企業である」と考えた（加藤茂夫，1995．京都経済同友会調査・プレジデント編集部編，1972．清成忠男，1993）．創業ほやほやの企業だけではなく，例えば30年，100年の伝統のある中小企業も元気で，新規性のあるサービス，商品で世の中に貢献している場合は，「ベンチャー企業」とした（加藤茂夫　2007）．図表4-1はベンチャー企業のポジションを示している．

図表4-1は，ベンチャー企業の位置づけと今後，企業が進むべき方向性を示した概念図である．縦軸は，先述したベンチャー企業の概念の中にあるベンチャースピリットの高さの程度そして高い目標や世の中に貢献しようとするビジョン・使命を持って経営している状態を表し，新規な技術，サービス，商品を市場に常に提供している状況を表している．また，横軸は企業のサイズ・規模

図表4-1 ベンチャー企業とバルーン型組織・ソーシャルベンチャー

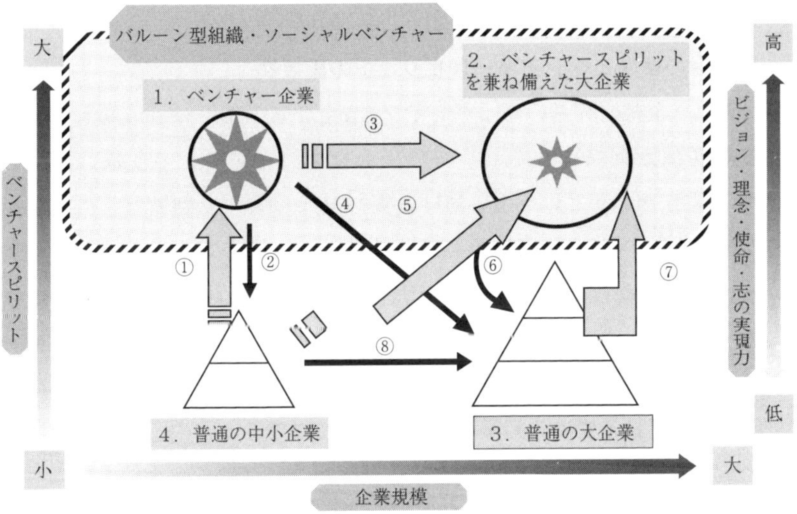

出所）加藤茂夫（2007）『増補版 心の見える企業』泉文堂を修正

の大小を置き，極めてシンプルだが４つのセルを設けた．ベンチャースピリットが低く，企業の規模が小さい場合は「4．普通の中小企業」，逆にベンチャースピリットが高い場合は「1．ベンチャー企業」と命名した．また，ベンチャースピリットは低いが大企業である場合は，「3．普通の大企業」，また，大企業でベンチャースピリットを高く持っている企業を「2．ベンチャースピリットを兼ね備えた大企業」と捉えた．この「2．ベンチャースピリットを兼ね備えた大企業」が一般的にビジョナリー・カンパニー，エクセレント・カンパニー，グレート・カンパニーと呼ばれている．

図表4-1の①⑤⑦の矢印の方向に是非経営者は組織を誘導してもらいたい．③の方向性を目指す企業も当然あるが，ベンチャー企業の位置にとどまり続ける企業も加藤茂夫の調査から多く存在することが分かった（社会経済生産性本部，1996）．図の上半分にある囲みのゾーンがバルーン型組織であり（後述），ソーシャル・ビジネスのドメイン（事業領域），ソーシャルベンチャー（後述）で

ある.

2.1 経営者の使命とベンチャースピリットの重要性

　ベンチャー企業研究者のバイグレイブ（Bygrave, W.D.）は「成功している起業家の重要な特徴」として，①自分の会社を設立するという強い独立心，②夢を実現させようという強い思いと実行力，③素早く判断し，可能なかぎり早く動く，④困難な障害を乗り越える精神力，決して諦めないという強い思い，⑤好きだから出来る，製品・サービスに思い入れがある，⑥細かい部分に注意を払う，ことだと述べている（Bygrave, 1994）．著者のベンチャー企業の定義の中に存在するベンチャースピリットが企業を成功させるキーワードになる．バイグレイブは「起業家であろうとなかろうとどのような職業においてもトップまで上り詰める人は目標達成意欲が強いだけではなくそれ以上に絶対成功するという野心をもっている」としており，事業成功の秘訣として以下の9Fを論じている．①Founders：創業者（第一級の起業家を擁することは創業間もない起業全てにとって必要不可欠の要素），②Focused：焦点の絞込み（ニッチマーケット・独自性），③Fast：迅速（意思決定と実行），④Flexible：柔軟（起業家精神旺盛な企業は自由な発想を持ち続け変化に適応），⑤Forever-Innovating：刷新・改善への継続的努力（起業家精神旺盛な企業は飽くことのない革新への努力を継続），⑥Flat：階層のない組織（起業家精神旺盛な組織は最小限の経営階層で運営．好業績企業の特徴），⑦Frugal：倹約（低間接費と高生産性），⑧Friendly：親しみやすさ（起業家精神旺盛な企業は顧客・業者・社員にたいして親しみやすく好意的存在），⑨Fun：楽しさ（起業家精神旺盛な企業は付き合うことは楽しい）の9の条件である（Bygrave, 1994）．

　また，エルキントン（Elkington, J.）によると社会的企業家の成功は，①イデオロギー，既存の秩序といった制約を払いのけようとするクレイジーな人であるという（自分こそ非常識人間），②何よりも社会的価値の創造を最優先する．

その精神に基づき自らの革新的技術や知識を積極的に他者に提供し，模倣させることを厭わない，③普通の人が嫌がるリスクを負い，変革の情熱を持ちつつ自身の活動を監視・測定する，等と述べている（Elikington, 2008）．コリンズ（Collins, J.C.）もまた最高の経営者の最高のリーダーシップとして「自尊心の対象を自分自身にではなく，偉大な企業を作るという大きな目標に向けられている．我や欲がないのではない．それどころか，信じがたいほど大きな野心をもっているのだが，その野心はなによりも組織に向けられていて，自分自身には向けられていない」という．また，後継者の育成が十分に行われており，組織としての持続性を使命としているのである（コリンズ・山田洋一訳，2001）．

このようにベンチャー企業のみならず企業一般においてもまた，NPO，NGO，町内会，商店街，学校などの運営にあってもベンチャースピリットが欠かせないことは指摘するまでもないであろう．周囲を見渡すと実に多くの事例を目の当たりにする．年齢や貧富の差は関係ない．唐招提寺を建立した鑑真和尚の揚州市大明寺を訪問した．そのお寺に鑑真和尚が50半ばで日本行きを決意し，10年間の苦難の末，日本にたどり着いたとの解説が記されていた．高い志と勇気，苦難を乗り越える気概そして何よりも高邁な使命感が成功に導いたといえる．

石田英夫は20数名の「起業家の面接調査」から成功する起業の要因を6つ挙げている．①高い志，②こだわり（諦めないこと），③矛盾や変化のなかにチャンスを発見する能力，④よい人的ネットワーク，⑤強運，⑥事業への強いコミットメント（全力投球）等を挙げている（石田英夫，2010）．

加藤茂夫の調査（1996年からの数回の調査）によるとベンチャー企業を成功に導いた要因として，高回答から①何かを成し遂げようとする（高邁な使命感）経営者の志の高さ，②環境変化を見据えた柔軟な発想，③優秀な社員の採用，育成，④社外の人的ネットワークの順であった．調査時期や調査対象を異にする場合でもほぼ一貫して同じ回答結果となっている（社会経済生産性本部，1996．加藤茂夫，2005）．

このようにベンチャー企業の中核と言えるベンチャースピリットは多くの研究者が指摘しているように実現可能な高い目標に向かって成功するまで決して諦めないという強靭な精神であり，それは仕事への愛着心と社会への貢献という高い使命感に根ざしているといえよう．

3．BOP（ボトム／ベース・オブ・ザ・ピラミッド）

「世界中の最も貧しい人々に対して，我々は何をしているのだろうか？ 優れた技術や，経営のノウハウ，投資する力を持ちながら，世界中に広がる貧困や公民権剥奪の問題に少しも貢献できないのはなぜなのか？ あらゆる人々に恩恵をもたらす包括的な資本主義をなぜ作り出せないのか？（Prahalad, 2010）」

プラハラード（Prahalad, C.K.）は1日2ドル未満で生活をしている地球上の40億人のために何ができるのだろうか（2011年地球の人口70億人を超える），と問うている．BOP(Bottom/Base Of The Pyramid)の貧困層を「個人として尊重」し，「無限の能力・可能性」を持ち「自分の人生を自ら切り開く」ことができる存在として認識することから始めなければならないという．大企業，ベンチャー企業，NPO（Nonprofit Organization 非営利組織），NGO（Non-Governmental Organization 非政府組織），ODA（Official Development Assistance 政府開発援助），政府機関等と共にピラミッドの底辺にいる人々に対してその直面する課題に積極的に取り組む時期にあるという．貧困層は消費者であり生産者であり生活者でもある．また，その人々は問題解決に欠かせない重要なプレイヤーであり，イノベーター（革新者）として重要な役割を担う必要があるという（Prahalad, 2010）．貧困層からの脱出はまさに多くの組織の共創の精神（spirit of co-creation）からの結果であり，その中心のミッションは貧困層に位置する人々の自立である．

図表4-2にあるようにピラミッドがダイヤモンドに変化し，ボリュームゾー

第4章　ベンチャー企業とソーシャル・ビジネスの使命　83

図表4-2　ピラミッドからダイヤモンドへ

BOP40億人のうちアジアが28.6億人，市場規模は3兆4700億ドル

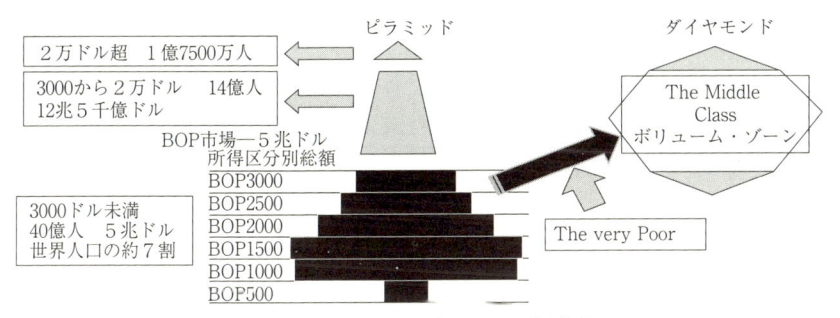

2万ドル超　1億7500万人	ピラミッド　　　ダイヤモンド
3000から2万ドル　14億人　12兆5千億ドル	The Middle Class ボリューム・ゾーン
BOP市場—5兆ドル 所得区分別総額 BOP3000 BOP2500	
3000ドル未満 40億人　5兆ドル 世界人口の約7割	BOP2000 BOP1500 BOP1000 BOP500　The very Poor

出所）The Next 4Billion，世界資源研究所，国際金融公社，2007より筆者作成

ンが拡大することによって企業，社会（人類を含む），地球環境のWIN，WIN，WINの3WINが実現するのである．収益を上げつつ貧困問題を含む多くの社会的課題に取り組み解決する，逆に言うと，社会問題を解決するために利益を上げるというビジネスモデルである．それがソーシャル・ビジネス（社会的企業）の所以である．

　マイクロソフトの創設者であるビル・ゲイツは上記した体制を実践するためには「創造的資本主義（creative capitalism）」を提唱している．人間は「自己の利益の追求」と「他人を思いやる心（利他心）」をもっており，それらに働きかけるシステムとして一つは収益を上げるインセンティブ（従来型），もう一つは今日の市場原理から十分な恩恵を受けられない人々の生活を良くするという使命．それは収益に直結しないが「社会的評価」を得ることになり，そこには素晴らしい人材が集結する可能性を秘めている．収益と社会的評価を包含したシステムを構築し，市場原理の及ぶ範囲を拡大することである，という（Prahalad, 2010）．スターバックスのCEOシュルツ（Schulz, H.）も「収益を上げることと社会的良心を持った善意ある企業であることの間でバランスを取ることは，株主にとっても長期的で意義のある価値につながると思います」と論じている（シュルツ，2011）．

多くの人々の意識を変え，それを実践する必要性については，グラミン銀行創設者のユヌスは，リーマンショックが利益の最大化を求め，強欲に稼ごうとし，資本主義がギャンブルのようにカジノ化した砂上の楼閣であったという．実質経済からかけ離れた，なれの果てであると酷評している．資本主義は収益をあげるという半分とソーシャル・ビジネスという貧困層の自立と人類の幸せに寄与するという半分の統合したシステムとしてオペレーションすべきであると提言している[2]．

ユヌスは資本主義社会では「人間は利己的である」との前提に立っているが部分的に間違っており，人間は利己的であると同時に利己的でない，つまり利他の心を持っている存在であり，無私（selflessness）の「誰かを助けたい」，「社会を良くしたい」との高邁な使命や思いがあるという．その気持ちがあればビジネスは成功すると論じている（ムハマド・ユヌス，2011）．2011年3月11日に起きた東日本大震災後の日本人の心の変化（眠っていた魂が喚起か），原子力発電に対する安全神話の崩壊と科学万能主義への反省は利他心との関係で深耕することの必要性を問いかけている．

以上のことは最近言われているトリプルボトムライン（Triple Bottom Line）につながる考え方であろう．それには3側面がある．①経済（売上高，損益等の収支），②環境（大気，水，土壌等の汚染に対する収支），③社会（貧困，雇用，コンプライアンス等の収支）を総合的にコンパウンドした評価基準策定と経営者，株主等のステークホルダー（利害関係集団）の意識革新の必要性である．

このようなBOPに働きかける存在としてソーシャル・ビジネス，ベンチャー企業が重要な使命を担うこととなる（図表4-1を参照）．

4．ソーシャル・ビジネス

ソーシャル・ビジネスで一躍有名となったのがグラミン銀行創設者ムハマド・

ユヌス（Yunus, Muhammad）である．ユヌスは1940年バングラデシュ，チッタゴンで生まれる．チッタゴン大学を卒業し，米国ヴァンダービルト大学で経済学博士号取得，1972年帰国，チッタゴン大学で経済学を教える．経済学部長となる．

　グラミン銀行のきっかけは1974年に高利貸しから27ドルを借りた42名が返済に苦しみ，いつまでも借金に追われ，自立できないで苦しんでいる現実を目の当たりにしたことからだ．そして高利貸しに借りた27ドルを返済することに始まる．借金に追いまくられ暮らしていた人々に大いに喜ばれた．1976年ジョブラ村でグラミン銀行（グラミンとはベンガル語で田舎のとか村の，意味）プロジェクトを立ち上げる．

　貧乏人は信用できない，という社会風潮の中でまた，農村の女性に対してマイクロクレジットという新しいビジネスモデルを考案する．小口融資をして生活の向上とベンチャー企業を立ち上げて自立を図ってもらうために1983年グラミン銀行が独立銀行となる．担保いらずで5人一組になって連帯責任を負う．1週間に1回小額の返済をする．2009年銀行は70億ドルを760万人に貸し付け，従業員2万8,000人，借り手の97％は女性で返済率は99.5％である．2006年グラミン銀行とともにノーベル平和賞を受賞する（ムハマド・ユヌス，2011）．

　農村女性の成功の一例をあげると，26年前に2000タカ（約3,000円）で牛1頭を購入し，ミルクを販売．その後も融資を受け牛を飼い5人の子供を大学までやり，家まで購入できるようになった．また，田畑を購入するまでになった．マイクロクレジットによって60％の人々が5年で貧困から抜け出せた，という．マイクロクレジットの理念は貧しい人も「無限の能力・可能性」を持っており「自分の人生を自ら切り開く」ことができるというものである．まさにベンチャースピリットで高い目標に挑戦する姿が見てとれる[3]．

　グラミンではバングラデシュの農民のレベルを引き上げ自分たちで自分や家族の運命を決められる一流の市民になってもらいたいとの願いから次のような取り決めをしたという（ムハマド・ユヌス・猪熊弘子訳，1998）．① 家族は雨を

しのげる屋根のある家を持たねばならない，② 衛生的トイレ，③ 清潔な飲み水，④ 週に300タカ返済できるようにする，⑤ 就学年齢に達した子供は全て学校に通う，⑥ 家族全員が毎日3回の食事をしなければならない，⑦ 定期的健康診断を行わなければならない，である．これらの条件は我が国の現状を鑑みると驚くばかりであるが日本の戦後の状況（1945年以降）も同じだったかもしれない．

4.1 ソーシャル・ビジネスとは何か

ソーシャル・ビジネスは社会的課題に取り組みそれを解決するビジネスモデルである．それはBOPの人々の課題解決のみならずどのような社会・経済段階においても存在する．例えば日本では少子高齢化社会の到来により様々な社会問題が惹起している．過疎地における食料確保問題，一人暮らしの老人ケア問題，2011年3月11日に発生した東日本大震災における壊滅的被害を受けた企業の再興・復興問題，若年層の就職難問題等多くの解決すべき課題に対して挑むビジネスがソーシャル・ビジネスであり，その企業をソーシャルベンチャーと捉えたい．身近な社会的課題に取り組むことからソーシャル・ビジネスは動きだすのである．コアにあるものは先述したベンチャースピリットであり使命感である．

アルビオン（Albion, M.）はソーシャル・ビジネスのリーダーに必要なものはCompetence, Compassion, Commitmentの3Cであるという．Competenceは価値観に基づいた意思決定を行いながら理念や価値観を実践する「能力」であるという．有能なリーダーは自分より優秀で使命感・価値観に心から賛同してくれる人を採用することであり，そして価値観を受け入れられるような工夫を考えながら市場に受け入れられるようにすることである．Compassionは他人を思いやる心であり，意思決定の影響を受けるすべての個人のニーズを尊重し，すべての人にとって最善の行動をとるようにすることであり，「共感」することである．Commitmentは組織や地域において自分が本当にやりたいことや心から願望することを夢見だけではなく，関係者全員がその夢の実

現に向けてモチベートされているという「当事者意識」である．Commitment は会社や組織に向けられるのではなく，使命に向けられるべきであり，その使命に人々が魅力を持つということが重要となる（マーク・アルビオン，2009）．

Commitment は正にベンチャースピリットの概念における高い志であり，Competence（能力）はそれを実現しようとする創造性や進取の心や能力であり，Compassion は使命や高い志に向けて人々を引きつけるパワーであるといえよう．

さて，ユヌスはソーシャル・ビジネスを「企業の目的が投資家のために利益最大化を追及するのではなく，社会問題を解決するために利益を上げるというビジネスモデルであり，通常利益追求型ビジネスと同じように運営され，利益を上げ続けなければならないが，株主に対する配当はない．投資家は株式譲渡などを通じて投資資金を回収できるが利益は社内留保され，製品品質，サービス，事業効率の向上に配分された上で，事業拡大のために使用される」と述べている．

彼はソーシャル・ビジネスを以上のように定義し，ソーシャル・ビジネスの7原則を以下のようにまとめている．①経営目的は利潤の最大化ではなく，人々や社会を脅かす貧困（poverty），教育，健康，技術アクセス，環境といった問題を解決することである．②財務的・経済的な持続可能性（sustainability）を実現する．③投資家は投資額のみを回収できる．投資の元本を超える配当（return）は行われない．④投資額を返済して残る利益（profit）は，会社の拡充や改善のために留保される．⑤企業は環境に配慮する必要があるだろう．⑥従業員に市場に連動する賃金を支払うと同時に標準以上の労働条件を与える．⑦楽しむ（Do it with joy !!!!）である（ムハマド・ユヌス，2010）．

社会的課題を使命としてもつ新たなソーシャル・ビジネスを担う企業が登場した．BOP をターゲットにし貧困からの脱却，障害者雇用，環境問題，ホームレス支援，途上国援助等多元化した社会的課題の解決は政府，市場，NPO，ソーシャル・ビジネスがコラボする必要がある．とりわけ，社会的企業の担い手が社会的企業家である（谷本寛治編著，2006）．谷本寛治は，社会的企業の3

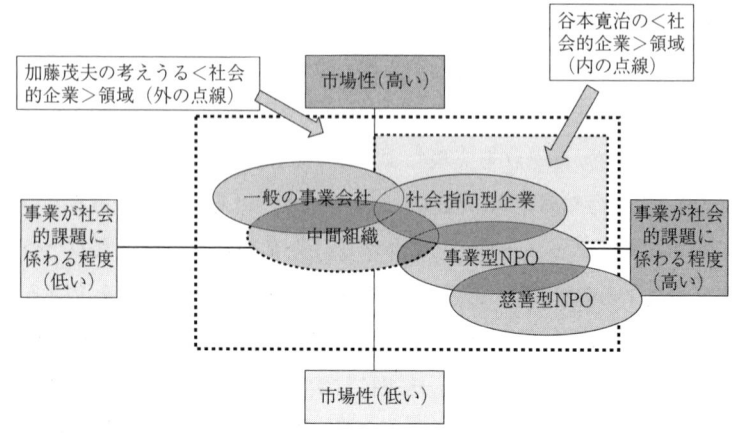

図表4-3 ソーシャル・ビジネス（社会的企業）の形態

出所）谷本寛治「ソーシャル・ビジネスとソーシャル・イノベーション」一橋大学イノベーション研究センター編『一橋ビジネスレビュー』東洋経済新報社, 2009SUM, 57巻1号

条件として，①社会性（Social mission）：貧困，身障者，途上国支援，地域活性化等への取り組み，②事業性（Social business）：社会的ミッションをビジネスモデルに落とし込み，継続的に事業を進めること．経済的成果と社会的成果を一体として扱う．顧客はそのビジネスモデルを支援する，③革新性（Social innovation）：社会的課題の解決に資する商品，サービスの提供のための仕組みを開発．新たな社会的価値の創造，と述べている（谷本寛治　2009）．このことは先述した「創造的資本主義」の考えと軌を一にしている．

　図表4-3はソーシャル・ビジネスの形態である．概念図の作成者である谷本寛治は大変うまく他の組織との棲み分けを考慮しているがその領域は少し狭い範囲（内側の点線）でとらえているように思う．筆者はBOPの箇所で述べたようにまた，「創造的資本主義」の理念，ユヌスの使命・哲学を総合的に判断すると図の外枠の点線くらいにはその範囲を拡大しなければこれからのソーシャル・ビジネスは期待できない．至る所にソーシャル・ビジネスのシーズが存在すると考慮した方が多くの人材をソーシャルベンチャーのドメインに引きよ

せることができるのではないかと考える．

4.2 バングラデシュにおけるケース
ダノンとの取り組み

　ソーシャル・ビジネスの仕組みはこうだ．例えばグラミン銀行とダノングループがそれぞれ出資し，2006年にグラミン・ダノン・フーズ（合弁事業）を設立した．第1号のソーシャル・ビジネス企業の誕生だ．すごいと思ったのはパリにいたユヌスがダノングループの会長であるフランク・リブーに昼食の招待を受けた時にその合弁企業設立が即決されたということだ．ソーシャル・ビジネスとは何か，その理念は何かの質問をユヌスは説明し，リブー会長は納得したという．双方のベンチャースピリットの高さと実践力に驚くばかりだ．栄養不足の子供に栄養価の強化されたヨーグルトを提供するミッションを実践する合弁企業である．人口300万人のボブラに工場を建てた．まだ各家庭には冷蔵庫がないので48時間以内に配達しなければならない．規模的には1日の生産高が6万個と少ない．しかし，大事なのは合弁企業のみが成果をあげるのではなく，農民の乳牛の乳の安定供給が確保され，ヨーグルトの訪問販売に当たる販売員（女性）がその販売によって生活が安定することに結び付くということだ．1個6タカ（9円）の1割が販売員の儲けとなる．将来50箇所の工場を建設し，投資資金の範囲を超えて利益配分も配当も取らないことに合意した．ダノンのこのような取り組みについての考え方は以下の新聞のインタビューにも端的に表れている[4]．

　フランスの食品大手ダノンのエマニュエル・ファベル副社長に同事業の狙いを聞いた．

　――ダノンがソーシャル・ビジネスを手掛ける理由は．

　「ダノンの使命は世界の人々に健康と食料品を届けること．ソーシャル・ビジネスを通じた途上国事業のノウハウは，この企業目的を達成するための手段のひとつだ」

「栄養や健康にかかわる世界的な問題は，経済が富と貧困を同時に生み出してしまったことに起因している．政府や非政府組織（NGO）が問題解決の当事者だが，ダノンも政府やNGOと協力してこうした課題に取り組んでいく」

――具体的にはどんな活動を進めるのか．

「バングラデシュでは地元の人を雇用し，必要な栄養素を含む超低価格のヨーグルトを製造，販売している．飲料水を原因にした疾病が後を絶たないカンボジアでは，浄化した安全な水を生産して販売している」

「ダノンは新しい形の持続可能な資本主義を考えている．経済的であり，社会的でもあり，かつ富を生み出し分配するモデルだ．企業があまりに利益ばかり追求すれば，社会の調和を乱す結果となり，長期的には存続が難しくなる」

――実際の事業の運営主体は．

「ソーシャル・ビジネス事業を手掛けるダノン・コミュニティーズは，金融機関などを含め2,500人の株主がいるが，基本的に配当はない．配当は，新たなソーシャル・ビジネスへの再投資にあてる」

――それでは株式を買う動機が生まれないのではないか．

「確かに株主は金銭の配当は得られないが，しかし"社会的な配当（筆者：社会的評価）"を受けることができる」

――どのようなモデルに基づいて進める考えなのか．

「ダノンは，貧困層を対象にした無担保融資を実現してノーベル平和賞を受賞したムハマド・ユヌス氏と協力して新しいソーシャル・ビジネスモデルの構築を目指している．"余剰経済"ともいうべきモデルで，売り上げによる利益を内部留保などに回さず，大部分をソーシャル・ビジネスの再投資に回す仕組みだ．将来は富の配分について，いまの経済社会とは違ったモデルが生まれると予測している」

「もうひとつ注目しているのはソーシャル・ビジネスに限っては，特許権などの知的財産権を放棄する試みだ．コピーライトに対して"コピーレフト"ともいわれている．知的財産権の問題は貧困の解決の障害になっている．ダノン

として具体的にどういったことができるか検討していく」

——今後の計画は．

「インドやメキシコでの水事業など20のプロジェクトを計画している．現在，7,000万ユーロ（約77億円）の自己資本を1億ユーロまで増資する．日本でも投資家を募りたい」

ソーシャル・ビジネスは途上国支援のほか，先進国では保育や介護，地域運営などにも広まりつつある．英国での市場規模は，NGOなどによる事業を含めて約270億ポンド（約3兆6,000億円）といわれる．

食品で世界戦略を進めるダノンは，BOPと呼ばれる途上国の低所得者層を重要市場と位置付けており，ソーシャル・ビジネスをひとつのモデルとしている．ダノンの事業により多くの雇用機会が創出され，生産コストがダノンの全社的平均から75％のコスト削減が達成されたという[5]．

その他の例は2007年グラミン眼科病院を建設し，最先端の医療技術で白内障の手術を実施．貧しい人々は白内障の手術を受けることができず，失明している現状から設立にこぎつけたという．仕組みは手術代を払える人からは25ドルをもらい，貧しい人はタダにするということで採算を合わせている．また，飲料水でフランスのヴェオリアと合弁会社を設立し，5万にのぼる村に供給等々[6]である．

4.3 ユニクロ

日本でも2010年7月13日ユヌスと柳井正は「グラミン・ユニクロ」に合意した．資本金は10万ドル．ファーストリテイリングの生産現地法人（100％）が99％出資，1％をグラミングループが出資する．バングラデシュで生地の調達から生産，販売まで手掛けるという．3年後に1500人の雇用を目指すという．柳井会長はグローバル化において「その国にとっていい企業でなければ，その国で生き残れない」とソーシャル・ビジネスの理念を述べている．1着平均1ドルで貧困層に販売することに対してユヌスは「寒い冬に衣料が足りず苦しん

でいるひとを助けることにもなる」とそのソーシャル・ビジネス（合弁企業）に期待を寄せている[7]．ユニクロは2011年10月14日からユヌスのメッセージを入れたTシャツとトートバッグを販売し，世界の消費者に発展途上国の窮状に目を向けてもらう企画を推進している[8]．

　ソーシャル・ビジネスに対するユヌスの夢は広がる．フォルクスワーゲンと手を組んで年間所得500ドルの人でも買える自動車の開発をしたいという．それは単なる自動車ではなく，多目的に使用可能なエンジンを搭載している．取り外し可能で灌漑のポンプのエンジンとして，また，自家発電用としてグリーンエンジンとして使うというアイデアの実践である．

4.4　マザーハウス，雪国まいたけ他

　日本におけるバングラデシュへのソーシャル・ビジネスの展開としては，株式会社マザーハウスがある．社長の山口絵理子は1981年埼玉県生まれ，柔道に熱中し男子柔道の名門校で工業高校時代を過ごす．その後慶應義塾大学総合政策学部に進みその間バングラデシュに行き，貧困と搾取に驚愕する．麻袋等に使われるジュート（麻）でバッグを作り現地の生産者が誇りとプライドを持てるようにしたい．フェアトレードではなく……．慶應義塾大学総合政策学部卒業後，バングラデシュBRAC大学院で開発学を学ぶ．「必要なのは，施しではなく，先進国との対等な経済活動」との想いから，2006年マザーハウスを起業．バングラデシュ産のジュートや，ネパールの伝統工芸「ダッカ織り」を用いたバッグを現地生産，日本国内で販売中．

　2008年売上高2億5,000万円，2010年度は約4億円の売り上げを見込む．直営店は8店舗になり，ソニースタイルやエイチ・アイ・エスなど，有名企業とのコラボビジネスも展開．話題の女性起業家の一人だ．発展途上国におけるアパレル製品及び雑貨の企画・生産・品質指導，同商品の先進国における販売を行っている．

　社長の山口絵理子の次のようなメッセージは，ベンチャースピリットの大切

さを表している[9].決して諦めないという熱き情熱を感じる.

「貧しい国々のために何かをしたいと思いアジア最貧国であるバングラデシュに滞在した二年間.腐った政治家がはびこっているために,援助では到底世界が良くなることは難しいと知りました.何が健全で持続的な方法なのか,悩んだ挙句に出した結論が本当にお客様が満足して頂けるもの作りを途上国で行う,というのがマザーハウスの事業でした.2006年3月から始まったマザーハウスの夢への挑戦.短い期間に何度も味わった裏切りや,絶望や,流した涙.信頼してきた工場長からの裏切りは私にとって完全に消えることのない傷となりました.しかし,それでも理想とする社会に対する情熱は,ふつふつと胸の中に湧いていて,絶えることはありません.

いつか東京,ミラノ,パリ,ニューヨーク,颯爽と歩く女性がもっているかわいいバッグの中に『Made in Bangladesh』のラベルがある,そんなワンシーンの実現に人生の全てを賭けたいと思いました」

雪国まいたけは2010年10月にグラミングループと合弁会社（グラミン・ユキグニマイタケ）を資本金10万ドルで設立した.雪国まいたけが75％,グラミン・クリシ財団が25％出資した.バングラデシュでもやしの原料となる緑豆を栽培し,2012年春に日本向けに出荷する.雪国まいたけのもやしの原料となる緑豆はほとんど中国産である.将来の安定供給のリスク分散をめざす.1000ヘクタールの広大な農地で現地の農民700から800人に委託し,緑豆の選別作業に約100人を雇用.収穫の7割を日本へ,残りを現地で販売.利益はすべて貧困層の福祉や奨学金に回すという.農業を事業としている企業がグローバルな展開を図り,新興国の社会問題に取り組みながら持続的に成長を目指す企業のおそらく模範となろう[10].

ソーシャル・ビジネスとしての他国の例として次のようなケースがある.化粧品のマンダムは40年前からBOPに注目し,1969年インドネシアに進出している（資本60.8％連結子会社）.年間収入3000ドルの人々が90％と多い.風呂はかけ湯で使用しているが化粧品をひとビン買う余裕がないので小分けして販

売し，男性化粧品のシェアは70％と断トツである．生活用品の開発は土着化でなければならないという．

他の日本企業のケースとしては住友化学（マラリア予防の蚊帳・オリセットネットの開発），日本ポリグル（水質浄化剤の開発普及），三洋電機（ランプから太陽光で充電するソーラーランタンの開発と普及），ヤマハ発動機（他社と連携しての点滴灌水による農業支援），ヤクルト（健康の増進とヤクルトレディ）[11]等がある．海外企業はプラハラードの著書で紹介している，絨毯のビジネスで成長・飛躍しているジャイプール・ラグズ他12のケースを紹介している（Prahalad, 2010）．

5．ピラミッド型組織からバルーン型組織・ソーシャルベンチャー

図表4-4は，従来型のピラミッド型組織からバルーン型組織への移行がソーシャル・ビジネスを育成・発展させる上で極めて重要な視点であることを示唆している．ソーシャル・ビジネスを実践する企業や組織（NGO，NPO）は地域に根差し，現場を大事にし，土着化することによって貧困から自立し，成長・発展する喜びと高い目標や使命にチャレンジしながら自己実現を果たすことを可能とする土台を提供するのである．あくまでも企業・組織はそのようなことを目指す手段であるのだ．

バルーン型組織とは「組織の規模や組織の種類に関係なく，経営者やリーダーがベンチャースピリットを常に持ち続け，そのビジョン・使命，思想や考え方が組織メンバーに浸透しているということ．そして業界や社会の多面的な課題（貧困からの脱却，地球環境問題の解決，省エネルギー対策，雇用の創出，高齢化社会への取り組み等）に貢献していることが広く認知され，常に高い目標や使命に向かって業務遂行をしているシステム」である．企業組織の典型的スタイルとしてのピラミッド型組織からバルーン型組織，ソーシャルベンチャーへの転換である（加藤茂夫，2007）．

第4章　ベンチャー企業とソーシャル・ビジネスの使命　95

図表4-4　ピラミッド型組織からバルーン型組織・ソーシャルベンチャーへ

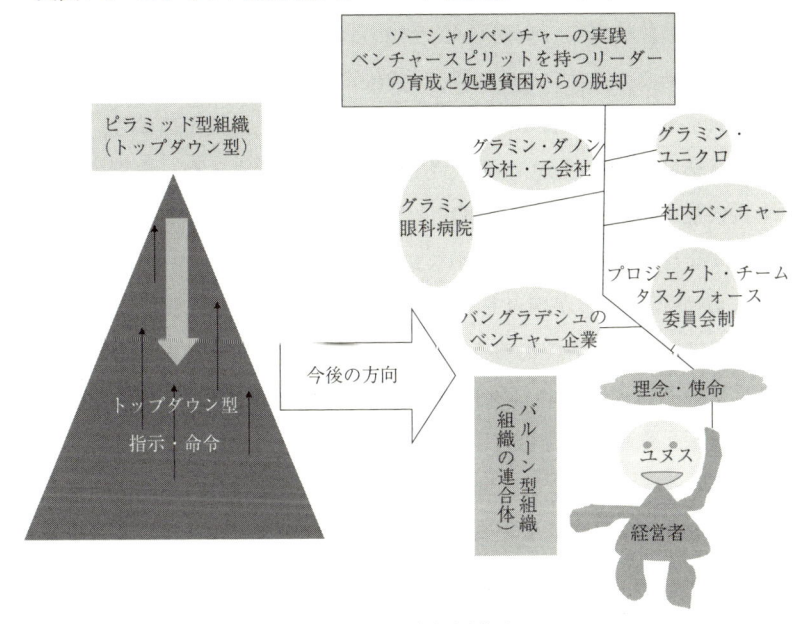

ピラミッド型組織（トップダウン型）

トップダウン型
指示・命令

今後の方向

ソーシャルベンチャーの実践
ベンチャースピリットを持つリーダーの育成と処遇貧困からの脱却

グラミン・ダノン分社・子会社
グラミン・ユニクロ
グラミン眼科病院
社内ベンチャー
プロジェクト・チーム
タスクフォース
委員会制
バングラデシュのベンチャー企業
バルーン型組織（組織の連合体）
理念・使命
ユヌス
経営者

出所）加藤茂夫（2007）『増補版　心の見える企業』泉文堂を修正

6．おわりに—ソーシャルベンチャーが主役の時代

　今後10年後には大半の企業はソーシャルベンチャーと呼ばれるだろう．持続可能な究極の課題は「規模の経済」を品質重視に置き換えていくビジネスが展開されると予測されていることだ（Elkington etc., 2008）．日本の力は品質の高さにあった．生産においても連続生産のメリットと柔軟性を維持したままマスカスタマイズする技を持っている．日本の技術やサービスはガラパゴス島の進化した動物になぞらえて日本国内しか通用しないと揶揄されているがこれからのBOPビジネス，ソーシャル・ビジネスを考慮したときには人を大事にし，人の知恵を尊重，活かす日本型経営モデルがソーシャル・ビジネスの中心になることが期待できよう．なぜなら，高邁な使命をもって社会問題を抱えている

地域や現場の現状に耳を傾け，診断し分析し，その課題に注力することがなければ真の問題解決にならないからだ．上からの目線ではなく現場の生の声を反映する経営であるからだ．QC活動，改善・改革，無駄とり等はチームワークの良さをモットーとする日本型経営のお家芸であった．人を信頼し，家族然として従業員を包み込む温かい，ぬくもりのある経営であった．現場の知恵を活かす全員参加の経営であった．BOPビジネスやソーシャル・ビジネスの基本にこのような日本型経営が求められている．

BOPにかかわることが国としても企業としても今後の成長・発展の礎となることを肝に銘じるべきであろう．世界の貧困国は恐らく日本への期待に胸を膨らませているに違いない．多くの研究者や経営者が論じているようにODAや政府の役割，慈善事業を否定するのではないがその成果は限定的であろう．しかし，以上述べてきたことは自立しながら生活を豊かにするにはソーシャル・ビジネスの理念が極めて重要となる．各機関とソーシャル・ビジネスを推進する企業がコラボレーションすることによってより実り多い成果が期待できよう．そのためには日本型経営のお家芸の一つであった「現場主義」，「地域主義」に今一度磨きをかける必要があろう．また，若者の多くが貧困問題に取り組むという高邁な使命を持ち社会貢献しようとするベンチャースピリットをどのように育成するかが大きな課題となろう．

ユヌスはソーシャル・ビジネスに特化した株式市場の創設，投資家は自分の使命，好みにあった企業に投資し，証券取引所が適切に機能するためにソーシャル・ビジネスを格付けする機関の創設，用語の標準化，影響計測ツール，貸借対照表，営業報告書フォーマットなどを新たに制定し，情報媒体である「ソーシャル・ウォールストリート・ジャーナル」「ソーシャル・ブルームバーグ」等の出現を願っている．すでに米国では経営大学院，ビジネススクールにソーシャル・ビジネスコースの必要性と学位創設（HBSに社会的企業のプログラム，きっかけは1990年代初めJ.ホワイトヘッドがHBSに非営利マネジメントの研究・教育に1,000万ドル寄付）（ムハマド・ユヌス，2009），現にHBS卒業生の調査で，

単にビジネス上の成功を追求するのみではなく,習得したマネジメントスキルを Change the world という目的に生かすリーダーになりたいとの希望があることが判明した.ディーズ (Dees, J.G.) 教授はデューク大学ビジネススクールに CASE (Center for the Advancement of Social Entrepreneurship) を設置し,その責任者となっている (渡辺孝, 2009).

また,ソーシャルベンチャーを育成するためには従来型のベンチャーキャピタルではなく,ペーシェントキャピタル (Patient Capital) が重要であるという.ジャクリーン・ノヴォグラッツ (Novogratz, J.) が2001年に創立したアキュメン・ファンド (Acumen Fund) はグローバルな貧困問題を解決するための企業家が使う非営利のベンチャーファンドである.投資家はすぐにリターンを求めるのではなく社会的評価を重んじる新しいキャピタリストである.がまん強いファンドのことである.彼女は「額の多寡にかかわらず,数百万ドルの寄付から7歳の女の子からの1ドル札20枚が詰まった封筒まで人々の尽力のおかげで2008年に貧困層のために働く企業40社に対して,4,000万ドル以上の投資を承認した.起業家が経営するこうした企業を通して2万3,000人の雇用創出の支援ができ,水—健康—といった基本的なサービスを世界各地で数千万に上る最低所得層に提供する支援ができた」(Novogratz, 2009) と述べ,安全な水,医療,住宅,エネルギーの改善を通じて人々の生活を改善することがアキュメン・ファンドの事業であるという.低所得層をただ単に慈善を受ける受動的存在ではなく,地域経済やコミュニティの完全な参加者,消費者,生産者ととらえなければならないとするプラハラード博士に賛辞を述べている (Prahalad, 2010).このようなソーシャル・ビジネスの挑戦に対する側面からの支援が充実することを念願するものである.

組織を運営する場合の大切な視点は,使命の実現に向かってビジョン・夢を持って突き進む情熱,努力,決して諦めないとする精神すなわちベンチャースピリットである.

ビジョンとは時代を超えて変わることない不変の価値であり,単なる金儲け

を超えた会社の存在理由である．企業が社会的存在として存続し，成長，発展するためには企業の存在意義は何か，何のためにこの事業を運営しているのか，企業に課されたミッション（使命）は何か，に答える必要があろう．事業を通じて社会貢献しているかを自問自答することである．ビジョンとは「将来このようにしたいとの展望であり，見通し」である．また，「リーダーは第一に，組織の実現可能な望ましい未来像をつくりあげなければならない．このようなイメージをビジョンと呼んでいるが，これは，夢のようにあいまいであることもあれば，目標や使命のようにはっきりしていることもある．大事なのは，組織の具体的な，納得できる魅力的な未来の姿を明確に描き，いくつかの重要な点で現状よりすぐれているという条件を満たしたビジョンであることだ」，「ケネディが月に人間を送り込むと決めたときに，その価値ある実現可能な目的に向けて全力を投入したという」（Bennis, 1985）．このようにビジョンとは未来の状態，つまり現に存在しない，また過去にもなかった状況を語るものである．

経営者は，バルーン型組織のそれぞれの風船が要求する多様な要望やビジョンを実現するために多様な価値を一つの輝く価値へ創り上げる役割を担っている．

最後にユヌス博士のビジョン・思いを紹介してこの章を閉じよう．「もし貧困など到底受け入れられるものではなく文明社会に存在するべきものでないと堅く信じていれば私たちは貧困なき世界を創るためにふさわしい組織や方針を築き上げてきたはずです．月に行きたいと思ったから人間は月に行った．私たちは達成したいと思うことを達成するのです」[11]．　　　　　　　　　　（加藤　茂夫）

注

1）日本経済新聞社（2003）『2004年度版　日経ベンチャービジネス年鑑』日本経済新・聞社．この年鑑は18年間にわたり刊行されていたが2004年度で廃刊になった．それを引き継ぐ『日経ベンチャービジネス／大学発ベンチャーガイドブック』が2005年6月に刊行された．

2）2010年1月1日 NHK 番組「未来の提言」

3）同上
4）『日本経済新聞』2010年6月24日
5）『日本経済新聞』2011年4月5日
6）注2）と同
7）『日本経済新聞』2010年7月14日朝刊
8）『日本経済新聞』2011年10月6日
9）マザーハウスHPより.
10）『日本経済新聞』2010年10月13日，2011年10月11日
11）日本マネジメント学会第64回全国研究大会「BOP層におけるビジネスモデルの変換」(2011)
12) 注2）と同

参考文献
京都経済同友会調査・プレジデント編集部編（1972）『ベンチャー・ビジネス—その創造哲学・企業分析—』ダイヤモンド・タイム社.
清成忠男・中村秀一郎・平尾光司（1971）『ベンチャー・ビジネス—頭脳を売る小さな大企業』日本経済新聞社.
中村秀一郎（1990）『新中堅企業論』東洋経済新報社.
松田修一監修（1994）『ベンチャー企業の経営と支援』日本経済新聞社.
松田修一（1998）『ベンチャー企業』日本経済新聞社.
柳孝一・山本孝夫編著（1996）『ベンチャーマネジメントの変革』日本経済新聞社.
日本経営教育学会編（2009）『経営者論』中央経済社.
野中郁次郎編著（2002）『イノベーションとベンチャー企業』八千代出版.
電通総研（1999）「日本ベンチャービジネスの現状と課題」『1999年度ベンチャービジネス 研究報告書』電通.
加藤茂夫（1995）「スモールビジネスの組織変革と人材活用」『専修経営学論集』第61号.
清成忠男（1993）『中小企業ルネッサンス』有斐閣.
加藤茂夫（2007）『心の見える企業』泉文堂.
Bygrave, W.D. (1994) *The Portable MBA in Entrepreneurship*, John Wiley & Sons, Inc.（千本倖夫（1996）『MBA起業家育成』学習研究社）.
Elikington, J. & Hartigan, P. (2008) *The Power of Unreasonable People*, Harvard Business School Press.（関根智美訳（2008）『クレージー・パワー』英治出版）.
コリンズ，J.C.著　山岡洋一訳（2001）『ビジョナリーカンパニー②飛躍の法則』日経BP社.

石田英夫（2010）『庄内の起業家』東北出版企画.
社会経済生産性本部（1996）『わが国ベンチャー企業の経営課題』社会経済生産性本部.
加藤茂夫（2005）「日本におけるベンチャー企業の組織戦略」『専修大学経営研究所報』第164号.
Prahalad, C.K.（2010）*The Fortune at The Bottom of The Pyramid*, Pearson Education, INC.（スカイライトコンサルティング訳（2010）ネクスト・マーケット，英治出版）.
シュルツ（2011）「スターバックス―誤りを認めるのが，本物のリーダー」『ダイヤモンド・ハーバード・ビジネス・レビュー』2011年2月.
ムハメド・ユヌス（1998）「無私の経営を広めたい」『日経ビジネス』2011年8月22日.
ムハメド・ユヌス（2009）「グラミン銀行の軌跡と奇跡―新しい資本主義の形」一橋大学イノベーション研究センター編『一橋ビジネスレビュー』東洋経済新報社.
SUM（2009）57巻，1号.
ムハメド・ユヌス著　猪熊弘子訳（1998）『ムハメド・ユヌス自伝―貧困なき世界を目指す銀行家』早川書房.
マーク・アルビオン（2009）『社会起業家の条件』日経BP社.
ムハメド・ユヌス（2010）『ソーシャル・ビジネスの革命』早川書房.
谷本寛治編著（2006）『ソーシャル・エンタープライズ』中央経済社.
谷本寛治（2009）「ソーシャル・ビジネスとソーシャル・イノベーション」一橋大学イノベーション研究センター編『一橋ビジネスレビュー』東洋経済新報社.
柳井正（2011）『柳井正の希望を持とう』朝日新聞出版社.
田原総一朗（2009）『逆風を追い風に変えた19人の底力』青春出版社.
日本企業のBOPビジネス研究会（2011）『日本企業BOPビジネス』日本能率協会マネジメントセンター.
曹佳子潔（2011）「BOP研究の系譜と今後の課題」『京都マネジメント・レビュー』京都産業大学マネジメント研究会.
渡辺孝（2009）「ソーシャル・イノベーションとは何か」一橋大学イノベーション研究センター編『一橋大学ビジネスレビュー』東洋経済新報社.
Novogratz, J.（2009）*The Blue Sweater*, Rodle PR.（北村陽子訳（2010）『ブルー・セーター』英治出版）.
Bennis W.G. & B. Nanus（1985）*Leders; The Strategies for Taking Charge*, Harper Collins Publishers.（小島直記訳（1987）『リーダーシップの王道』新潮社）.

第5章

起業家概念の変質と起業家社会の構築

1．はじめに

　長期間にわたる不況の中，社会経済構造改革の必要性が叫ばれ，その担い手として起業家（アントレプレナー）が求められている．イノベーション，創造的破壊，リスクテイキングを実行するスーパーヒーローとしての起業家を待望する一方，この起業家像に対し，潜在的起業家は創業・起業にたじろぎ，結果として低開業率が続いている．

　しかも戦後の雇用構造の近代化の名目のもとで形成されてきた「雇用者社会」の中，自営業者は若年層を中心に減少し，結果として自営業が果たしてきた起業家を生み出す土壌までも失わせてしまった．

　本稿では，わが国の起業家は既に多様化しており，「理想的な起業家像」にとらわれていることがかえって起業家の役割の実現を阻んでいることを示し，起業家社会の土壌を創り上げ，起業が職業選択の一つとして認知される起業家社会を創成することの重要性を示す．

2．起業家の役割の拡大

　1991年の平成不況に始まったわが国の経済の停滞は，失われた10年（the lost decade）から既に失われた20年を越え，英国のヴィクトリア時代の大不況（Great Depression, 1873-96)[1]を越えようとしている．

　この長期の停滞は，情報技術の革命的進歩とグローバル化による供給構造の変化が進展するなかで，戦後わが国が創り上げてきた社会経済構造が市場環境

と不適合を起こしている結果である．それゆえこの状況を打破するために「産業構造のダイナミックな進化を生み出し，イノベーションの先導役」として創造的破壊（creative destruction）を担う起業家が「渇望」されているのである（内閣府『経済財政白書　平成23年版』：199)[2]．

　起業家への期待は，①革新的技術や新事業・新産業等の創出によるイノベーションの促進と生産性の向上，②自己実現の場の提供（自由な能力発揮の場を与える機会の提供），③雇用機会の創出（『中小企業白書』2002：73)[3]の実現であり，これを実現する人材こそが「起業家」であるとされてきた．

　この3つの期待の中でもっとも強調されてきたのがイノベーション（innovation）を通じた変革であり，創造力が溢れ，決断力と忍耐力に優れ，熱意を持ってイノベーションを推進する「理想的な起業家（entrepreneurial Hero）」（Mazzarol and Reboud, 2009：103)[4]としての起業家像が形成されていった．「戦後復興を支え，急激な事業環境の変化のなかでも成長を遂げてきた我が国の企業の多くは，企業家精神にあふれる起業家によって創設され，時代の潮流に合わせて積極果敢に新分野に進出し続けてきた．パナソニック株式会社，本田技研工業株式会社，ソニー株式会社等の我が国を代表する大企業も，松下幸之助，本田宗一郎，井深大や盛田昭夫といった起業家によって誕生し，幾度の転身を経て，町工場から世界的な企業へと成長を遂げている（『中小企業白書』2011：178)」と起業家は新しい市場を創り上げ，それを成長させ，社会を豊かにするという大きな期待と責務を背負ってきたのである．

　経済の停滞の中，2000年前後から失業率が上昇しはじめると，起業家の役割として，経済構造改革・イノベーションの担い手の役割に加え，③雇用機会の創出が強調されるようになった．失業率は，1968年から1974年（昭和40年代後半）には最高でも1.4％と低位に留まっていたが，1998年以降は4％を越え，さらに2000年以降では半数の年において5.0％を越える状況となった．これを24歳以下の若者に限定すると2003年には10％を越えるなど，若者の失業率は全体のおよそ倍と高くなり，起業家への期待として雇用問題が中心的な役割とな

った（「平成23年労働力調査」長期系列データ，年平均結果，全国）．

また雇用を取り巻く環境変化は単に失業率に留まることなく，終身雇用などの制度から被雇用者の意識にまで拡がっている．特に終身雇用制度は，相次ぐ上場企業の倒産を受けて，大企業の若手社員ですら定年まで会社が存続することに確信が持てなくなっており，被雇用者の意識では終身雇用制度は既に幻想となりつつある[5]．しかも非正規雇用者（パート・アルバイト，派遣社員などの非正規の職員・従業員）は2010年平均で1,756万人，全雇用者に占める割合も34.9％まで増加するなど，戦後の就業構造は大きく変化し，雇用に対する処方箋としての「起業家への期待」は質量ともに大きくなっている（総務庁「労働力調査」長期時系列データ，「長期系列表，9，雇用形態別雇用者数，全国）．

3．雇用者社会における自営業

3.1 自営業主社会から雇用社会へ

わが国における創業者（起業家）の位置づけを，総務庁統計局の「就業構造基本調査」（平成17年）からみる．わが国の有業者は，65,978千人であり，農林漁業，鉱業，電気ガス，公務等を除く非一次産業・公務（以下では非一次産業と略記する）では60,636千人となる．非一次産業の有業者のうち，自営業主は5,406千人（8.9％），家族従業者が1,876千人（3.1％）を占め，残りが雇用者である．自営業主のうち自分で事業を興した起業家（創業者）が3,800千人（70.3％）おり，これに雇用者の中で事業を興した起業家の1,640千人（2.7％）を加えると，起業家は5,440千人となる．さらに自営業主を雇用の側面から雇い人の有無でみると，雇い人なしが3,438千人，雇い人有りが1,723千人おり，雇い人なしが63.6％と過半数を超えている．このことから自営業主は雇用創出力が弱いように見えるが，自営業主が自己雇用者（self-employed）であること，さらに家族従業者を含めると7,282千人の雇用を作り出している（図表5-1）．

自営業主が，雇用の創出の側面から注目を集めるようになったのは開業率が

図表5-1 わが国の就業構造

(単位:千人)

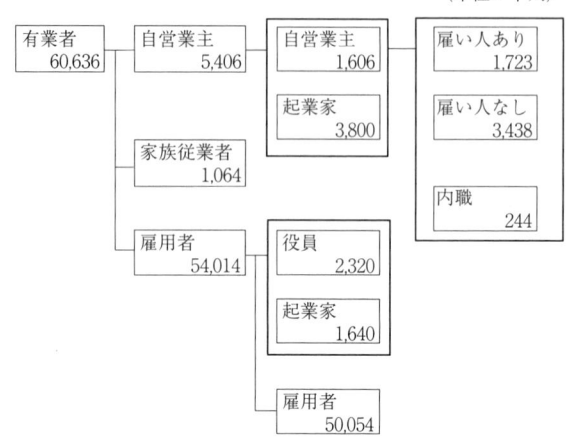

```
有業者      自営業主     自営業主        雇い人あり
60,636      5,406        1,606           1,723

                         起業家          雇い人なし
                         3,800           3,438

            家族従業者                    内職
            1,064                        244

            雇用者        役員
            54,014       2,320

                         起業家
                         1,640

                         雇用者
                         50,054
```

注) 農林漁業・公務を除く
出所) 総務省統計局「就業構造基本調査」平成17年,第4表 男女,従業
　　 上の地位,雇用形態,産業別有業者数より作成

問題になった1990年代以降であり,それまでは戦後の混乱期の不完全雇用形態(失業対策的就業)としての「自己雇用」のイメージを長く引きずってきた.確かに終戦直後には,特別な技術が必要なかった小売業への参入が活発に行われ,その後の零細過多と呼ばれる小売業構造を作ることになった他,多くの業種で零細過多構造の基盤が形成される要因になった.[6] 昭和31年の経済白書は「昭和5年の『国勢調査』によれば,全産業において個人業主が9,584千人(33%),家族従業者が10,247千人(35%),雇用者が9,508千人(32%)を占めていたが,戦後においては30年の『労働力調査(臨時調査)』でみると,個人業主は26%に縮小,家族従業者は35.5%とほぼ同じ,雇用者で38.5%に拡大と,雇用構造はいくらか近代化を示したようである」と述べ,個人業主の減少,雇用者の増大を近代化の指標としてとらえていた.

当時(1950年)の就業者に占める自営業主の割合を,欧米諸国と比較してみると,米英では雇用者比率が80%を越えているのに対し,わが国では40%弱と

図表5-2　就業者割合の国際比較（%）

	日本	米国	英国	西ドイツ	フランス	イタリア
雇用者	39.3	81.9	87.8	70.8	65.4	59.1
自営業主	26.1	16.2	7.3	14.8	11.4	23.5
家族従事者	34.4	1.9	0.2	14.4	13.2	17.4

注）英国とイタリアは1951年，フランスは1954年の数字
出所）国勢社『数字でみる日本の100年』1991・83, 表2-22より作成.

その違いは明らかであり，欧米構造を目指すべき経済構造としていたことからするとこの評価は自然なものであった（図表5-2）[7]．

自営業主は雇用の改善とともに雇用者となる他，参入・撤退を繰り返しながら法人の経営者等へ成長していった．1960年代後半に入ると自営業主が急増したが，「これを産業別にみると，自営業主の伸びは製造業でとびぬけて大きく，なかでも金属機械関連など重工業分野での増加（32%増）が大幅である．家族従業者は，建設業（51%増），サービス業（34%増），卸売小売業（33%増）で大幅に増加しているが，製造業（32%増）でもその増加が大きい．製造業における自営業主の増加は主として従業員5人未満の零細自営業主の増加を反映するものである」と製造業を中心に独立開業が行われていたことが分かる．そして高度経済成長のなかで自営業主数も同時に増加し1982年には7,112千人となったが，1980（昭和55）年には雇用者割合は71.2%まで増加し，「雇用者社会」が現出した[8]．

3.2　新規開業率の減少と創業の困難性

自営業主数は1982年の7,112千人をピークとしてその後減少し，2007年には5,368千人と1982年のおよそ25%も減少した．

これを業種別にみると，サービス業が1974年以降急増している一方，卸売業・小売業，飲食業が1977年以降急速に減少している．製造業も数字自体は少ないが，比率的には大幅に減少し，サービス業の増加では補いきれない状況となっていた．また1997年から2005年の「就業構造基本調査」によるとこの間に卸

図表5-3　業種別自己雇用者数推移　　(単位：千人)

	建設業	製造業	運輸・通信	卸売・小売業	金融・保険業	サービス業	分類不能の産業	合計
1997	523	344	170	1,145	194	1,359	7	3,742
2002	546	322	157	994	190	1,399	19	3,627
2005	558	243	204	810	218	1,308	97	3,438

注）統計項目を統一するために，項目を統合した．運輸・通信業は運輸業と情報通信業，卸・小売業は，卸売・小売，飲食業・宿泊業の合計，金融・保険・不動産業は，金融保険業と不動産業の合計，サービス業は，医療・福祉，教育，学習支援業，複合サービス事業，サービス業（他に分類されないもの）を合計したもの．
出所）総務省統計局「就業構造基本調査」

売・小売業，製造業は約30％減少し，急速に伸びてきたサービス業も頭打ちになる一方，建設業や情報通信が増加した（図表5-3）．

　そして雇用者社会の課題として，新規開業者数の減少と創業の困難性の拡大が浮かび上がったのは開業率と廃業率が逆転した1989年であった．しかし個人企業の開業率と廃業率をみると，既に1981～86年に開業率が6.0％から4.3％まで大きく低下し，廃業率が4.6％までやや増加した時点で開廃業率は既に逆転していた．その後も開業率は1991～96年には2.6％までさらに低下する一方，廃業率は緩やかに上昇し開廃業の逆転現象を固定化させた（『中小企業白書』2002：58-60，2005：229-230）．

　ここで開業の困難性の要因をまとめてみると，① 産業の高度化によって創業時に必要とされる技術力水準，設備基準が高くなっていること，② それに伴い製造業，小売業等においては開業資金が高額化し，若年層を中心に資金不足が深刻になったこと，③ 資金不足は結果的に開業年齢の高齢化に繋がり，終身雇用制度のもとでは，年齢が高くなるほど収入が増加することから相対的収入が減少したこと，[9]④ 家計の貯蓄率の減少は安定した収入確保の必要性につながること，等から創業リスクが高まったことが上げられる（『中小企業白書』2005：241）．上記において若年層中心としたのは，年齢別に1974年と2002年を比較すると（図表5-4），39歳未満の若年層の自営業主が大幅に減少している一方，50歳以上が増加していることから自営業主の減少の主原因は若年層の開業の減

図表5-4　年齢階級別　自営業主数（非農林業）の推移（単位：万人）

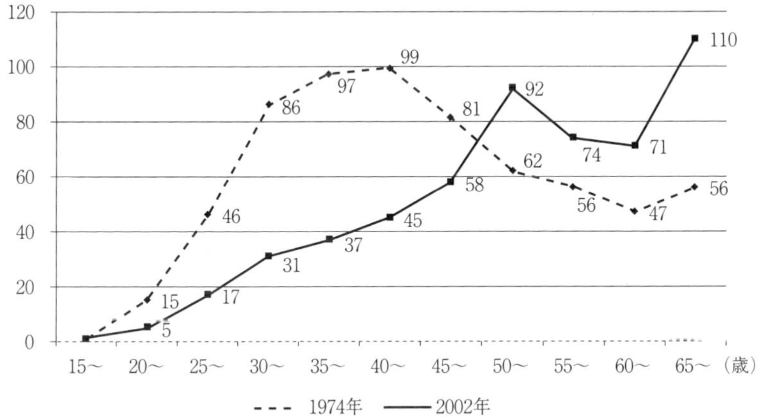

年齢	1974年	2002年
15～	—	—
20～	5	15
25～	46	17
30～	86	31
35～	97	37
40～	99	45
45～	81	58
50～	62	92
55～	56	74
60～	47	71
65～	56	110

出所）『中小企業白書』2005：233，図3-3-30を修正

少にある．しかしながら初期投資からのみ言えば，インターネット，携帯電話など通信機器の進展によってIT関連を中心にSOHOなどのサービス業においては逆に開業資金が低下している業種もある．

4．起業家の類型化

4.1　開業阻害要因としての起業家イメージ

若者が開業を躊躇する原因として，革新者としての起業家イメージの定着がある．

わが国における起業家像は，社会を変革する「高いロマンに，リスクを感じながらも，果敢に挑戦し，自己実現を図るために，独立性，独創性，異質性，さらに革新性を重視し，長期的な緊張感に耐えうる成長意欲の高い創業者」（松田，1996：86）に代表されるようにヒーローとしての起業家像が定着している．さらに起業家の資質（entropreneurial personality）は「成功した起業家の資質」として示され，「新しい事業を創造しようとするからには，普通の人にない企

業家に備わっている特徴的な資質がある．（中略）それは使命感，ビジョン，情熱，独立志向，目的意識，不確実性に対する許容力，忍耐力，自負心，販売外向的手腕，自制心など」（森下，2003：49）であり，たとえヒーローとまでは行かないにせよ，いずれも積極的に人生を切り開く革新者，開拓者，行動者，リスクテイカーなどとして捉えられてきた．

起業家（アントレプレナー：entrepreneur）の概念は「機会を認識し，コーディネーター及び管理者として成功するという考え方を反映したものであるが，本来必ずしも新しいものやイノベーションを作り出すことを示唆するものでない．それは起業家が事業機会についてきわめて楽観的であることを含めて，リスクや不確かさを負うことを意味している（Raynolds and Curtin, 2008：168, 邦訳：198-199)」というように，鍵となるのは「機会認識とリスクテイク」であり，革新性を前提とする概念では無い（川上，2006：7）．

しかし一方で，アントレプレナーシップ（entrepreneurship，起業家活動，起業家精神）は，シュンペーター（Joseph A. Schumpeter）の創造的破壊やドラッカーの「すでに行っていることをより上手に行うことよりも，まったく新しいことに価値，とくに経済的な価値を見出すことである．（中略）すなわち，起業家とは，秩序を破壊し解体する者である」（Drucker, 1985. 邦訳1997：38) に代表されるように，変化もしくは経営革新を前提とした概念として捉えられている．既に述べたように，「起業家は革新的な存在」というイメージが定着し[10]，「『革新的な起業家精神』こそが唯一注目に値する，ベンチャーキャピタルの支援を受けている少数の企業のみが多大な貢献をするとみるようなイメージすらある」（Raynolds and Curtin, 2008：168. 邦訳：199）という状況となった[11]．それゆえ新規開業の促進の必要性が声高に叫ばれ，成長力の高いベンチャー企業に経済構造改革の原動力を求めながらも，他方で「創業・ベンチャー＝リスクの高いビジネス（ハイリスク＝ハイリターン）」，「起業家＝リスク愛好家」，「創業者（起業家）の資質＝高いビジョンと高い行動力」（清成，1998：256-258）という起業家精神をもって積極果敢に行動する創業者像が創り上げられ

てきた.

　「起業家とは特殊な才能を持った人物である」というイメージは，起業・創業を躊躇させることはあっても，起業家を目指す人々の後押しをするものではなく，さらにこれらの考え方は非自発的創業者やリストラ型創業者（unemployment entrepreneur），さらには特殊な才能を持っているか，持っていると思わせる人物以外に対して，「にせの起業家（pseudo entrepreneur）」という表現すら使われる状況を現出した（Gavron et., 1998，邦訳：2-5）.

　しかしながら現在では，起業家そのものが多様化し，さらに起業家の役割の中核に「革新」に加えて「雇用の創出」が加わった段階で，プロトタイプ的な起業家イメージは仮に一面で真実を捉えていたとしても，既に起業家を正確に表現したものではなくなっている．それゆえ「革新」を前提とする起業家精神とは別に起業家の概念を整理しなくてはならないのである．

4.2　起業家類型

　起業家を類型化する上でもっとも一般的な方法が，創業（起業）形態による類型である．これは退職後，退職企業とは関係を持たない「スピンオフ型」[12]，退職したが，その会社と関係を持つ「のれん分け型」，企業の方針で分社または関連会社としての起業である「分社化」，勤務経験なく独自に起業する「独自型」の4類型である．この創業形態のおよそ半分を占めているのが「スピンオフ型」であり，続いて「のれん分け型」，「分社型」，「独自型」となっている[13]．

　4類型の構成推移をみると，昭和30年代までの主流は独自型であった（図表5-5）．この独自型は年齢の若い創業者が中核であり，「仲間数人と小売業やサービス業などで比較的小規模で開業したもの」（『中小企業白書　1994年版』第5部第1章）であった．しかし，20歳代の創業者は昭和50年代に半減し，30歳代も昭和60年以降急減するのに従って独自型は大幅に減少した（図表5-5, 図表5-6）．これは既に述べたように，若年層の創業者にとっては，経営の高度化，技術の高度化，競争の激化，そして創業資金の高額化への対応等から創業の困

図表5-5　創業形態の推移　　　　　　　　　　　　　　　（単位：％）

	独自型	スピンオフ型	のれん分け型	分社型	その他
昭和30年代	46.2	25.6	10.3	17.9	
昭和40年代	28.8	40.7	10.5	20.0	
昭和50年代	21.0	43.8	13.1	22.2	
昭和60年代	17.8	47.2	10.4	24.6	
平成元年	15.4	45.4	11.1	28.1	
平成13年	6.0	43.9	16.1	23.6	10.4
平成23年	6.9	44.2	21.8	12.5	14.5

出所）昭和30年代～平成元年まで『中小企業白書　1994年版』第5-1-3図，それ以外は『中小企業白書　2011年版』第3-1-13図

図表5-6　創業者の創業時の年齢（創業時期別）　　　（単位：％）

	29歳以下	30～39歳	40～49歳	50歳以上	(60歳以上)
昭和29年以前	31	44	16	9	
昭和30～39年	25	42	20	13	
昭和40～49年	27	40	21	12	
昭和50～59年	13	45	27	15	
昭和60～平成2年	7	32	34	27	
平成3～5年	5	27	35	33	8.7
平成6～7年	3.2	21.7	35.9	39.2	13.2
平成8年～	4.1	19.7	25.4	50.8	17.1

注）50歳以上には60歳以上を含む．
出所）中小企業庁「中小企業創造的活動実態調査」1997年及び1998年『中小企業白書』1997年第4-1-18図，1999年第1-7-12図

難性が高まったことによる．

　次に新規開業の特徴を日本政策金融公庫総合研究所の「新規開業調査（2007年）」[14]の個票データから見てみる．

　開業者を開業直前の仕事の離職理由によって類型化すると，自発的に離職し自らの意思で開業した「自発型」，定年を機会にした「定年型」，解雇，勤務先の倒産，・廃業，事業部門の分離，縮小・撤退に伴う退職による「リストラ型」となる．

この中で「自発型」は全体の74.5％を占めているものの，「リストラ型」も16.2％を占めている．すなわち自らの意思で創業を選ぶ起業家が大半を占めているものの，起業や創業に十分な知識を持たないまま，自分の意思に反して開業・創業する非自発的起業家も20％弱を占めている（図表5-7）．特に50歳代では「リストラ型」の比率が29.1％と他の年代に比べて高く，また「リストラ型」の離職―開業した者の60％が40・50歳代に集中している．[15)]

　さらに踏み切ったきっかけを見てみると，「独立に必要な技術・知識の習得」，「開業に必要な免許・資格」，さらに「取引先の勧め」などの「積極的開業要因」による開業者は，「自発型」62.3％，「定年型」81.8％，「リストラ型」57.0

図表5-7　離職時年齢と離職理由　　　　　（単位：％）

	自らの意思による退職	定年退職	リストラ計	事業部門の縮小・撤退に伴う退職	勤務先の倒産に伴う退職	勤務先の廃業に伴う退職	解雇	その他	無回答	合計
20歳代	89.4	0.0	8.5	4.3	2.1	0.7	1.4	2.1	0.0	100
30歳代	83.4	0.0	11.3	4.6	1.0	3.4	2.3	2.6	2.6	100
40歳代	75.0	0.0	15.9	4.8	2.9	5.3	2.9	5.5	3.6	100
50歳代	60.6	2.1	29.1	13.4	4.5	7.9	3.4	4.5	3.8	100
60歳代	35.1	28.7	20.2	6.4	6.4	6.4	1.1	11.7	4.3	100
全体	74.5	2.1	16.2	6.4	2.6	4.7	2.5	4.3	3.0	100

出所）図表5-7・5-12は新規開業調査の個票データより筆者作成

図表5-8　離職型と開業の契機　　　　　（単位：％）

	取引先から勧められた	開業に必要な資格・免許を取得した	自己資金が蓄積できた	資金調達（自己資金以外）のめどがついた	独立に必要な技術や知識などを習得できた	経営上のパートナーが現れた	積極的開業契機	勤務先の将来に対して不安があった	勤務先に対して不満があった	その他	合計
自発型	6.2	6.2	5.3	10.3	28.8	5.4	62.3	15.9	14.1	7.7	100
定年型	3.0	9.1	6.1	15.2	18.2	30.3	81.8	0.0	0.0	18.2	100
リストラ型	11.8	3.4	3.4	13.5	19.4	5.5	57.0	17.3	6.8	19.0	100
その他	7.1	5.4	5.4	16.1	17.9	17.9	69.6	7.1	5.4	17.9	100
全体	7.1	5.8	5.0	11.1	26.0	6.6	62.1	15.4	12.3	10.2	100

出所）筆者作成

%となっている（図表5-8）．しかし「自発型」においても「勤務先の不安や不満」も30.0％あり，複雑な要因が混ざり合って開業という結果を生み出していることが分かる．これは定年型でも同様であり，あくまで「定年型」とは契機となった重要な要因が「定年」であり，「リストラ型」とはリストラが主な要因であるに留まる．このことから創業は離職理由からも類型化が可能であるが実際には複合的な要因から職業選択の一つとして創業を選んでいることが分かる．「所得増大，自己実現，裁量労働，社会貢献等の積極的理由から起業した『能動的起業家』，②生計目的等の消極的理由から起業した『受動的起業家』（『中小企業白書　2011年版』：202-203）と二者択一的に捉えるよりも，創業者の複合的な意識を前提に起業家を捉える必要がある．

4.3　創業動機（目的）からの類型化

　起業家を創業動機・創業目的からみることの意義は，動機・目的が起業を成功に導くための能力やスキル，およびその開発が，どのように起業したかに密接に関わっているからである．

　Storey（1994）やBurns（2001）は，過去に繰り返し行われてきた人口統計的要因である結婚，経験，性別，パーソナリティ，子供，年齢，社会階層，管理職の経験，賃金，倫理，学歴などの要素は，自営業の選択に関する影響要因（起業に関する要因）として証明できないものとした．

　同様にRaynolds and Curtin（2008：168．邦訳：247）は，「創業の立ち上げプロセスに関連する主要因—年齢，性別，民族的背景—は，新会社の創業という立ち上げプロセスの完了の成果には全く影響を及ぼさないことが明らかになった」と創業者の単一的プロフィールと成果の関係を否定した．彼らは「明らかになったことのなかでも重要な点は（中略）起業家個人の状況，志向あるいは動機を表す120の変数に関して，新会社創業との統計的に優位な関係は見られなかったことである．結果はきわめて簡明である．事業開業の成功は，新規起業家の特質では無く，立ち上げプロセスにおいて何がなされたのかが問われる．

図表5-9 創業動機の推移

	2005	2009	セルフコントロール	技術／専門型	所得重視型	社会起業
収入を増やしたかったから	11.0%	12.1%			◎	
自由に仕事がしたかったから	17.9%	16.6%	◎			
事業経営という仕事に興味があったから	13.0%	13.2%	○	◎		
自分の技術やアイデアを事業化したかったから	10.1%	12.5%	○	◎		
仕事の経験・知識や資格を活かしたかったから	28.1%	25.8%		◎		○
趣味や特技を活かしたかったから	1.9%	2.2%	◎			○
社会の役に立つ仕事がしたかったから	5.6%	4.5%		○		◎
年齢や性別に関係なく仕事がしたかったから	3.0%	2.5%	◎		○	
時間や気持ちにゆとりが欲しかったから	2.7%	2.5%	◎			
適当な勤め先がなかったから	2.5%	2.4%				
その他	4.2%	5.6%				

出所）筆者作成

重要なのは，起業家が誰では無く，起業家が何をするかである」(p.248) とし，起業を活発にするために重要なことは，起業家の特質をことさら強調することではなく，起業のプロセスの中で必要とされる起業家の能力をいかに高めることができるかであることを示している．

ここでは起業プロセスに大きく係る創業要因，創業動機から起業家を見る．

まず創業動機の推移（図表5-9）を見ると，「自由に仕事をしたかったから」や「仕事の知識や資格としたかった」の2つの要因で40％を占めている．

わが国において雇用社会のスタートとなり，自営業主の比率の比較対象となった1950年代のアメリカでは，逆に「小事業所有者は，人びとが再び大企業の社会的有効性に疑問を持ち始めた時に，アメリカの伝統的価値の一層強力な象徴となった．1950年代は一般的に大順応（great conformity）の時代として描か

れたが，大企業の同質化勢力（homogenizing forces）に対して強い疑念が持たれた時期であった（Dicke, 1992. 邦訳：219）」．人びとは『孤独な群衆（The Lone Crowd）』，『ホワイトカラー』，『灰色のフランネルスーツを着た男（The Man in the Gray Flannel Suite）』（1956年）はいずれも「巨大で非人間的な組織の増加によって生み出されたアメリカ社会の変化に対して，深刻な疑問を投げかけた（Dicke, 1992. 邦訳：220）」ものであり，小事業所有が見直され，「あなた自身がボスになる」という意識がスタートしていた．わが国においても「自分の裁量で仕事をしたい」という意識が高まってきていることは，雇用者社会や会社組織に対する疑問が同様に生じてきていることを示している．また「年齢に関係なく働きたい」，「時間的・精神的余裕」が創業動機にあげられるのは，高齢者や女性の起業意識が問題解決的に出てきたものと，いわゆるライフスタイル企業家（lifestyle Entrepreneur）の両方の要因がある．

　Hornaday（1990）は，所有経営者（owner-manager）を設立動機から類型化し，自分のしたい仕事をするために創業する「技術的起業家（Craft owner-manager）」，ベンチャービジネスを起業して，積極的に経営する「専門的起業家（professional owner-manager）」，収益を最大限確保し，財産をつくることを目的とする「収益重視型起業家（promoter owner-manager）」の3類型を示している．Mazzarol and Reboud（2009：108）は「この3類型は独立した類型ではなく，一人の経営者の中で各要素が混ざりあって創られるものであり，専門的起業家と収益重視型起業家は成長とイノベーション志向を持ち，企業へのロイヤルティとキャリアにこだわるのが技術的と専門的起業家」であるとした．

　創業動機と起業家の類型化を重ね合わせると，「収入を増やしたかった」という所得重視型，「自由に仕事がしたかったから」，「趣味や特技を活かしたかったから」，「時間や気持ちにゆとりが欲しかったから」というセルフコントロール重視型（ライフスタイル起業家），「自分の技術やアイデアを事業化したかったから」，「事業経営という仕事に興味があったから」など個人目標に重点を置いた技術・専門型，「社会貢献」などの社会起業家型に類型化できる．

このように動機，目的においてもさまざまな要因が一人の起業家（創業者・開業者）の中で輻輳化しており，成功した起業家から導き出されたプロトタイプ的な起業家像は限定的に扱う必要があり，起業家の必要とする能力や技能，政策的支援の必要性などは多面的に扱っていかなければならない．しかし動機や目的が具体的にどのように事業と結びつくかは不明であるが，それが職業選択としての創業に繋がるとすれば創業動機から起業家をみることは有用である．

4.4 リスクと起業家概念

アントレプレナーを他のモノと区別する特徴として強調されてきたのは機会認識とリスクテイク（ハイリスク・ハイリターン）である[16]．しかしながら失業対策としての雇用吸収力を起業家の役割とする場合には，その役割上，逆にローリスク・ローリターンが求められ，リスクの視点からはこの両者は対極にある．

この中で，通常の創業に比べて事業継続の可能性が高く，投資回収可能リスクをかなり抑えることができる創業（独立・開業）機会（ミドルリスク・ミドルリターン）であるフランチャイズシステム（フランチャイジング）は，既に起業の選択肢として定着をしている[17]．

バイグレイブ（Bygrave, 1994. 邦訳：247）は起業形態としてフランチャイジングを選ぶ起業家について「自分の性格やマネジメントスタイルが，フランチャイザーや他のフランチャイジーとのビジネスの中で，業務上の決定権を共有するのに順応できるもの」と述べ，同様にボロイアン（Boroian D.D. & Patrick J. Boroian）もフランチャイザーとフランチャイジーの関係について「相互に利害を抱えるパートナー，共通目標の達成に向けての協調（邦訳：5）」を強調し，フランチャイジーの性格と業務的特徴について「一般的に，腕の良いフランチャイジーというのはルールに対して従順である．彼らを音楽家にたとえるならば，楽譜を与えられると抜群の演奏を披露するタイプのミュージシャンということになる．（中略）彼らの得意とする分野が物事の遂行や推進にある

図表5-10 リスク認識度とフランチャイズ加盟理由　　(単位：%)

	高リスク, 高成長	低リスク, 高成長	高リスク, 低成長	低リスク, 低成長
事業内容が魅力だったから	27.9	24.6	25.0	21.9
ノウハウがマニュアル化されているから	7.0	7.0	0.0	6.2
技術やノウハウを習得しやすいから	11.6	8.8	0.0	9.4
仕入や商品開発は本部に任せられるから	2.3	3.5	0.0	6.2
経営に関する指導を受けられるから	4.7	7.0	0.0	0.0
小資金で開業できるから	2.3	12.3	25.0	18.8
フランチャイズ・チェーンのブランドを利用できるから	27.9	22.8	25.0	28.1
その他	7.0	1.8	0.0	0.0
無回答	9.3	12.3	25.0	9.4
合計	100	100	100	100

出所）筆者作成

ということだけであって，何かを生み出したり，飛躍させたりすることではないというだけにすぎない」と述べている．すなわち「フランチャイジーは法的に独立しているとはいえ，フランチャイザーによって設定され要求される詳細な運営規準に従わなくてはならない（Dicke, 1992：7)」のである．このようにフランチャイジーは業務上の決定権の共有への順応と引き替えに独立性を手放し，成功率の高いビジネスを購入することから，フランチャイジング起業は，基本的に低リスクを前提に成立する[18]．

　しかしリスク認識度とフランチャイズ加盟理由（図表5-10）をみると，フランチャイズシステムの鍵となるブランド力については，高リスク・高成長可能性という「急成長事業」と低リスク・低成長可能性という「安定的な事業」の両面で強調されているものの，成長可能性が高くなるにしたがってリスクの受容度も高くなっている．同様に「小資金で開業できるから」という理由では，小資金ゆえに，「高リスク・低成長可能性」において高くなっており，小資金事業ゆえにリスク面で妥協しなくてはならない事業として認識されている．また「高リスク・高成長可能性」および「低リスク・低成長可能性」と認識され

図表5-11　開業年齢別・リスク認識度

開業リスク	20代	30代	40代	50代	60代以上	全体
リスクは高いが,成長可能性も高い	30.2%	32.3%	28.5%	24.3%	18.6%	28.2%
リスクは低く,成長可能性は高い	35.5%	32.5%	33.2%	32.6%	34.2%	33.1%
リスクは高く,成長可能性は低い	3.3%	4.6%	5.2%	4.9%	5.0%	4.7%
リスクは低いが,成長可能性も低い	17.5%	18.7%	20.8%	24.0%	31.7%	21.3%
いずれにも該当しない	10.2%	9.3%	7.3%	9.2%	5.6%	8.6%
無回答	3.3%	2.7%	4.9%	5.0%	5.0%	4.1%
合計	100.0%	100.0%	100.0%	100.0%	100.0%	100.0%

ている事業におけるリスク意識には加盟と非加盟の差はない．これらの分析から，フランチャイズ加盟は非加盟に比べリスク低減効果を持つという創業者の意識を裏付けているが，リスクに対する認識は，フランチャイズシステムの安定性に依存している．

　次に開業年齢とリスク認識度（図表5-11）を見てみると，年齢の低い方が「成長可能性の高さ」を重視し，年齢が高くなるにしたがって，「低リスク，安定成長」とリスクヘッジしていることが分かる．「リスクは高いが，成長可能性も高い」という高リスク事業は30歳代においてもっとも高く，それ以降年齢が高くなるにしたがって小さくなる．このことからリスクをとっても大きな成長機会を探るのは30歳代であり，40歳代以降は低リスクを志向する傾向にある．これは年齢が高くなると，特に50代以上ではやり直しができないこと，30歳代では高校生以上の子供がいる家庭はほとんどないが，40歳代では教育費の負担，家族への責任意識が原因として考えられる．

　さらに退職理由別・リスク認識度（図表5-12）をみると，自発型では高成長可能性の認識がフランチャイズへの加盟，非加盟にかかわらず強いのに対し，リストラ型・フランチャイズ非加盟では高成長可能性への志向が強く，フランチャイズ加盟では低リスク・低成長の安全志向が強くなっている．このことからフランチャイジングを起業手段として選択する場合には，退職理由が事業選択の重要な要因となっていることが分かる．

図表5-12　退職理由別・リスク認識度　　　(単位：%)

		自発型	定年型	リストラ型	解雇	勤務先倒産等	事業部門縮小等	全体
加盟	高リスク,高成長	24.4	100	22.2	0.0	20.0	20.0	26.6
	低リスク,高成長	46.5	0.0	22.2	0.0	30.0	30.0	39.2
	高リスク,低成長	2.4	0.0	5.6	0.0	10.0	10.0	2.5
	低リスク,低成長	20.9	0.0	33.3	100	20.0	20.0	22.5
	該当なし	5.8	0.0	5.6	0.0	0.0	0.0	7.5
	無回答	0.0	0.0	11.1	0.0	20.0	20.0	1.7
	合計	100	100	100	100	100	100	100
独立（非加盟）	高リスク,高成長	29.2	24.5	26.4	24.4	24.4	29.4	29.0
	低リスク,高成長	32.9	34.7	31.7	27.0	36.1	28.4	32.6
	高リスク,低成長	4.8	0.0	5.7	5.4	5.9	5.5	4.9
	低リスク,低成長	21.6	30.6	21.5	29.7	20.2	20.2	21.4
	該当なし	8.3	8.2	8.7	8.1	7.5	10.1	8.4
	無回答	3.2	2.0	6.0	5.4	5.9	6.4	3.7
	合計	100	100	100	100	100	100	100

　フランチャイジーはリスクテイクとは無縁であり，彼らは「ニセの起業家」という認識があるが，実際にはフランチャイズシステムの選択には一定程度のリスクが存在しており，リスク面からもアントレプレナーの特質を満たしている．

5．起業家社会の構築のために

　起業家社会とは，職業の選択肢の一つとして起業が存在し，起業が社会の活力を生み出している社会である．起業家社会は，起業家の特質で示された能力

を持ち得るプロトタイプ的起業家のみによってつくられるのではなく，「創造的破壊」，「リスクテイク」という2つの行動的基準の取り扱いにも明確に前提を付けて認識すべきである．Bhide (2006：8) は，多くの創造的な商品やサービスはシュンペーターのいう創造的破壊を伴うものではないことを示しているが，イノベーションが長期的には創造的破壊に繋がるにしても，短期的にそれが創造的破壊であるかどうかを議論し，起業家を位置づけることはできない．またリスクについても，起業・開業・創業活動が積極的に高いリスクを取っているか否かという側面からのみ捉えるべきではない．

またベンチャー起業家の対極として捉えられてきた自営業主も，ベンチャー企業の苗床（nursery, seedbed）としての役割を担っていることが分かる．

2008年度新規開業実態調査の個票を分析すると，個人経営によって開業した後，法人化した企業は全体の5.5％であり，自営業は一定割合で法人企業の苗床となっている．これをフランチャイズ企業の加盟後の異動によってみると，個人でフランチャイズに加盟したのちに法人化したフランチャイジーは11.4％と倍以上の実績を残している（経済産業省，2002）．

また起業家を生み出す環境としてしばしば指摘されてきたのは起業家の「家庭環境」である．松田（1996：100-101）は「人間は，生まれ育った家庭環境の影響を受けるのは確かである．特に親の職業は，日々の行動や会話を通して，子供に影響を与え，子供が自然にビジネスの内容や方法論を学ぶはずである．（中略）（設立年代別の独立起業家の親の職業は）設立年代を問わず常に高いのは，自営業であり，企業経営者と合算すると常に40％前後である」としており起業家の育成環境にとって自営業が重要な役割を果たしてきたことを示している．また中小企業庁「中小企業創造的活動実態調査」(1998年12月) は，創業者の父親の職業では，会社経営者が3.8％と家庭環境が経営者になろうとする姿勢に影響する（『中小企業白書 1999年版』1999：282）としているなど，自営業は起業家を生み出す苗床としての役割を果たしており，自営業の減少は自営業そのものだけでなく，起業家の苗床を喪失していることに繋がるのである．

また失業のバッファー（safety net）としての自営業の役割も，起業の選択肢がSOHO，インディペンデント・コントラクター，定年後起業など多様化になっている状況では変化している．仮に欧米において失業率が高いために，失業のバッファーとして自営業を選択し自営業者数が増加したことが事実であったとしても，自営業が多様化した現在では，起業に失敗した時に再就職先を容易に探せる状況にある方が，自営業しか選択できないよりも起業への挑戦者を増加させると考えられることから，自営業者の数の増加と失業者の関係において，自営業者の増加理由を失業者の増加としたり，自営業者の数が増加しない理由として安定した職業社会を上げることも正しくない．

　さらにベンチャー企業や急成長企業であるガゼル（gazelle）は多くの雇用を生み出すとされ，政策的な補助対象となるが，職歴の中断（the break of career path）が増加する中で，雇用の創出には，いわゆる起業家が率いる「ハイテク企業やベンチャー企業というよりも，労働集約的な業種に属する企業であった（村上，2007：240）」ことからベンチャー企業は雇用創出，普通の企業・自営業は限定した雇用のみ，という図式も同様に見直しが求められている．

　また大学卒業と共に大企業へ就職するという一つのコースは大学生の増加と大企業の従業員数の横ばいを考えればもはや保証されたものではない．その意味では中小企業において技術を身につけた人材が起業・創業に進んでいくことは，起業家社会にとってプラスになることはあってもマイナスにはならない．

　失業者の新規開業が起業であるかどうかを議論しても意味はない．起業家は誰であるかではなく，何をするかで起業家を判断することが必要であるからである（Reynold and Curtin, 2008. 邦訳：248）.

　このことから戦後の自営業の役割は，既に述べたとおり失業のバッファーからベンチャー企業の予備軍（reserve）であり苗床へと役割を拡げており，起業家概念もその幅を拡げなくてはならない．

（小嶌　正稔）

注

1) 英国の大不況については富田（1997）を参照のこと．
2) IT起業家への期待は1999年にITバブル（.com bubble）がはじけると縮小したものの，ITによる社会経済構造は依然大きく進行しており，その必要性は拡大し続けている．
3) 2011年『中小企業白書』（pp.186-202）は「① 企業が促す経済の新陳代謝と新規企業の高い成長力，② 企業による雇用の創出，③ 企業が生み出す社会の多様性」を起業の意義としている．
4) Burns（2001）は，困難な創業に立ち向かう人びとの中で，自営業を含めた創業者をHerosと呼び，さらに社会を変革する起業家をSuper-herosと呼んでいる．
5) 2008年において倒産した上場企業件数は34件となり最高数となった（上場廃止後に倒産したエー・エス・アイを含む）．2009年は一連の景気刺激策や緊急保証制度等が一定の効果を上げ，年後半は建設業を中心に減少し，上場企業の倒産も20件に減少した（しかし戦後3番目）．2010年は㈱日本航空，㈱武富士など9件となった．しかし全体の倒産件数は金融円滑化法等の金融支援策などの効果から企業が資金繰り破綻を回避できたことから1万1658件と減少した（帝国データバンク「倒産集計」より）．

一方，「第18回2008年度新入社員 半年間の意識変化調査」（㈶社会経済生産性本部）によると，全体の39.5％が現在の会社に一生勤めたいとしている．数字は4年連続で上昇し，1998年の過去最低であった14.2％から2.8倍となっている．
6) 昭和38（1963）年の中小企業白書は，「零細企業に従事している労働力の中で不完全就業形態のものについては，近代的な就業構造の進展に見合ってその中に円滑に吸収されるよう，職業訓練，職業紹介等の機能を強化することも必要である」とし零細企業を不完全雇用故の存在としていた（第2章 主要な問題点と対策の基本方向，第1節 発展と停滞の分化，2零細企業）．

「小売業は極めて参入の容易な産業である．もちろん，なにがしかの資金と多少の商品知識は必要であるが，他の分野に比べればはるかに容易であった．まだ第二次産業が順調に立ち上がらないこの時期，資金も経験もない人びとが，生活の糧を求めて小売業に参入した．（中略）その結果はいうまでもなく『過剰参入』であった（石原，1993：238）」．
7) 一方アメリカでは，「小事業所有者は，人びとが再び大企業の社会的有効性に疑問を持ち始めた時に，アメリカの伝統的価値の一層強力な象徴となった．1950年代は一般的に大順応（great conformity）の時代として描かれたが，大企業の同質化勢力（homogenizing forces）に対して強い疑念が持たれた時期であった（Dicke，1992．邦訳：219）」．

8) 自営業主は法人化すると雇用者の中の役員となる．自営業主の法人化はすなわち雇用者化となるが，ここでいう雇用者社会は自営業主の減少と雇い人数の増加を意味している．
9) 事業者対被雇用者の収入割合の1973年から2003年までの時系列表（『中小企業白書　2005年版』2005：238，第3-3-39図））によると，製造業では1994年以降，卸売・小売業，飲食業では1989年以降，サービス業ではこの全期間1.0を下回っており，収入面での優位性は見られない．
10) わが国ではベンチャー企業─起業家活動─起業家精神─シュンペーター─経営革新─ドラッカー─イノベーションというようなある意味単純な連想からもこのイメージが形成されてきた．
11) 起業家，企業家についての考察は，川上義明の「企業生成・発展の変動要因としての企業家」の6部作，『福岡大学商学論叢』Ⅰ　51（2/3）：155-167，Ⅱ52（1）：1-23，Ⅲ52（2）：169-190，Ⅳ53（1）：1-16，Ⅴ53（3）：253-279，Ⅵ54（1）：1-28，Ⅶ54（1）：1-28，2006～2009年．清成忠男，1998：151-193を参照のこと．
12) スピンオフが『中小企業白書』にはじめて登場したのは，昭和55（1980）年版の第一部第4章であった．1980年にはスピンオフはもっとも多い創業形態になっていた．
13) ここでいうスピンオフ型起業とベンチャー企業における「スピンオフ」とは使い方が異なる．経産省産業技術環境局によるスピンオフ研究会（平成15年4月報告書）は「いわゆる『スピンオフ』とは，親元企業の支配下にある子会社でもなくスピンアウトした独立ベンチャーでもない，いわば両者の中間に位置するもので，親元企業が技術・人材・資本等の事業の資源をベンチャーという形態で外部にスピンオフ（分離）するものである．スピンオフにより，大企業にあっては，コア事業への資源の集中等による収益率の向上や，機動性の欠如等自らの弱点を補いつつ新たな事業ドメインの開拓を行うことが可能となり，スピンオフベンチャーにあっては，大企業における眠れる技術基盤をベースに，より起業リスクを軽減しつつベンチャー企業本来の自律性を確保した事業展開が可能となる．スピンオフは，親元企業からは独立した新しいタイプのベンチャー企業を創出し，当該ベンチャー企業が，革新的なイノベーションや新事業創出の担い手となり，我が国経済の活性化の切り札ともなり得るものでもある．これは，ベンチャー創出という観点からは，従来の『種を蒔く』から『苗を植える』という発想の変革でもある」（pp.7-8）としている．
14) 本論文で用いた開業者に関するデータは，東京大学社会科学研究所附属社会調査・データアーカイブ研究センターSSJデータアーカイブ〔「新規開業実態調査，1991年，1995年，2007年，2008年，2009年」（日本政策金融公庫総合研究所）〕か

らの個票データを使用した．図表において特に個票データ年が記載されていないものは2009年調査データを使用している．
15) 2009年の調査では2007年に比べて30歳代のリストラの比率が8.8％から15.9％まで急増しており，2007年に70％を占めていた40，50歳代の比率は60％まで下がった．
16)「起業家は，それらと比較対象される雇われ経営者のグループほどリスク愛好家ではないことが明らかになっている（中略）かれらは特にリスクを好むのではなく，他の人びとであれば（正しくても，間違っていても）心配するようなことをリスクとは余り考えない．あなたが本当のリスク愛好家に会いたいならば，地方の馬券売り場を訪れなさい」(Gavron, Cowling, Holtha, and Westall, 1998．邦訳：3).
17) フランチャイズシステムへの加盟動機のおよそ半数（48.1％）が創業・起業である．
18) しかし独立型起業家とフランチャイズを購入して創業するフランチャイズ起業者との間のリスクに対する意識の違いについては，リスクと成長可能性についてみると，「開業リスクを低い」と認識している起業家はフランチャイジング加盟で58.6％，非加盟で54.2％と加盟の方が低リスクと認識して開業しているが，「リスクは高いが，成長可能性も高い」とする項目では差がなく，「フランチャイジング＝開業リスクの低さ」のみを認識しているとは言えない．

謝辞

本論文における開業者の分析に当たり，東京大学社会科学研究所附属社会調査・データアーカイブ研究センター SSJ データアーカイブから〔「自己雇用者（≒自営業者）に関する実態調査，1991年，1995年，2007年，2008年，2009年」（日本政策金融公庫総合研究所（寄託時　国民生活金融公庫総合研究所））〕の個票データの提供を受けました．ここに御礼申し上げます．

参考文献

Bhidé, A. (2006) "Venturesome Consumption, Innovation and Globalization", Paper for a Joint Conference of CESifo and the Center on Capitalism and Society "Perspectives on the Performance of the Continent's Economies", *Venice*, July：21-22．

Boroian, D.D. and Patrick J. Boroian (1987) *The Franchise Advantage: Make It Work for You*, Chicago Review Pr.（木原健一郎監修，藤本直訳（1996）『フランチャイズ・アドバンテージ』ダイヤモンド).

Burns, Paul (2001) *Entrepreneurship and Small Business*, PLAGRAVE.
Bygrave, W.D. (1994) *The Portable MBA in Entrepreneurship*, Wiley.(千本倖生, バブソン起業家研究会訳(1996)『MBA 起業家育成』学習研究社).
Dicke, T. (1992) *Franchising in America: The Development of a Business Method, 1840-1980*, The University of North Carolina Press.(河野昭三・小嶌正稔訳(2002)『フランチャイジング―米国における発展過程』まほろば書房, 2002年).
Drucker P.F. (1985) *Innovation and Entrepreneurship*.(上田惇生訳(1997)『イノベーションと起業家精神 上』ダイヤモンド社).
Gavron, R., Marc Cowling and Andrea Westall (1993) *The Entrepreneurial Society*.(忽那憲治, 前田啓一, 高田亮爾, 篠原健一訳(2000)『起業家社会』同友館).
Hornaday R.W. (1990) "Dropping the E-words from small business research: an alternative typology." *Journal of Small Business management* 28(4): 22-33.
Rerynolds, P.D. and Richard T. Curtin, "Business Creation in the United States: Entry, Startup Activities, and the Launch of New Ventures Chapter 7," *The Small Business Economy*, A Report to the President.(中小企業総合研究機構訳(2009)『アメリカ中小企業白書〈2008・2009〉』同友館).
Mazzarol, T. and Sophie Reboud (2009) *The Strategy of Small Firms: Strategic Management and Innovation in the Small Firm*, Edward Elgar Pub.
Storey, D.V. (1994) *Understanding the Small Business Sector*, Thomson Learning Europe.(忽那憲治, 安田武彦, 高橋徳行訳(2004)『アントレプレナーシップ入門』2004年, 有斐閣).
Schumpeter J. (1912) *Theorie der wirtschaftlichen Entwicklung*.(塩野谷祐一・中山伊知郎・東畑精一訳(1977)『経済発展の理論:企業者利潤・資本・信用・利子および景気の回転に関する一研究』岩波書店).
石原武政(1993)「中小商業政策の軌跡」『流通現代史』日本経済新聞社:237-252.
鎌田彰仁(1995)「中小起業の創業と雇用問題」『日本労働研究雑誌』日本労働研究機構, 1995年, 8月425号.
リクルートワークス研究所(2011)『雇用の現状』2011年6月.
矢野恒太記念会編(1991)『数字で見る日本の100年(日本国勢図会 長期統計版)』改訂第3版, 国勢社.
村上義昭(2007)「新規開業企業の役割と開業支援策」樋口美雄・村上義昭・鈴木正明, 国民生活金融公庫総合研究所共編著『新規開業企業の成長と撤退』第8章:237-251, 勁草書房.
中小企業庁(各年版)『中小企業白書』.

内閣府『平成23年版 経済財政白書』佐伯出版.
川上義明（2006)「企業生成・発展の変動要因としての企業家(I)：序」『福岡大学商学論叢』51（2・3）：155-167.
清成忠男（1998)『企業家とは何か』東洋経済新報社.
富田年基（1997)「英国大不況（1973～1896年）の研究―正解的な産業構造変化がもたらすデフレ的減少の考察」『ファイナンシャルレビュー』第43号，1997年11月，大蔵省財政金融研究所.
経済産業省（2002)『フランチャイズ・チェーン事業経営実態調査』平成14年10月.
松田修一（1996)「第3章独立起業家の輩出と支援システム」松田修一・大江建編著『起業家の輩出』日本経済新聞社：85-128.
松下正（2003)「第3章事業創造と企業の諸条件」百瀬・篠原編著『新事業創造論』東洋経済新法社：44-61.

第6章

経営者能力とその育成

1．はじめに

　少子高齢化の急速な進行，1ドル70円台の超円高，中国を初めとする途上国の猛烈な追い上げ，アメリカ経済やユーロ経済圏のゆらぎなど，日本企業はきわめて厳しい環境に直面している．追い打ちを掛けるように発生した3.11の東日本大震災やタイの大洪水は，日本経済・日本企業に甚大な被害をもたらした．このように経営環境が厳しくなればなるほど，「経営者格差」が「業績格差」をもたらす事態が鮮明になる．「企業は人なり」というが，とりわけ「社長の『器』で会社は決まる」（佐山，2008）のである．

　しかし気がかりなことがある．元・産業再生機構のCOOとして41の企業グループの再生に取り組んだ冨山和彦は，その経験を基に著した著書『会社は頭から腐る』の冒頭で次のように述べている．「経営や企業統治を担う人々の質が劣化しているのではないか．産業再生機構で企業再生の仕事に従事し，何より感じたのが，この思いでした」（冨山，2007：217）．

　伊丹敬之も著書『良き経営者の姿』において次のように述べている．「私は90年代に入るころから，日本の経営者の危機を感じ始めていた．……日本は，とくに90年代の日本は，深刻なトップマネジメントの危機を経験してきたと私は思う．『失われた10年』と揶揄される90年代の日本の低迷に対する責任のかなりの部分は，この時代に日本企業の経営トップの地位にいた人たちの器量の小ささにある，と私はかねてから主張してきた」（伊丹，2007b：1-2）[1]．

　かつての高度成長期やバブル絶頂期のような恵まれた経営環境の下であれば，凡庸な経営者やノン・プロフェッショナルな経営者であっても，部下達の御神

興に乗っていれば，それなりの業績を残すこともできた．しかし，今の日本企業が置かれているような状況では，真にプロフェッショナルと言える能力を持つ経営者でなければ，とてもグローバル競争に勝ち残ることなど期待できない．

それでは，これからの経営者に求められる能力とはどのような能力なのであろうか．それは育成したり，測定したりすることができるものであろうか．

2．経営者能力とは何か

経営者能力とは，経営者が企業や各種組織を経営し，望ましい成果を上げるための能力である．しかも，経営者が行う経営という機能は，自分で物を作ったり売ったりして成果を出すのではない．「経営とは，他人を通して事をなすこと」（伊丹，2007b：98）に他ならないから，多くの人々に働きかけ，望ましい成果を実現するような行動を導く，真の意味でのリーダーシップを発揮できる人でなければならない．

多くの人が，主体的・自発的についていきたいと思うようになるためには，「正当性」と「信頼性」の2つが基礎条件となり，信頼感を生み出すためには，「人格的魅力」と「ぶれない判断」が不可欠であるとされる（伊丹，2007a：110 112）．

経営者が高い成果を実現するために，どのような資質・能力が必要とされるかについては多様な見解がある．「1980年代の社長の条件」を社長，最若手取締役，中堅幹部に調査した結果は以下の通りであった（坂本，1979：506）．

【社長が選んだ条件】① 統率力，② 決断力，③ 人柄・人望，④ 実行力，⑤ 責任感

【最若手取締役が選んだ条件】① 先見性，② 決断力，③ 統率力，④ 実行力，⑤ 国際感覚

【中堅部課長が選んだ条件】① 先見性，② 決断力，③ 統率力，④ 国際感覚，⑤ 実行力

若手取締役と部課長が「先見性」を第1位に選んでいるのに社長自身はそれを選んでいないことは興味深い．また社長が「国際感覚」も選んでいないことは，時代の制約であろうか．

清水龍榮（1995）は，経営者能力を，「将来構想の構築・経営理念の明確化」，「戦略的意思決定」，「執行管理」の3つの機能を遂行するための能力であるとし，それはさらに次のような3つの能力に分かれるとしている．

「企業家精神に関連する能力」：野心，信念，理想，直感力，洞察力，危機感，決断力，情報収集力

「管理者精神に関連する能力」：知識，経験，洞察力，人間尊重，科学的態度

「リーダーシップ能力」：哲学，経営理念，健康，持続力，品性，人間的魅力

ミンツバーグ（H. Mintzberg, 2006）によれば，マネジメントを効果的に実践してゆくためには「アート」，「サイエンス」，「クラフト」の3つの要素が不可欠であるとされる．

「アート」は創造性を促進し，直観やビジョンを生み出す要素である．「サイエンス」は体系的な分析・評価を通じて秩序を生み出す要素である．「クラフト」は経験を基礎に実務性を生み出す要素である．

アート一辺倒だとアートのためのアートを追求する「ナルシシスト型」になり，クラフト一辺倒だと経験に縛られた「退屈型」，サイエンス一辺倒だと人間性に欠ける「計算型」になってしまう．またアートとクラフトだけでサイエンスの要素が欠けると「無秩序型」となり，クラフトとサイエンスだけでアートの要素が欠けると「無気力型」，アートとサイエンスだけでクラフトの要素が欠けると「非実務型」となり，いずれも効果的なマネジメントを展開できなくなる．

一つの要素が優勢でも，他の2つの要素が備わっていることが重要であるという．例えば，アート重視であるが，経験に基礎を置きある程度の分析にも支えられているタイプは「ビジョン型」であり，成功している企業家によく見られる．主としてクラフトとサイエンスを中心とし分析と経験を基礎としている

が，ある程度は直観にも依存しているのは「問題解決型」であり，ライン部門の現場管理者に多く見られる．クラフト重視でアートも取り入れているが，破綻しない程度にサイエンスもあるのが「関与型」であり，コーチやファシリテーターなど人間重視の特徴をもつ．興味深いのは，3つの要素のバランスがとれすぎていても特徴がなくなり，うまくいかなくなる恐れがあるということである．

　以上のミンツバーグの見解を前提とすれば，マネジメントのプロフェッショナルとしての経営者には，「アート」，「サイエンス」，「クラフト」の3つの能力が求められることになる．3つの要素のうちいずれかの要素を中心とすることによって独自のマネジメント・スタイルが確立されるが，他の2つの要素も備えている必要がある．

　菅野（2005：22-173）も，経営者に求められる能力・スキルを「科学」系スキルと「アート」系スキルに分けている．「科学」系スキルは左脳系の能力で，「マネジメント知識」と「ロジカル・シンキング」から成るいわゆる「形式知」であり，「仕組み化」が容易であり，かなりの部分は部下や外部に委託できるという．これに対し「アート」系スキルは右脳系の能力で，一般的に「リーダーシップ」と表現されるものに該当する「暗黙知」であるが，これをさらに因数分解して，① 強烈な意志（経営者のベースとなる必要条件），② 勇気，③ インサイト，④ しつっこさ（主に個人として結果を出すために必要），⑤ ソフトな統率力（組織として結果を出すために必要）などをあげている．

　このように多くの論者が経営者に求められる資質・能力を指摘しているが，果たしてこうした資質・能力を持っているかどうか，どの程度持っているかを測定できるのであろうか．

3．経営者能力は測定可能か

　先に示したような経営者に求められる資質・能力を測定することはできるの

であろうか．アメリカではすでに1950年代から，経営者として有望な候補者を早期に発見して育成につなげるという意図の下で，「管理者資質早期発見計画」(Early Identification of Management Potentials) が展開されていた．この研究は次のような考えを前提に実施された（大沢，2004：122-128）．

① 経営管理者のなかで成功している人と成功していない人との間には，個人的資質等の条件に差が見られるはずである．

② 成功者と同じ条件を備えた候補者は，そうでない人よりも経営管理者として成功する可能性が高いはずである．

③ これらの個人的特性は，キャリアの比較的早い段階で測定することが可能である．

スタンダード石油会社とその関連会社の経営者を含む管理者443名について，管理能力を予測する様々なデータ（「予測変数」）と，経営者・管理者としての成功・不成功の基準となるデータ（「基準変数」）が測定され，両変数間の相関関係が統計的に分析された．結果的に，経営管理能力を予測する個人的資質として有効なデータとして，以下の要因が析出された．

① 言語的・非言語的推理能力などの知的能力

② 客観性，社交性，情緒安定性などの性格特性

③ 生育歴，学生時代の活動歴などのバックグラウンド調査データ

この研究によれば，高度な知的能力としての推理能力が優れた人，情緒的に安定している人，より社交的な人の方が経営管理者として成功する可能性が高いことになる．

同様の研究はその後，アメリカでも日本でも行われてきたが，果たしてこのような方法で経営者能力が測定できるのであろうか．これらの研究では，経営者・管理者になった人，一定の業績を上げた人たちに共通に見られる資質・特性が析出されているが，これらの資質・特質を持っているがゆえに経営者・管理者になれた，経営者・管理者として高い業績を達成できたということが検証されているわけではない．

辻村（2001）が指摘しているように，経営者能力はいわば「事後的判定概念」であり事前に経営者能力を測定することはきわめて困難である．極論すれば，業績という結果によってしか経営者能力を判定することはできないとも言える．経営者にとっては「結果が全て」であり，優れた業績を上げた経営者が「高い経営能力を持つ経営者」とされるのが一般的である．もちろん企業業績は経営者にコントロールできない要因によっても左右されるが，最終的には業績により経営者能力を判断せざるを得ないであろう[2]．

4．経営者能力の育成

しばしば「経営者能力は先天的なものか，育成できるか？」ということが議論される．しかし「経営者能力は先天的なもので，育成できない」と考えたとたん，経営者育成の道は閉ざされてしまうことになる．問われるべきは「育成できるかどうか」ではなく，「どのようにすればより効果的に育成できるか」でなければならない．

4.1 MBA 教育

経営者能力の育成ということでまず念頭に浮かぶのは MBA（Master of Business Administration）であろう．経営のプロを育成するための実践的教育として欧米で長い歴史を持ち，MBA 取得者の中から多くの経営者を輩出してきている．このような「経営者能力育成と言えば MBA」という一般的な理解に対し，その問題点や弊害を厳しく追及するのがミンツバーグである．彼の著書『MBA が会社を滅ぼす』（2006）における「従来型 MBA」に対する彼の批判は次のような点にある．

① マネジメントの経験のない学生にマネジメントを教えることはできない．
ミンツバーグは次のように述べている．「組織の管理は複雑で繊細な仕事だ．ありとあらゆる無形の知識が必要とされる．しかしそういう知識は，実際の経

験を通じてしか学べない．実体験のない人間にそれを教えようとするのは，時間の無駄というだけではない．マネジメントを貶めることにもなる」(p.21)．

② 分析至上主義（分析あって統合なし）

マネジメントの本質は統合にあるにもかかわらず，MBA教育は財務，会計，マーケティングなどの業務機能の教育に陥っており，「ビジネス教育」ではあっても「マネジメント教育」とは言えない．ミンツバーグによれば「MBAとは『Management By Analysis（分析による経営）』の略である―というのは古くからあるジョークだが，実は笑いごとではまったくない」(p.53)．

③ マネジメントの傭兵によるマネジメント実務の腐敗

生産や販売の現場を知らない学生が，MBA取得者というだけで重役室に入り高給を得る仕組みができあがっている．「もっぱら分析の訓練だけを受けて，実際の生産やサービスに携わることなしに『追い越し車線』に乗って出世したエリートのリーダーに社会を任せるわけにはいかない」(p.94)とミンツバーグは警告する．彼らはどこでも通用するとされるテクニックを携えて高給が得られる職場を渡り歩く傭兵となり，自分の立身出世のために収益を操作し，会社や社員を食い物にする．

4.2　ミンツバーグのIMPM（国際マネジメント実務修士課程）

既存のMBA教育を痛烈に批判するミンツバーグはIMPM（International Masters in Practicing Management）というプログラムを開発・実践してきている．このプログラムの概要は次のようになっている（ミンツバーグ，2006：354-355）．

① 参加者は35歳～45歳の中間管理職以上の現役マネジャーで，所属企業・組織の費用負担で派遣される．

② 2週間のモジュールを5回行う．各モジュールでは，5カ国を巡回しながら，異なる5つの「マインドセット（思考様式）」を取り上げる．5カ国とは，イギリス，カナダ，インド，日本，フランスであり，5つのマインドセットとは，「省察」（自己のマネジメント），「分析」（組織のマネジ

メント），「世間知」（文脈のマネジメント），「協働」（人間関係のマネジメント），「行動」（変革のマネジメント）である．
③ モジュールで学んだことと参加者が所属する環境を結びつけるために，モジュール終了後，チュータリング（個別指導）を受けながらリフレクション・ペーパー（省察レポート）を執筆する．
④ 第2モジュール開始前には，セルフスタディ（自己学習）により，マーケティング，財務，会計などのビジネスの言語を学ぶ．
⑤ 第3モジュールと第4モジュールの間に「マネジャー交換留学」を実施し，参加者がペアを組んで1週間，お互いの職場で過ごす．
⑥ 全コースは16カ月（64週間）で終了する．

ミンツバーグによれば上記のような内容をもつIMPMは，参加者の成長だけでなく，行動を通じたインパクト（組織改善）と，教育を通じたインパクト（同僚の教化）という2つのインパクト（影響）を通じて派遣組織に便益・効果をもたらしていると指摘している．

確かにIMPMプログラムは周到に計画されたスケールの大きな経営者能力育成プログラムであり，参加する個人や所属組織に一定の成果をもたらすことは期待できる．しかし森本（2007）も指摘しているように，このプログラム参加に要する膨大な金銭的費用や長期間にわたり所属組織を離れるコストを考えると，「……組織内で既に育成され，実績を上げて，経営者になることを約束されたエリートに，いわば『仕上げ』の国際的サロンを提供しているだけではないか，との疑念を生み出す．そうであればIMPMは巨大多国籍企業のエリートを対象とした『帝王学』であり，有効であるが限定的で普遍性はきわめて低いと言わざるを得ないのではないか」（森本，2007：8）という指摘も否定できないであろう[3]．

4.3 企業内研修

近年，経営者の育成をビジネス・スクールのような外部機関に委ねるのでは

図表6-1 第2期（1997年度）経営セミナー

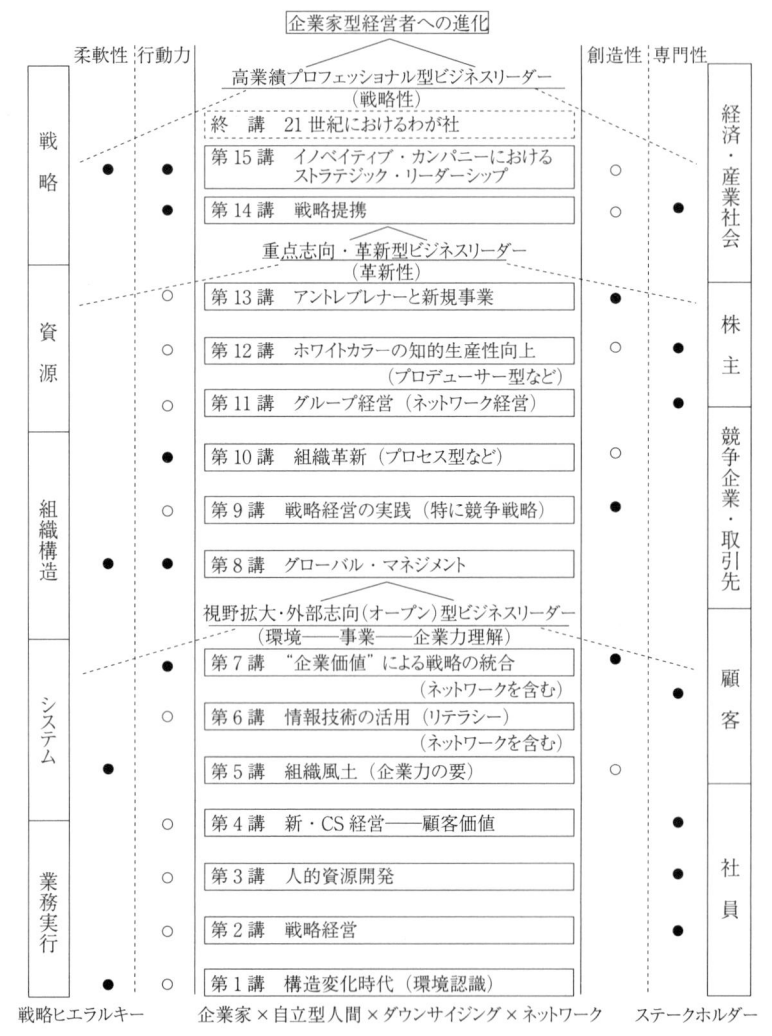

戦略ヒエラルキー	柔軟性	行動力	講座	創造性	専門性	ステークホルダー
戦略			高業績プロフェッショナル型ビジネスリーダー（戦略性）			経済・産業社会
			終 講　21世紀におけるわが社			
	●	●	第15講　イノベイティブ・カンパニーにおけるストラテジック・リーダーシップ	○		
		●	第14講　戦略提携	○	●	
			重点志向・革新型ビジネスリーダー（革新性）			
資源	○		第13講　アントレプレナーと新規事業	●	●	株主
	○		第12講　ホワイトカラーの知的生産性向上（プロデューサー型など）	○	●	
	○		第11講　グループ経営（ネットワーク経営）		●	
組織構造		●	第10講　組織革新（プロセス型など）	○		競争企業・取引先
		○	第9講　戦略経営の実践（特に競争戦略）	●		
	●	●	第8講　グローバル・マネジメント			
			視野拡大・外部志向（オープン）型ビジネスリーダー（環境——事業——企業力理解）			
システム			第7講　"企業価値"による戦略の統合（ネットワークを含む）	●	●	顧客
		○	第6講　情報技術の活用（リテラシー）（ネットワークを含む）			
	●		第5講　組織風土（企業力の要）	○		
業務実行		○	第4講　新・CS経営——顧客価値		●	社員
		○	第3講　人的資源開発		●	
		○	第2講　戦略経営		●	
	●	○	第1講　構造変化時代（環境認識）			

企業家×自立型人間×ダウンサイジング×ネットワーク

注1）4つのキーワード（柔軟性，行動力，創造力，専門性）欄の○●は，各講座の目的との関連を示す（○＞●）
注2）補講（講義のみ）として技術開発，リスク・マネジメント，リーダーシップ，BPRおよび各社事例
出所）鈴木哲夫「企業価値創造経営と企業家型経営者の育成」日本経営教育学会編『経営教育研究2—日本企業の多様化する経営課題—』1999：13

なく，企業内部で実施する動きがあり，「企業内大学」，「経営セミナー」，「経営塾」など様々な名称が用いられている．経営者や管理者など社内の人間が講師となったり，外部から講師を招くなどして，自社の戦略ニーズにマッチした仕事能力の育成や企業文化の浸透が図られている．

　企業価値創造経営を追求するHOYAでは，企業家型経営者の育成を目的としてExecutive Resource Development Programを実施してきた（鈴木，1999）．これは，内外にある約50の事業会社の業務執行役員を育成するためのプログラムであり，30代後半から40代前半の若手マネジャーを対象にしている．内容的には，経営のプリンシプルを中心とし，基礎から応用という形でステップを踏んで展開されている（図表6-1参照）．各セッションでは，講義で学んだ知識を活用して仮説を立て，グループ討議で同社のケースに落とし込んで議論し，検証する流れになっている．

　HOYAが企業家人材の要件として求めるのは，強い信念・高い志（ビジョン），先見性と仮説設定力，洞察・決断・実行力，グローバルなリーダーシップであり，こらの要件に照らして優秀と評価された者（10名程度）は，次のジュニアボード・ミーティングにすすむことになる．これは2カ月に1回程度開催され，同社の正式なボードにかけられる実際の経営課題を討議することを通じて，戦略的経営意思決定の訓練を行うことを目的としている．

5．人間教育

　伊丹（2007b）やミンツバーグ（2006）も指摘しているように，真のリーダーシップを発揮する経営者には「正当性」や「信頼感」が不可欠であり，それを生み出すのは究極的には人間的・人格的魅力である．この観点から注目される経営者教育として山城経営研究所が主催するKAE経営道フォーラムと，日本アスペン研究所が主催するエグゼクティブ・セミナーがある．

5.1 KAE 経営道フォーラム

「経営学は経営者能力育成の経営教育である」(山城,1990) という立場からプロフェッショナルとしての経営者を育成する「実践学としての経営学(経営実践学)」を追究した山城章は,経営実践学の研究方法として「KAE の原理」を提唱した.K は知識(Knowledge),A は能力(Ability),E は経験(Experience)であり,経営主体である経営者が,マネジメントの知識(原理)と経験(実際)を基盤にしてマネジメント能力(実践)を啓発することを意味している(図表6-2参照).

山城は,経営者能力育成は自己啓発による全人教育であるとして次のように述べている.「経営実践の主体者である経営者の能力開発は,単なる知識の教育や,また実際家のスキルなどの訓練にとどまるものではなく,知識K および経験E を原理とし,またそれを基盤としつつ全人的に啓発されるものである.…(中略)…つまり全人的なものをいわゆる『知・情・意』で表せば,経営学研究は単なる主知主義的,科学的であるだけではなく,情・意を含めた全人学習ともいうべき能力開発を必要とするのである」(山城,1990:11).

山城は,1972年に山城経営研究所を設立し,1986年に「KAE 経営道フォーラム」を開講した[4].これは企業派遣の部長以上のマネジャーを対象とし,半年を1期として行われる研修であり,次のような理念・特徴を持っている(西田,2006:4).

① 次代を担うプロフェッショナルな経営リーダーの在り方を学ぶ.
② 明日の経営の在り方を探究し,世界に通用する日本経営の確立を目指す.
③ 社内(業界内)に企業革新・経営革新を起こすきっかけを掴む.

図表6-2　KAE の関係原理

```
┌─ K=Knowledge  =  知 識  =  原理
├→ A=Ability    =  能 力  =  実践
└─ E=Experience =  経 験  =  実際
```

出所)山城,1990:10

④ 志を共有したプロフェッショナルな経営者のネットワークを創り，生涯学習と社会的実践に努める．
⑤「教える」のではなく，優れた講師の講演や経験豊かなコーディネーターの指導の下でのチーム研究を通じて，飽く迄も，受講生が自ら「物事の本質を学び，気付き，創造して，自己革新を図る」．

　具体的には，業種，経営規模，ポジション，世代，性別の異なる混成チームをテーマ毎に編成し，コーディネーターの下で集団的に討議することを通じて，価値観の多様性を学び，自らの価値観（座標軸）を確立する「経営の心と道」を探究している．開講以来すでに第50期を経過し，修了生は2,000名以上に達している．

5.2　日本アスペン研究所の「エグゼクティブ・セミナー」

　1949年，アメリカのコロラド州アスペンにおいて開催された「ゲーテ生誕200年祭」において，シカゴ大学総長であったロバート・ハッチンス（Hutchins, R.M.）は「"対話の文明"を求めて」という有名な講演を行った．この講演においてハッチンスは，知識の専門化（specialization）がもたらす人間的価値観の「瑣末化」（trivialization）に対する危機感を表明し，無教養な専門家による脅威こそわれわれの文明にとって最大の脅威であるとして，「人格教育」の必要性と相互理解・尊敬に基づく「対話の文明」を訴えたのであった．

　この講演で提起された専門化と細分化，職能主義，効率主義，短期利益主義などの飽くなき追求により失われていく人間の基本的価値観やコミュニケーション，コミュニティなどを再構築するという問題意識がアスペン・セミナーの原点となった．アスペン・エグゼクティブ・セミナーはその中核的事業であり，哲学書や思想書などの古典の精読を媒介にした知的交流の場を提供する「教養主義」を特徴としている．

　アスペン研究所は，アメリカ以外に，ドイツ（ベルリン），イタリア（ローマ），フランス（リヨン），インド（グルガオン），ルーマニア（ブカレスト），日本（東

京）などに設置されている．日本アスペン研究所は1998年に設立され，「古典」という素材と「対話」という手段を通じて，理念や価値観をもう一度見つめ直し，今日の課題に照らして思索しながら将来を展望するための場を提供し，人々のリーダーシップ能力の醸成に寄与することを使命としている．

同研究所の会長を務める小林陽太郎は，日本が短期的に経済的な強みを作り出したものの，"技術優先"の世の流れと"即戦力"を求める企業姿勢の中で，日本的瑣末化と専門化がとどまることを知らず進行していることに警鐘を鳴らし，「透徹した洞察力とトータルな視点をもって，獲得した技術知を真に人間的な知に高める方途を探り続けなければなりません．原典や古典に思索の糧を求め，自らの判断と行動，思想の支柱に磨きをかけることを期待しております」（日本アスペン研究所案内，p.2）と述べている．

アスペン・エグゼクティブ・セミナーの対象者は，企業の役員・幹部社員，官公庁やNPO・NGOの幹部などであり，5泊6日の日程で開催される．プログラムは「世界と日本」，「自然・生命」，「認識」，「美と信」，「ヒューマニティ」，「デモクラシー」の6つのセッションで構成されており，人間，文化，社会，自然，世界が直面する問題について，普遍的価値に根ざした対話をしながら思索を深めるようになっている．

セミナー参加者は，約2カ月前に配布される500頁ほどのテキストを読んだ上でセミナーに参加する．このテキストは，西洋および東洋の哲学書・思想書のエッセンスを編集したもので，次のような文献が含まれている．

西洋の文献としては，プラトン（Plato）の『ソクラテスの弁明』，アリストテレス（Arithtotle）の『ニコマコス倫理学』，デカルト（Descartes, R.）の『方法序説』，カント（Kant, I.）の『永遠平和のために』，ベーコン（Bacon, F.）の『学問の促進』，ダーウィン（Darwin, C.R.）の『種の起源』，ハイゼンベルク（Heisenberg, W.K.）の『部分と全体』，旧約聖書，新約聖書，アメリカ独立宣言，トクヴィル（Tocqueville, A.）の『アメリカにおけるデモクラシー』，ロック（Locke, J.）の『市民政府論』，カーソン（Carson, R.L.）の『沈黙の春』など20

数編が含まれている.

東洋の文献としては,『古事記』,孔子の『論語』,道元の『正法眼蔵』,岡倉天心の『東洋の理想』,福沢諭吉の『学問のすゝめ』,和辻哲郎の『鎖国』,坂口安吾の『日本論』など10数編が含まれている.

セミナーの各セッションでは,卓越した見識を持つ各界の「モデレータ」が,参加者間の対話を活性化し,適切な方向に導く役割を演じる.また,学会,実務界,官界の碩学たちが「リソース・パーソン」となり,それぞれの専門分野の立場から,対話の質を高め,節度ある助言を行う.

このように「古典」を素材として自らの思考を鍛え直し,「対話」を通じて他者の思考を理解し,新しい視点や多元的視点を形成することが意図されている.これは,かつて旧制高校で行われていたリベラルアーツに通じるが,単に古典を教養知として身につけるのではなく,古典が伝えるメッセージを現代社会・現実社会と関係づけ,未来を考える視座を得ることが強く意識されている.

以上紹介したような山城経営研究所の「KAE経営道フォーラム」やアスペン研究所の「エグゼクティブ・セミナー」は,MBAやビジネス・スクールでの実用的な経営教育の対極に位置づけられるものであり,一見,遠回りで実践的でないと思われるかもしれない.しかし,日々,不確実性の大きな状況下で孤独な決断を求められる経営者にとって,大局観と確固たる信念に基づいて行動するための強固な拠り所を提供してくれるのは,まさにこのような全人格的な人間教育なのである.

6. むすび

ドラッカー(Drucker, P.F.)は『経営者の条件』(2006)の冒頭で次のように述べている.「私がこれまでの65年間コンサルタントとして出会ったCEO(最高経営責任者)のほとんどが,いわゆるリーダータイプでない人だった.性格,姿勢,価値観,強み,弱みのすべてが千差万別だった.外向的な人から内向的

な人，頭の柔らかな人から堅い人，大まかな人から細かな人までいろいろだった」(ドラッカー，2006：2).

　要するに現実の経営者はいずれもそれぞれ個性的な存在であり，多くの論者が指摘しているような「経営者が持つべき資質・能力」を兼ね備えた「理想の経営者タイプ」とは程遠い存在のようである.

　特定の資質や能力を持っているからといって経営者になれたり，経営者として成功するわけではない．それは経営者能力というものが特定の資質や能力に因数分解できない総合的能力であるからに他ならない．経営することは不確実性・複雑性・曖昧性の中で，孤独に耐え，道を切り開いていく難儀な仕事である．このような職務・使命を果すために必要な要件を一つだけあげれば，何事にも動じない「胆力」ということになるであろう．東洋大学経営力創成研究センターが行ったアンケート調査によれば，「トップ経営者になるための資質」として最も重要とされたのは「胆力（人間としての器）」であった（東洋大学経営力創成研究センター，2011：32）．また，野村総合研究所と野村マネジメント・スクールの調査でも，「次世代経営人財に求められる能力」として，第1位が「決断力・度胸」(54.7%)，第2位が「創造性」(48.2%)，第3位が「責任感・不退転の決意」(36.5%) である（野村総合研究所，野村マネジメント・スクール，2011：49）．

　これらの調査を踏まえれば，経営者育成のためには「修羅場をくぐらせる」ことが不可欠であることが分かる．グループ子会社や海外子会社のトップを経験させ，修羅場を経験させることが経営者育成・経営者能力育成のために重要となると考えられる．

（松本　芳男）

注

1）伊丹も優れた経営者は何時の次代にもいることは認めているが，総量が足りないと言っている．日本企業の社長の多くが，本当に社長らしい仕事をしているのではなく，「社長ごっこ」をしているに過ぎないとさえ述べている．このような社長は，「自分は能力があって社長になった」と思い込み，能力を確かめたくなり，

かっこよく業績を上げることを考えるが，それが難しい現実に直面すると，自社の社員をけなし，現場から遊離していくという過ちを犯すとされる（伊丹, 2007a：5-7）．
2）1981年に GE（ゼネラル・エレクトリック社）の CEO（最高経営責任者）になったジャック・ウェルチ（J. Welch）は，1986年までの間に232の事業を売却し，30の工場を閉鎖し，従業員40万人の30％に当たる約12万人の人員整理を断行した．当時，GE の経営状況が順調であったにもかかわらずこれだけの人員整理を行ったウェルチに対して，当時のマスコミは「ニュートロン・ジャック」（建物は破壊せず，中の人間だけを殺戮する中性子爆弾のような経営者）というニックネームを与え，批判的な報道を展開した．しかし，在任20年間の間に，巨大企業 GE の売上高を5.2倍，純利益を8.4倍，株式時価総額を30倍以上とする業績を残して2001年に退任するときには，ウェルチは「アメリカ最高の経営者」どころか「20世紀最高の経営者」という賛辞さえ贈られた．ベンチャー企業ならいざ知らず，GE のような巨大企業をこれだけ成長させた実績を突きつけられると，このような賛辞も受け入れざるを得なくなる．経営者は業績を上げれば，評価・名声は後からついてくるものなのである．
3）IMPM プログラムの授業料は＄45,000＝約540万円，学位取得費＝＄6,750＝約81万円，期間中の生活費＄12,000＝約144万円，この他，世界を駆け巡る航空運賃等が必要であるという（森本，2007：8）．
4）山城は「経営道としての経営学」について次のように述べている．「実践の学としての経営学は，『経営道』という言葉で表してもよい．……剣道は，剣術の道をきわめることであり，剣術の能力を高めることである．剣道の実践性を高めるために教育をする．それは能力育成という教育である」（山城, 1990：6）．

参考文献
伊丹敬之（2007a）『良き経営者の姿』日本経済新聞社．
伊丹敬之（2007b）『経営を見る眼』東洋経済新報社．
大沢武志（2004）『経営者の条件』岩波新書．
菅野　寛（2005）『経営者になる　経営者を育てる』ダイヤモンド社．
坂本藤良（1979）『現代経営者の意識と行動』日本綜合教育機構．
佐山展生（2008）『企業価値向上論講義　「社長の器」』日本経済新聞社．
清水龍瑩（1995）「経営者の人事評価(I)―経営者能力―」『三田商学研究』第38巻第4号．
鈴木哲夫（1999）「企業価値創造経営と企業家型経営者の育成―HOYA の事例を通して―」日本経営教育学会編『経営教育研究2　日本企業の多様化する経営課題

—』

辻村宏和(2001)『経営者育成の理論的基盤—経営技能の習得とケース・メソッド—』文眞堂.

東洋大学経営力創成研究センター(2011)「日本発経営力の創成と『新・日本流』経営者・管理者教育に関するアンケート調査中間報告書」

冨山和彦(2007)『会社は頭から腐る』ダイヤモンド社.

日本アスペン研究所案内(2009)『アスペン・フェロー』no.18,日本アスペン研究所創立10周年記念号.

野村マネジメント・スクール／野村総合研究所(2011)『トップが語る 次世代経営者育成法』日本経済新聞社.

西田芳克(2006)「刊行に当たって」山城経営研究所『経営の明日を探る』山城経営研究所創立35周年,「経営道フォーラム」開講20周年記念,「KAE情報」精選集・第一集.

松本芳男(2011)「経営者教育の在り方」東洋大学経営力創成研究センター『経営力創成研究』第7号.

森本三男(2007)「経営者教育：MBAコースとその対極」『創価経営論集』第31巻第3号.

山城章(1990)「実践学としての経営学」日本経営教育学会 経営教育ハンドブック編集委員会編『経営教育ハンドブック』同文舘.

Drucker, P.E. (1967) *The effective executive*, Harper & Row. (上田惇生訳 (2006)『経営者の条件』ダイヤモンド社).

Mintzberg, H. (2004) MANAGERS NOT MBAs, Berrett-Koehler. (池村千秋訳 (2006)『MBAが会社を滅ぼす—マネジャーの正しい育て方—』日経BP社).

第7章
経営者教育におけるリーダーシップ開発論とサーバント・リーダーシップ論

1．はじめに

　マネジメントにおいて最も重要なことはリーダーとしての経営者が適切なリーダーシップをとって組織目標を効果的に達成することである．従って，経営者の仕事は極論すればリーダーシップであるといえよう．本書ではこれまでのリーダーシップ論の展開を概観し，初期のリーダーシップ論から現代のリーダーシップ論までにどのような理論的展開と進歩があったのかを明確にしたうえで，新しいリーダー育成法としての「リーダーシップ開発論」の観点から，「リーダーは生まれつきではなく，育成できる」（McCall, 1988）との考え方に立脚して，リーダーシップ「発生・発現」の中核にある要素について検討する．

　また，本書では，リーダーシップ発現のプロセスとその構成ファクターを明らかにする．つまり，リーダーシップ発現の3つのプロセスを通じて，「コミュニケーション」，「リーダーシップコア」，「ケミストリー」，「クリエイティビティ・スペース」の4つのファクターを抽出する．フォロワー側に裁量の余地が与えられている状況において，リーダーとフォロワーの間に良好な交流が持たれたうえで，リーダーとフォロワーの相性が良ければ，リーダーが有する「ついて行くに足る資質（リーダーシップコア）」をフォロワーが承認するというメカニズムが働いて，リーダーシップが発現することになる．

　従って，リーダーである経営者の育成は，リーダーシップコアを有すると思われる人材を選抜し，適切なタイミングで意図的に「一皮むける経験」を積ませることにより開発されることになる．その意味では，経営者になるためのリーダーシップ論としてはリーダーシップに関する資質論と行動論の双方の研究

が必要である．

　さらに，サーバント・リーダーシップ論は，上に立つ人こそ，みんなに尽くす人でなければならないという考え方に基づいており，リーダーシップの真髄といえよう．本当のサーバント・リーダーシップは，決して召使いではなく，リーダー自身が達成すべきビジョンや夢に対して強い使命感を持ち，それを実現するために自らの意思でサーバントに徹するのである．サーバントといっても，部下たちに媚びるのではなく，また，部下たちの言うがままになって従うのでもない．

2．リーダーシップの類型とその展開

　リーダーシップの研究はこれまで多くの学者によって行われてきた．本稿では，まずリーダーシップを「組織の人間が組織目標を達成するように方向づけたり動機づけたりする影響力あるいは影響プロセス」として定義しておこう (Greenberg & Baron, 2000). それらの研究は内容的に大別すれば，次の3通りに分けられよう．一つ目は，リーダーシップの発揮に必要な個人的資質や能力（ある種の生得的な特質）に関わるリーダーシップ資質論である．二つ目は，リーダーシップを発揮する際にリーダーが行う行動に焦点を当てたリーダーシップ行動論である．三つ目は，それ以降に出現した「新しいリーダーシップ論」である．

2.1　リーダーシップ資質論

　リーダーシップ資質論は，優れたリーダーは何か共通の個人的資質や特性を持っているという考え方に立脚した最も古くから行われている研究である．リーダーとなる人間は一般の人とは異なる特殊で生まれながらにして持つ身体的ないし人格的な特性を有しており，その特性ゆえに他人に影響力を行使できると考えるのである．リーダーシップ資質論の研究のポイントは，組織集団を率

いることに成功するリーダーとそうでない人との間には個人的資質や特性の違いがあることを明らかにすることである．個人的資質についての測定では，身長，体格，外見，健康等の身体的特性，内向性，外向性等の精神的特性，適応性，創造性等の性格的特性，知能，知識，雄弁さ，判断力等の知的特性，活動力などの行動的特性等が対象項目となっている（波頭，2008）．

また，この研究は，歴史上偉大なリーダーであった人物（例えば，諸葛孔明，徳川家康，リンカーン，ガンジー，ケネディ等）の研究（偉人理論ともいう）と，歴史上それほど有名な人物ではないが「リーダー」と言われる人々を対象とする2通りがある（上出，2003）．

しかし，これらの研究では対象になった資質・特性とリーダーシップの関係は研究者間で一貫しないか，一貫していても余り強い相関がないという結論（Stogdill, 1972 ; Mann, 1959）になっており，どれもリーダーとして成功するための必然的資質を発見するまでには至っていない．

さらに，この立場の研究ではいかにしてそのような資質を持つ人を探すかという問題に帰着し，資質がなければそれで終わりと主張する学者が多い（例えば，伊丹・加護野，1989）．リーダーとしての資質や特性がない人が経営者になった場合のことを考えれば，あながち排除することのできない立場であるが，少数の学者（例えば，Lord他，1986）は今日でもこの立場の研究を支持している．

2.2 リーダーシップ行動論

リーダーシップ行動論では，リーダーとして必要な行動を明らかにすることによって，リーダーの行動原則が明らかになり，それに則ればリーダーは教育して育成できると考える．つまり，リーダーシップの有効性はその人がどのように行動するかによって決まるのであり，リーダーを探すことになるリーダーシップ資質論とは違って，リーダーは育成することが可能であるという立場をとる（中村，2010）．

(1) 古くはオハイオ州立大学の研究とミシガン大学の研究がある．前者におい

ては効果的なリーダーシップは「構造形成」と「人間配慮」の2つの次元から，仕事と人間関係の両方に配慮することが重要と結論している．後者では，「生産志向性」と「従業員志向性」の2つの次元から人間関係に配慮することだけが重要との結論に達している．また，ミシガン大学のリカート（Likert, 1961）は，リーダーシップ・スタイルを専制型，温情型，相談型，参加型の4種類に分け，このうち長期的にみて最も低い生産性の組織は専制型であり，最も高い生産性の組織は参加型であると結論づけている．彼によれば，参加型リーダーシップを特徴づける根本的原則は，① 指示的関係の原則，② 管理の集団方式の原則，③ 高い業績目標の原則に求められる．

(2) マネジメント・グリッド論

ブレイク＝ムートン（Blake & Mouton, 1979）によるこの研究では，横軸に管理者の生産業務に関する関心度，縦軸に人間に関する関心度をとり，両軸をそれぞれ9等分に分け（9×9＝81），合計81の区画（グリッド）を管理スタイルを分析する枠組みとして設定している．座標軸の左下隅の (1,1) に位置するグリッドは生産業務への関心度，人間への関心度ともに低い無関心型，同じく右下隅の (9,1) に当たるのが生産業務だけに関心のある権威服従型，左上隅の (1,9) は人間だけに関心があるカントリークラブ型，真ん中に位置する (5,5) は両方共に関心が中庸である組織人間型，最後に右上隅の (9,9) は両方共に一番関心が高いチーム管理型とそれぞれ命名している．この5種類の管理スタイルのうち，最後のチーム管理型に属する管理者がリーダーとして一番望ましいと述べている．

(3) PM 理論（Performance and Maintenance Theory）

この理論は大阪大学の三隅二不二（1978）が提唱した理論で，リーダーシップはパーフォーマンス（目標達成能力）とメインテナンス（集団維持能力）という2つの能力要素で構成され，目標設定や行動計画立案などによる目標達成

能力とメンバー間の人間関係を良好に保ち,集団のまとまりを維持する能力の大小によってリーダーを4つのタイプに分類して,集団の生み出す成果を比較している.結果的に上記2つの能力がともに高いリーダーシップが最も望ましいと結論づけている.

(4) **リーダーシップの条件適合論**

それまでのリーダーシップ論は資質論にせよ行動論にせよ,どのような状況に置かれた集団においても普遍的に有効なリーダーシップを追求してきたが,条件適合論では,集団の置かれた状況や集団が従事する作業の内容が変われば最適なリーダーシップも変わってくるという考え方をとる.

この先駆けとなった研究はフィドラー(Fiedler, 1967)のLPC(Least Preferred Co-worker)質問表による研究である.この研究からの含意は,リーダーシップへの影響が最も大きいのは,リーダーとフォロワーの関係であることを明らかにした点である.また,両者の関係が極めて望ましい状況下とその反対の場合には低LPCスコアの課業志向型リーダーがより高い有効性を発揮し,その関係が中間の状況では高LPCスコアの人間関係志向型リーダーがより高い有効性を発揮するというものである.つまり,リーダーシップ・スタイルの有効性は普遍的に決まるものではなく,それが条件に適合しているかどうかによって決まるのである.

(5) **状況的リーダーシップ論(SL理論)**

条件適合論の展開版である.ハーシーとブランチャード(Hersey & Blanchard, 1977)によるとリーダーシップにとって最も影響力のある状況要因はフォロワーの成熟度(maturity)であるという.この成熟度には課業遂行に関する意思(動機)と技能(能力)の2つの要素が関係しており,フォロワーとの関係の支援を行う人間関係的行動と課業指示を行う課業的支持行動の2軸からなるマトリックスによって4つのリーダーシップ・スタイルを提示してい

る．すなわち，両行動がともに低くてフォロワーの成熟度が高い場合には課業遂行に多くの責任を委譲する権限委譲的リーダーシップが有効であり，人間関係的行動の程度は高いが課業的支持行動の程度は普通である（フォロワーの成熟度は中程度）場合は人間関係的行動を中心とする参加的リーダーシップや課業的支持行動と人間関係的行動の両方を行う説得的リーダーシップが有効であり，人間関係的行動の程度が低くて課業的支持行動の程度が高い（フォロワーの成熟度が低い）場合は課業的支持行動を中心とする教示的リーダーシップが有効であることを明らかにしている．

2.3 新しいリーダーシップ論

(1) LMX 理論 (Leader-Member Exchange Theory)

ディネシュ＝ライデン（Dienesch & Liden, 1986）らにより提示された理論である．これまでの理論ではリーダーはフォロワー全員を均等に扱うことが前提になっていたが，現実にはリーダーは一部のフォロワーを内輪の人間（in-group），他を外集団（out-group）として扱う点に注目している．また，VDL理論（Vertical Dyad Linkage Theory）もLMXと理論的展開が類似しており，リーダーは一人ひとりのフォロワーとの間に密度が異なる1対1の上下関係を有することを前提とする理論を展開している．

(2) 経路目標理論 (Path-Goal Theory)

「リーダーがフォロワーの組織目標達成に関するモティベーションをいかに高めるかという点に焦点を当てたリーダーシップ論である（上田，2003）」．モティベーション論の一つである期待理論（Expectancy Theory）が基盤となっている．期待理論によれば，フォロワーのモティベーションの大きさを決める基本的要素は内的報酬と外的報酬の誘発性（valence）とそこから得られる期待である．経路目標理論におけるリーダーシップでは，課題志向性が強い指令型，課題志向性と人間関係志向性の両方が強い達成志向型，それらがともに中間的

な参加型,人間関係志向が強い支援型の4つが条件適合的に有効性を有すると結論づけている.

(3) リーダーシップの帰属理論 (Attribution Theory)

これまでのリーダーシップ論では,リーダーシップを課業志向と人間関係志向の2次元から考える伝統的なアプローチが多く,両方の志向に関心を持つリーダーが一般的に優れたリーダーと考えられていた.しかし,帰属理論では,集団が好業績を達成したとき,たまたまリーダーがこのイメージに合致すれば,そのようなリーダーシップに集団や組織の好業績を帰属させ易かっただけのことだと考える.また,その反対に集団や組織が低業績に陥るとその原因を課業達成だけに関心を示すリーダーに帰属させていると批判している (Pfeffer, 1977. Meindl, et al., 1987).

(4) 変革型リーダーシップ論

変革(革新)型リーダーシップ論では,従来の組織を効率的に管理する人がリーダーであり,マネジャーであるとの暗黙の前提と一線を画するものである.そのため従来の研究が想定していたリーダーシップを「交流型(取引型)リーダーシップ」として位置づけ,この変革型リーダーシップと対比している.例えば,交流型リーダーシップではフォロワーがリーダーに従うことによって得る報酬は金銭的,物質的なものが主であるが,変革型リーダーシップではフォロワーが得る報酬はリーダーおよび組織の使命が実現できたという集団的,精神的報酬が主であると主張する.変革型リーダーシップの特徴を示せば次の通りである (Kotter, 1996).

① 魅力あるビジョンを作りだし,それを明確にフォロワーに伝えることができる.

② ビジョンを実現化する戦略を構築し,それが現実に達成できる期待をフォロワーに抱かせることができる.

③　フォロワーとの間に人間的ないし感情的な絆を結んで，彼らからより多くの貢献を引き出す．
　④　フォロワーにとって理想の役割を演じることができる．
　この変革型リーダーシップはカリスマ型リーダーシップやビジョナリー・リーダーシップとも相通じるものがある（上田，2003）．

3．リーダーシップ開発論

　アメリカ金融界のサブプライムローンの失敗に端を発する世界同時不況ともいうべき今日の経済情勢下において多くの企業は従来の古いやり方での事業運営を抜本的に改める大きな企業変革が求められている．そこで必要とされるのが「変革型リーダーシップ論」である．決められた業務を執行するだけのマネジャーではなく，変革の先頭に立ちフォロワーを統率していくリーダーの資質と行動が重視され，研究対象となる．それではそうした変革型リーダーをどのように育成すればよいのであろうか．それにはリーダーシップそのものを分析したり，発生のファクターを体系化するだけでなく，リーダーがどのようにして育ったのかを研究し，リーダー育成の方法を実践的に探求しようとする「リーダーシップ開発論」が必要になる．
　学問的にも実践的にもリーダーがどのように育成されるのかについて探求した結果分かったことは，「成功したリーダーは，経験を通じて一皮むけ大きく成長している」という事実である（波頭，2008）．この事実こそ，初期のリーダーシップ特性論が見い出せなかったリーダーシップ固有の特性なのではないかと考えられる．つまり，リーダーの特性とは，「経験から学ぶことができる」ということである．そこで経験から学ぶことのできる能力を持つ人を見い出して，適切な経験を積ませることでリーダーを開発するという新しいリーダー育成法がこの「リーダーシップ開発論」である（MaCall，1988）．

3.1 リーダーの育成

　リーダーの育成には「一皮むける経験をさせる」ことが必要であることは，経営者として成功した人々の多くが，そのような経験によってリーダーシップを身につけることができたという実感を持っていることからも，この方法論の妥当性が十分に説得力のあるものと考える．

　しかし，組織行動論や人材開発論などの学問的，科学的な立場からすると，それが実務的に妥当性があるからといって，「有能なリーダーを育成するためには一皮むける経験をさせればよい」というだけでは少々乱暴である（波頭，2008）．一皮むける経験の中でどのようなメカニズムによってどのような資質要素が養われるのか，一皮むける経験とは，どのようなタスクをこなすことなのか，一皮むける経験なしにリーダーシップを身につける方法は他にないのか，といった「ブラックボックス的側面」の中身の解明が必要になろう．

　その際，前節でもみてきたように，今日のリーダーシップ論ではリーダーの有するリーダーシップ「発生・発現」の核心的ファクター（これをリーダーシップコアと呼ぼう）をいかにフォロワーに効果的に認識させることができるかという観点も重要になろう．リーダーシップコアとは一言でいえば，フォロワーがついて行くに足ると認識するリーダーの資質や行動である．

3.2 リーダーシップコアの3要素
(1) 能力

　リーダーシップ発生・発現の核心的ファクターとしてのリーダーシップコア，つまりフォロワーがリーダーについていこうと思うための必要不可欠な3要素の一つがリーダーの能力である．具体的には，チームを成功に導くのに必要な能力，組織目標の達成に必要な能力である．これには主として「意思決定力」と「行動力（実行力）」の2つが考えられる．

　前者は知識と論理的思考力と胆力によって形成されると考えられる．さらに，いかに適格な意思決定をしてもフォロワーにそれを正確に説明し，理解・納得

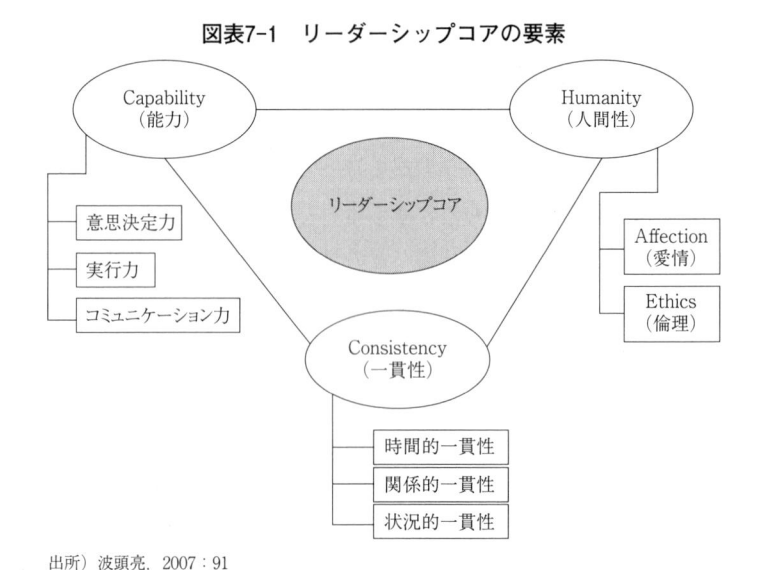

図表7-1　リーダーシップコアの要素

- Capability（能力）
  - 意思決定力
  - 実行力
  - コミュニケーション力
- Humanity（人間性）
  - Affection（愛情）
  - Ethics（倫理）
- Consistency（一貫性）
  - 時間的一貫性
  - 関係的一貫性
  - 状況的一貫性

中央：リーダーシップコア

出所）波頭亮，2007：91

してもらうためには「コミュニケーション力」も必要になろう．

(2) **人間性**

　リーダーがいかに能力的に優れていてもそれだけではフォロワーはついて行こうという気持ちにはならない．フォロワーがこのリーダーならついて行きたい，人間関係を深めて行きたいと思うのはリーダーの「人間性」である．この人間性には自分のことを思いやってくれる「愛情」の側面とリーダー自身の「倫理」の側面の2つがある．

(3) **一貫性**

　一貫性とは，リーダーの思考と行動スタイルがいついかなる場合もブレないということである．これは能力面でも人間性の面でも安定していることでもある．仕事でのパフォーマンスや言動に一貫性がなければフォロワーからの信

頼は得られない．この一貫性には「時間的一貫性」，「関係的一貫性」，「状況的一貫性」などが考えられる（波頭，2008）．以上のリーダーシップコアの構成要素について図解すれば図表7-1のようになる．

4．リーダーシップ発現のプロセスとその構成ファクター

本節ではリーダーシップ発現のプロセスについて考察したい．また，リーダーシップ発現の構成要素（ファクター）として，リーダーシップコアの他に，フォロワーとのコミュニケーションやケミストリー（相性），さらにはクリエイティビティ・スペース（フォロワー側の裁量の余地）を取り上げたい．

リーダーシップは，「フォロワーが目的に向かって自発的に動き出すのに影響を与えるプロセス」であるといえる．それは，リーダーによるフォロワーの啓発と動機づけによって組織集団を動かす方法論である．リーダーが掲げるビジョンとそれを達成しようとする言動によって，フォロワーの気持ちに賛同への変化が生じ，自主的にリーダーについて行こうという気持ちになる．そして，フォロワーが実際にリーダーについて行く行動をとることでリーダーシップが発現したことになる．これがリーダーシップ発現のプロセスである．このプロセスは以下の3つの段階に分けて考察することができる．

【第1段階（コミュニケーション）】

第1段階では，リーダーとフォロワーのコミュニケーション（交流）をリーダーシップ発現に必要なファクターとして挙げることができる．人と人との関係性を形成するものはコミュニケーションであり，リーダーとフォロワーとの交流なしにはリーダーシップの発現は生じ得ない．

ちなみに，この場合のコミュニケーションのあり方には，2つの側面がある．コミュニケーションの質的側面と量的側面である．質的側面とは，両者間のコミュニケーションがリーダーシップの発現に効果的なものかどうかという側面であり，量的側面とは，両者間でどのくらいの接点とやり取りが持たれるのか

という側面である．いかに効果的なコミュニケーションが図れるかどうかの質的側面は，主としてリーダーの姿勢とコミュニケーションスキルによって決まるであろう．その意味で，リーダーシップ発現のためには，「良好な」コミュニケーションが必要である．また，量的側面についても，リーダーシップの発現に大きな影響を及ぼす．両者の接触が短いと，フォロワーは「このリーダーについて行きたい」という思いが生じるまでには至らない．さらに，コミュニケーションの量は，組織サイズや組織運営のルールといった組織運営体制によっても影響を受ける．

【第２段階（発生）】

次のステップは，フォロワーの心の中に「このリーダーならついて行こう」という意思が発生する段階である．つまり，フォロワーの中にリーダーについて行こうという心理の変化が生まれる段階である．これは第１段階や現実にリーダーシップが発現する第３段階のように外から観察できないので見逃されがちであるが，実は，リーダーシップ発現のプロセスにおいて最も重要なのがこの第２段階である．

リーダーがフォロワーに対していかに頻繁にかつ長時間にわたって交流しようが，フォロワーがついて行こうという気持ちにならなければ，リーダーシップの発現はない．従って，リーダーシップ発現のメカニズム解明の核心は，どうしてフォロワーはリーダーについて行こうと決心するのかを明らかにすることである．

フォロワーがそのように決心するための要件は，「そのリーダーについて行くに足る資質がある」と認識する点にある．この点を認識してこそ，フォロワーは組織の規則やルールを超えてでも自分がついて行くべき対象として，そのリーダーに従う意思が生じるのである．リーダーの持つこの「ついて行くに足る資質」というのは，リーダーシップの発現を決定づける核心の要素，つまり「リーダーシップコア」である．それはリーダーシップ発現の最重要ファクターである．

第7章 リーダーシップ開発論とサーバント・リーダーシップ論　155

　それでは，リーダーが優れたこの「リーダーシップコア」を有していれば，リーダーとフォロワーの関係性において必ずリーダーシップが発現するかといえば，そうではない．それには2つの条件が必要である．一つは先に説明した両者間のコミュニケーション・プロセスの必要性であり，もう一つはリーダーとフォロワーの相性（ケミストリー）である．リーダーが能力的にも人格的にも優れた資質を有していたとしても，実際にはすべてのフォロワーが同じようにそのリーダーについて行くとは限らない．リーダーのどのような言葉に感銘を受け，どのような行動を高く評価するかは，フォロワーの性格や価値観によって個人差がある．「ケミストリー（相性）」は，人間と人間の性格の適合性の度合いによって決まる．相性がよければ相手の言動を肯定的，好意的に解釈するし，相性が悪い場合は反対に否定的に解釈する傾向がある．従って，両者の相性がよければ，フォロワーはリーダーの持つリーダーシップコアを肯定的，積極的に受け止めて，リーダーシップは発現しやすくなるといえる．従って，この第2段階が示すリーダーシップ発現の重要ファクターとしては，「リーダーシップコア」と「ケミストリー」ということになる．

【第3段階（発現）】
　リーダーシップ発現の第3ステップは，実際にフォロワーがリーダーについて行く行動をとる段階である．動機づけの観点からみると，規則やルールに従って行動するのは，外部からの強制に基づいた外発的動機づけである．これに対して，自らの意思に基づいてこのリーダーについて行こうとするのは内発的動機づけである．この内発的動機づけが成立するための最も重要な要件は，自己決定権の存在である．
　自己決定権というのは，自分で決めることのできる裁量権といってもよい．これがリーダーシップ発現の重要な要件である．逆説的にいえば，この自己裁量権がなければ第3段階のリーダーについて行くという自発的行動をとることだけでなく，第2段階の「このリーダーについて行こう」という意思も発生しにくくなってしまう．自分の意思で自分の行動を決められる余裕がない状況で

図表7-2　リーダーシップ発現のプロセスとその構成ファクター

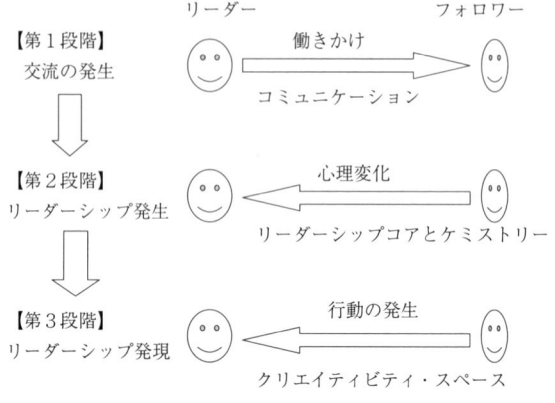

【第1段階】　　　　リーダー　　　　　　　フォロワー
交流の発生　　　　　　　働きかけ
　　　　　　　　　（😊）⟹（😊）
　　　　　　　　　　　コミュニケーション
　　　　⇓
【第2段階】　　　　　　　　心理変化
リーダーシップ発生（😊）⟸（😊）
　　　　　　　　　リーダーシップコアとケミストリー
　　　　⇓
【第3段階】　　　　　　　　行動の発生
リーダーシップ発現（😊）⟸（😊）
　　　　　　　　　クリエイティビティ・スペース

出所）波頭，2008：50を参考に筆者作成

は，自らこうしたいという意思を持とうとする心の動き自体が抑制されてしまう．

　自己決定権は，業務遂行や日常行動におけるその人の自由度である．すなわち，クリエイティビティ・スペース（creativity space）とでもいえるような創意工夫の範囲や裁量の余地をもった決定権である．自分で自由に決めたり工夫したりすることのできる範囲が広ければ，自発的動機づけが成立しやすくなり，ひいてはリーダーシップ発現が容易になる．このようにフォロワーに付与されているクリエイティビティ・スペースは，リーダーシップ発現を左右するファクターとなる（波頭，2008）．

　以上，リーダーシップ発現の3つのプロセスを通じて，「コミュニケーション」，「リーダーシップコア」，「ケミストリー」，および「クリエイティビティ・スペース」の4つのファクターを抽出した．

　従って，フォロワーに裁量の余地（クリエイティビティ・スペース）が与えられている状況において，リーダーとフォロワーの間に良好な交流（コミュニケーション）が持たれたうえで，リーダーとフォロワーの相性（ケミストリー）

が良ければ，リーダーが有する「ついて行くに足る資質（リーダーシップコア）」をフォロワーが承認するというメカニズムが働いて，リーダーシップが発現することになるのである．以上を図示すると図表7-2のようになる．

5．サーバント・リーダーシップ論

　本節の主たる目的はサーバント・リーダーシップ論について詳細に検討することである．サーバント・リーダーシップ論では，だれがリーダーなのかを決めているのはフォロワーであり，フォロワーがリーダーの掲げる目的に向かって自発的に活動する際にリーダーの行う支援・奉仕をリーダーシップと考える．リーダーの保有するリーダーシップコアはフォロワーに認識されてはじめて発現する．マネジメントの世界では，リーダーがフォロワーを部下として認め，その業績を評価する．しかし，リーダーシップにおいては，むしろフォロワーがリーダーをリーダーとして認めるのであり，誰がリーダーなのかを決めているのはフォロワーの側であるともいえる．

　強制力でもなく，組織上の権限やカネの力でもなく，その人の言動によって発信される大きな「ビジョン」や「志」や「夢」などによって，フォロワーがその人に喜んでついて行くようになるのがリーダーシップである．それではどういう人なら，フォロワーが喜んでついて行くかといえば，信頼できる人であって，自分のことを本心から思ってくれる人である．もっと言えば自分に尽くしてくれる人なら喜んでついて行くことになるであろう．人に尽くす（奉仕する）人のことを「サーバント」というが，このサーバントになることこそが優れたリーダーになる要件だということができるのではなかろうか．

5.1　サーバント・リーダーシップ論の意義

　そこで出現するのが本節で扱う「サーバント・リーダーシップ論」の発想である．上に立つ人こそ，みんなに尽くす人でなければならないというこの考え

方は，確かにリーダーシップの真髄であろう．上に立つからこそ，下に尽くすという思いが必要なのである．組織を逆ピラミッドで考えてみれば分かりやすい．ただ，本当のサーバント・リーダーシップは，決して召使いではなく，リーダー自身が達成すべきビジョンや夢に対して強い使命感を持ち，それを実現するために自らの意思でサーバントに徹するのである．サーバントといっても，部下たちに媚びるのではなく，また，部下たちの言うがままになって従うのでもない．

　このタイプのリーダーは目指してリーダーになるのではなく，自身のビジョンや志を追求したら結果的にリーダーになっていたというのがポイントである．みんなのことを思ってミッションと夢をもって，それを実現するために周囲の人々に尽くすことにより，結果としてリーダーになっていくのである．その意味で，リーダーはフォロワーからリーダーシップを帰属される可能性のある人物であるといってよい．喜んでついて来るフォロワーが一人もいなければ，いくら本人がリーダーのつもりでいても，リーダーシップの発現はそこにはない．フォロワーは，この人について行ったら実現するかもしれない「何か」をリーダーが持っていると感じさせる機会に繰り返し遭遇すれば，リーダーにしか見えていなかったものが，おぼろげながら見えてくるのである．この「何か」とは，大きな使命でありビジョンである．

　だが，フォロワーがこの人ならついて行ってもよいと思うようになるきっかけは，大本のリーダーたる人物の言動にある．もっと言えば，この人物のリーダーシップコアにあるはずである．リーダーが発する上記の「何か」を持っており，それを見たり受け止めたりしたフォロワーが共感し，リーダーを信用してついて行くというリーダーシップ発現のプロセスが生じる．実際にこのプロセスが上手く進行し始めると，フォロワーはますますリーダーのお陰だという思いが強くなる．このダイナミックなプロセスは，リーダーとフォロワーの間で発生する「磁場」のようなものである．リーダーシップはそのように相互接触するリーダーとフォロワーの間に存在するといえよう（池田・金井，2007）．

ところで，サーバント・リーダーシップ論では，リーダーがフォロワーのために存在しているのだろうか，それともフォロワーがリーダーのために存在しているのだろうか．この回答は困難であり，お互いがお互いのために存在するといった相互依存関係にあると答えることもできるし，リーダーはフォロワーのために存在するという回答もあり得るだろう．後者の場合，フォロワーはリーダーの言動に共鳴し，信頼してついていくのであるが，その時フォロワーが目指すものはリーダーのそれと同じか，それに近いものになり，リーダーと一緒になって実現するのがフォロワーである．その際，リーダーはあくまでその手伝い・支援をするのである．その方がサーバント・リーダーシップの根本的な考え方であるかもしれない．このように考えると，リーダーシップ論は，サイエンス（科学）というよりも，フィロソフィー（哲学や思想）であるといえるかもしれない（池田・金井，2007）．

5.2 グリーンリーフのサーバント・リーダーシップ論

サーバント・リーダーシップ論を最初に提唱したのは AT&T（アメリカ電信電話会社，American Telephone and Telegraph）でマネジメント研究センター長を務めたり，その後 MIT やハーバード大学のビジネス・スクールなどでも客員講師を務めたロバート・K・グリーンリーフ（Greenleaf, R.K.）であった．

グリーンリーフ（1977）によれば，「リーダーとしてのサーバント」という発想は，ヘルマン・ヘッセの『東方巡礼』を読んで得たものだと述べている．物語の要となるレーオという人物がある旅団のサーバントとして同行し，一行のよき支えとなっていたが，ある日突然いなくなり，一行は混乱状態に陥り，旅は続行不能になってしまった．数年後分かったのは，このレーオこそその旅を主催した教団のトップで，指導的立場にいる偉大な「リーダー」だったというストーリーである．

サーバントという言葉は，「従者」，「召使い」の意味であり，普通に考えれば「指導者」としてのリーダーとは反対の立場のように思われる．しかし，サ

ーバントを「従者」ではなく,「尽くす人」,「奉仕する人」と捉えれば,リーダーが部下(フォロワー)に対して,そのように接することが,従ってそのような基本姿勢を持って臨むことがリーダーシップの核心であると理解できよう.これはまさに提唱者であるグリーンリーフの慧眼であるといえる(池田・金井,2007).

　組織上の地位や権限の力でフォロワーがついて来るだけなら,その場に真のリーダーシップは存在しない.サーバント・リーダーシップ論では,地位と権力を得て傲慢になったり,倫理的に問題のある行動をとったり,部下を虫けらのように扱ったりすることを戒めているといえる.そのような行動に出るのではなく,リーダーである自分が部下(フォロワー)を支え,尽くすことで目標を共に達成しようとするのが,彼が主唱するサーバント・リーダーシップ論である.

　また,彼は「サーバント」と「リーダー」という2つの役割が一人の同じ人物の中で融合することができるのかという疑問を長年にわたって熟考したのである.具体的には,相互に関連する次の2つの問いである.

　① サーバント(奉仕者,尽くす人)とリーダー(指導者)の役割は,地位の階層や職業が何であれ,実在する同じ人物の中で融合し合えるのか.
　② 融合し得るとしたら,2つの役割が融合したその人物は,現実の社会で,上手く実り多い生活を続けることができるのか.

　彼の問いかけは,仕事の世界で,地位や職種にかかわらず,サーバントとリーダーの役割が一人の人物の中に共存しうるのかという問題であった.

　彼は現実の世界で存在するそのような人々の例として,トーマス・ジェファソンはじめ数名を挙げることによって,そのことが可能であるとの決断を下したのである.それらのリーダーは,人々に奉仕する役割と指導する役割を同時に果たしていたばかりでなく,そのために潰れることもなく,それぞれの人生で実り多い活躍をし,社会に先駆的な優れたものを残したのであった.

　また,彼はサーバント・リーダーシップの基本的なアイディアを次のように

考えている．つまり，「サーバント・リーダーシップは，最初は尽くしたいという自然な感情から始まる．その後，意識的に選択したうえで，導いても行きたいという気持ちになっていく」のである．これは自分の子供のことを考えた場合，最初は何か無条件に子供のために尽くしたいという感情が先行し，その後にその子供がひとかどの人物に成長するよう，しっかりと導いて行こうといった気持ちになるのと似ているといえる．

5.3　サーバント・リーダーシップの特徴

従来は，リーダーをパワー（権力）と結びつけ，みんなを力強く引っ張るのがリーダーシップだと考えるのが常識であった．奉仕というのはどちらかといえば，リーダーとしての地位や権力やお金を得た後に，それでも余った部分があれば他者に奉仕しようという考え方であった．ところが，サーバント・リーダーシップ論では，サーバントこそがリーダーで，リーダーはサーバントにな

図表7-3　従来のリーダーシップとサーバント・リーダーシップとの違い

項　目	従来のリーダーシップ	サーバント・リーダーシップ
モティベーション	最も大きな権力の座に就きたいという欲求	組織上の地位にかかわらず，他者に奉仕したいという欲求
マインドセット（心的態度）	競争を勝ち抜き，達成に対して自分が賛美されることを重視	みんなが協力して目標を達成する環境で，みんながウイン・ウインになることを重視
影響力の根拠	目標達成のために，自分の権力を使い，部下を畏怖させて動かす	部下との信頼関係を築き，部下の自主性を尊重することで，組織を動かす
コミュニケーション・スタイル	部下に対し，説明し，命令することが中心	部下の話を傾聴することが中心
業務遂行能力	自分自身の能力を磨くことで得られた自信をベースに部下に指示する	部下へのコーチング，メンタリングから部下と共に学びよりよい仕事をする
成長についての考え方	社内ポリティックスを理解し活用することで，自分の地位を上げ，成長していく	他者のやる気を大切に考え，個人と組織の成長の調和を図る
責任についての考え方	責任とは，失敗したときにその人を罰するためにある	責任を明確にすることで，失敗から学ぶ環境をつくる

出所）池田・金井，2007：69
原典：グリーンリーフ・センター・ジャパンHP（http://www.gc-j.com/sl01.html）

らなければならないのであり，そのようにフォロワーに尽くすのが最良のリーダーであると説く．サーバント・リーダーシップは他者に対する思いやりの気持ちや奉仕の気持ちがモティベーションとして最初に来るといえる．

　さらに，従来のリーダーシップとサーバント・リーダーシップの違いについて，マインドセット，影響力の根拠，コミュニケーション・スタイル，業務遂行能力，成長や責任についての考え方などを比較すれば，図表7-3のようになる．

　このように観てくるとサーバント・リーダーシップにおいては，フォロワーあってのリーダーという印象も受けるが，グリーンリーフ自身はリーダーの強力なビジョンや志を基盤とするイニシャティブが重要であると述べている（Greenleaf, 1977）．ミッションやビジョンの名のもとにフォロワーに尽くしたい，奉仕したいという気持ちがリーダーシップの発現段階としては先に来るが，サーバント・リーダーシップにおいてもリーダーの強いイニシャティブは必要である．相手の言うことによく耳を傾けるが，どうすれば役に立てるかが分かったら全力でフォロワーを引っ張って行くことになる．サーバントであるリーダーは，自分が何をやりたいかよく分かっていて，その大きな夢やビジョナリーなコンセプトを持っており，コミュニケーション能力にも長けているのである．

6．おわりに

　本稿では，これまでのリーダーシップ論を概観し，それらの理論を現実の経営者のリーダーシップに結び付ける実践的・変革的なリーダーシップ論として「リーダーシップ開発論」を中心に，特にリーダーシップコアに焦点を当てて考察した．

　本稿で得られたインプリケーションは，リーダーシップ論には資質論と行動論の双方が有効であるということである．リーダーシップ開発論でもリーダーになりうる資質のある人にリーダーシップコアが発生・発現するようリーダーを育成しようとするスタンスを採っているといえよう．挑戦的な大きなプロジ

ェクトに取り組むとしても，それから学びとる力のない人，リーダーシップコアに欠ける人では，失敗すれば，「一皮むける経験」どころか，以後困難を回避する性癖がついてしまうことになるだろう．「リーダーは生まれつきではなく，育成できる」とはいっても，まずは「経験から学ぶ力」を持った人材を選抜し，適切なタイミングで意図的に適切な経験を積ませるのが現実的であろう．

　また，本稿ではリーダーシップコアの重要な要素の一つとして意思決定能力を挙げ，これを構成する因子として「知識」，「論理的思考力」および「胆力」を挙げた．ちなみに，全人格的なマネジメント能力を形成する「場」を提供する目的で開講された「東京大学エグゼクティブ・マネジメント・プログラム」では，「マネジメント知識」以外に「さまざまな教養・知識」や「コミュニケーション技能」の修得を目指している．確かにリーダーたるマネジャーになるには，マネジメントの知識も含めより広範で深い知識や技能が必要となるかもしれない（横山，2009）．ただ，アメリカのビジネス・スクールでもみられるように座学だけではリーダーとしての「一皮むける経験」や胆力を養うことは不可能といえよう．

　さらに，本稿では，リーダーシップ発現のプロセスとサーバント・リーダーシップ論の特徴についても述べた．リーダーシップ発現のプロセスは，第1段階ではリーダーからフォロワーへの働きかけ（コミュニケーション）があり，第2段階ではフォロリーの心中に「この人ならついて行こう」という心理的変化が生じ，第3段階でフォロワーがリーダーについて行く行動が発現するのであった．リーダーシップ発現のためのファクターは，第1段階では両者のコミュニケーション（交流）であり，第2段階ではケミストリー（相性）とリーダーシップコア，第3段階ではクリエイティビティ・スペース（裁量の余地）であった．

　フォロワー側に裁量の余地（クリエイティビティ・スペース）が与えられている状況において，リーダーとフォロワーの間に良好な交流（コミュニケーション）が持たれたうえで，リーダーとフォロワーの相性（ケミストリー）が良

ければ，リーダーが有する「ついて行くに足る資質（リーダーシップコア）」をフォロワーが承認するというメカニズムが働いて，リーダーシップが発現することになる．

　サーバント・リーダーシップにおいても基本的にはこのようなリーダーシップ発現のプロセスとそのためのファクターが存在する．しかし，これまでのリーダーシップ論と違うのは，リーダーがフォロワーの言うことによく耳を傾け，フォロワーに奉仕する（尽くす）という基本姿勢があることである．グリーンリーフによって提唱されたこのリーダーシップ論は人の心理を見抜いており，深い洞察力に満ちた理論であり，慧眼というべきであろう．力ずくで「俺について来い！」ばかりがリーダーシップではないということである．「上に立つ人こそ，みんなに尽くしていくタイプの人でなければならない」とするこのリーダーシップ論は多くの人から受容されるであろう（中村，2011）．

（中村　久人）

参考文献

伊丹敬之・加護野忠男（1989）『ゼミナール経営学入門』日本経済新聞社．
横山禎徳（2009）「アジェンダ・シェイピング・リーダーシップ」『ダイヤモンド・ハーバード・ビジネス・レビュー』March.
三隅二不二（1978）『リーダーシップ行動の科学』有斐閣．
上田泰（2003）『組織行動の展開』白桃書房．
池田守男・金井壽宏（2007）『サーバントリーダーシップ入門』かんき出版．
中村久人（2010）「リーダーシップ論の展開とリーダーシップ開発論」『経営力創成研究』第6号．
中村久人（2011）「リーダーシップ発現のプロセスとサーバント・リーダーシップ論の展開」『経営力創成研究』第7号．
波頭亮（2008）『リーダーシップ構造論』産業能率大学出版部．
Blake, R.R. and Mouton, J.S. (1979) *The New Managerial Grid: Strategic New Insights into a Proven System for Increasing Organizational Productivity and Individual Effectiveness*, Gulf Pub.（田中俊夫・小宮山澄子訳（1979）『新・期待される管理者像』産業能率大学出版部）．
Dienesch, R.M. and Liden, R.C. (1986) Leader-Member Exchange Model of Lead-

ership: A Critique and Further Development, *Academy of Management Review*, 618-440.

Fiedler, F.E. (1967) *A Theory of Leadership Effectiveness*, McGraw-Hill. (山田雄一訳 (1970)『新しい管理者像の探求』誠心書房).

Ghosn, Carlos with Rivas-Micoud Miguel and Carvell, Kermit, Renaissance. (中川治子訳 (2001)『ルネッサンス 再生への挑戦』ダイヤモンド社).

Greenberg, J. and Baron, R.A. (2000) *Behavior in Organizations*, 7th ed., Prentice-Hall.

Greenleaf, R.K. (1977), *Servant Leadership: A Journey into the Nature of Legitimate Power & Greatness*, New York: Paulist Press, Inc. (金井真弓訳 (2008)『サーバントリーダーシップ』英治出版).

Hersey, P. and Blanchard, K.H. (1977) *Management of Organizational Behavior*, 3rd ed., Prentice-Hall. (山本成二・水野基・成田攻訳 (1978)『行動科学の展開：人的資源の活用―入門から応用へ』日本生産性本部).

Kotter, J.P. (1996) *Leading Change*, Boston Harvard Business School Press.

Likert, R. (1961) New Patterns of Management, McGraw-Hill. (三隅二不二訳 (1964)『経営の行動科学』ダイヤモンド社).

Lord, R.G., DeVader, C.L. and G.M. Alliger (1986) A Meta-Analysis of the Relation between Personality Traits and Leadership Perceptions: An Application of Validity Generalization Procedures, *Journal of Applied Psychology*, 61, 402-410.

MaCall, M.W. Jr. (1988) Developing Executives through Work Experience, *Human Resources Planning*, 11, No.1：1-11.

Mann, R.D. (1959) A Review of the Relationship between Personality and Performance in Small Groups, *Psychological Bulletin*, 56, 241-270.

Meindl, J.R. and S.B. Ehrlick (1987) The Romance of Leadership and the Evaluation of Organizational Performance, *Academy of Management Journal*, 30, 91-109.

Pfeffer, J. (1977) The Ambiguity of Leadership, *Academy of Management Review*, 2, 104-112.

Stogdill, R.M. (1972) *Handbook of Leadership*, The Free Press.

第8章

日本企業における管理者能力の育成

1．はじめに

　第二次世界大戦後，日本企業は幾度となく好不況の波に洗われてきた．その度に，社会・経済環境の変化を象徴する人事管理パラダイムが次々と登場し，日本企業の賃金ならびに人事処遇制度の設計や運営などに多大な影響を及ぼしてきた．こうした諸制度は，とくにアメリカからの影響を受けつつ，① 個人の属人的要素を重視する年功主義，② 成果で計ることができる顕在能力だけでなく，成果の達成の可能性を含む潜在能力をも評価する能力主義，③ 結果（顕在能力）だけで賃金ならびに人事処遇を行おうとする成果主義といった概念を混ぜ合わせ，その割合を調整することで，わが国独自のものを作り上げてきた．

　2008年9月のリーマンショック（Lehman Shock）からようやく回復基調がみられるようになった頃，2011年3月11日の東日本大震災に見舞われ，わが国の社会・経済環境は一気に冷え込んでしまった．日本企業は，厳しく急激な経営環境の変化に対応し，企業業績を維持・向上させるために，新たな人材を獲得・開発・育成するとともに，活用・運用するための仕組みやシステムを構築する必要に迫られた．

　そこで本章では，上記のような新しい付加価値を創出するマネジメント人材やプロフェッショナル人材を育成するためには，どのような人材育成方針・施策が必要なのであろうかという問題意識をもって，(1)日本企業で必要とされる能力概念，(2)第二次世界大戦後の日本企業における人材育成の変遷，(3)東洋大学経営力創成研究センターのアンケート調査結果から，管理者として必要

な行動が取れる能力の育成方法等について考察する．

2. 日本企業における能力概念—職務遂行能力

2.1 日本経営者団体連盟による「能力」の定義

日本経営者団体連盟（現・日本経済団体連合会の前身であるいわゆる日経連）は，1969年に「日経連能力主義管理研究会報告」として『能力主義管理—その理論と実践—』の中で「能力」を次のように定義している（日経連, 1969 : 18-19）．

「能力とは企業における構成員として，企業目的達成のために貢献する職務遂行能力であり，業績として顕在化されたものでなければならない．能力は職務に対応して要求される個別的なものであるが，それは一般的には体力・適性・知識・経験・性格・意欲等の要素から成り立つ．それらはいずれも量—質ともに努力，環境により変化する性質をもつ．開発の可能性をもつものとともに退歩のおそれも有し，流動的，相対的なものである」と．

つまり企業で把握する必要のある能力とは，

イ．職務に対応した能力であること．すなわち職務遂行能力であること．

ロ．業績という形で顕在化された能力であること．

ハ．開発・伸長可能な能力であること．

ニ．能力＝職務遂行能力＝体力×適性×知識×経験×性格×意欲（つまりこれら6つの能力形成要素から成り立つ能力である）．

この能力形成要素をより具体的に整理してみると，次のようになる（日経連, 1969：348）．

① 適性および性格（いわゆる気質とかパーソナリティといわれるもの）

② 一般的能力（理解力・判断力・記憶力・分析力）といったいわゆる天賦の能力—基礎能力）

③ 特殊能力（②を土台にした専門的知識，技能—業務能力）

④ 意欲（実行力，責任感，バイタリティー——態度）
⑤ 身体的特質（いわゆる筋力や運動神経——肉体的能力）

これらの各諸要素がからみあって，換言すればこれらは個別的に発揮され，業績という形で顕在化され，そして企業目的に対する貢献となるのである．企業において従業員に求められる能力とは，企業目標の達成に貢献する職務遂行能力であり，人の能力の質と量は，個人の努力や職場の環境によって変化するのである．

2.2 カッツ（Katz, R.L.）による3つのスキル

管理者に必要な能力として広く知られているのが，カッツ（Katz, R.L.）による下記の3つのスキル（成果を生み出すために必要とされる能力）である（Katz, 1974：90-102）．

① テクニカルスキル（technical skill）——各分野の仕事の方法，手順，手続などに関する知識や技能（基礎知識，実務知識，熟練，技能）．
② ヒューマンスキル（human skill）——組織の成員として日常接触する他の人々と良好な人間関係をつくり，組織のチームワークを盛り上げていく能力（統率力，指導育成力，折衝力）．
③ コンセプチュアルスキル（conceptual skill）——ものごとの全体像を洞察し，抽象的な思考から創造力を発揮していく能力（企画力，判断力，実行力）．

この3要素間にみられる関係，とくにテクニカルスキルとコンセプチュアルスキルとの間には，職階が上がるにつれて互いの全体（職務遂行能力）に占める比率が入れ替わるという関係がある点が特徴的である．つまり上へ行くほどコンセプチュアルスキルが必要とされる．

以上，これまで分かったことを整理すると次の2点になる．

a．職務遂行能力は職階によりその質が変わる．
b．職務遂行能力は担当職務であれ，上位職務であれ，いずれにしても職務に対応する．

したがって，職務遂行能力を把握（評定）するということは，職務遂行能力を分析することである（藤井，1964：9）．ところが能力には現実に職務遂行上その効能を発揮している場合と，現実には発現の機会を与えられないで潜在している場合の2通りが考えられる（労務管理研究会，1953：227）．ここに適性配置の重要性と職務遂行能力の判定基準―尺度の設定の困難性がある．すなわち，職務から離れれば属人的，とくに年功的に運用される恐れがあり，職務とのつながりを強めれば役職・処遇の面で問題が生じるといったジレンマである．

2.3 コンピテンシー概念の捉え方

1990年代には，アメリカからコンピテンシー（competency）と呼ばれる一定の職務において高業績を上げる者の行動特性をモデル化して，採用・育成・配置・選抜・評価・報酬などに応用しようとする人事手法が，日本に入ってきた．元来，コンピテンシー概念は，川喜多（2008：48）によれば，「競争優位に立てるための，長く効力を発揮し，容易に失われぬ能力」であり，「当面の仕事にすぐに役立たなくて」よいという能力概念である．換言すれば，コンピテンシーは，高業績者が類似して発揮する行動特性やパターンではあるが，必ずしも顕在的特性だけを指すものではなく，潜在的特性をも含むものである．

しかしながら，それまで人事管理の主柱をなしてきた職能資格制度や職能給体系が，個人の保有能力（潜在能力）を評価・報酬の対象としてきた点に対する反動として，このコンピテンシー概念を，高業績者の「顕在化」された行動特性として捉える向きが出てきた．すなわち，人事システムのグローバル化や機能主義人事から戦略人事へのパラダイムシフトを背景に，職能資格制度を基盤とした評価制度の制度的・運用的欠陥を補い，顕在能力を主柱とする成果主義を推し進める鍵概念として，コンピテンシーなる概念・用語が，誤用・乱用されるようになってしまったのである（谷内，2001：52-53．岩脇，2007：10）．

コンピテンシーは，スペンサー&スペンサー（Spencer, L.M. and S.M. Spencer, 1993：9．スペンサー他，2009：11）によれば，「人材に備わる根源的な特性」

で,「さまざまな状況を超えて,かなり長期間にわたり,一貫性をもって示される行動や思考の方法」である.彼らによれば,コンピテンシーは,人の行動として目に見える表層的な知識や態度といった開発が容易な「ハードスキル」と,目に見えない,隠された自己イメージ・態度・価値観,さらには中核的人格ともいえる動因やパーソナリティといった開発が困難な「ソフトスキル」で構成されているという (Spencer et al., 1993：11-12. スペンサー他, 2009：13-15. 谷内, 2001：54).

すなわち,人材育成とくに教育訓練による能力開発には,それによって可変性の余地のある属性と,不変性の属性があるということである.とくに管理能力といった場合,性格・能力・知識・技能などは前者であり,頭の働きやシャープさ,性格のうちの気質的側面,洞察力・創造力・認知力・判断力・決断力・意志力・折衝力などが後者である,という説もある (槇田他, 2010：7).要するに,管理能力を向上させようとする場合,教育訓練などにより開発・育成が可能な側面と,職務や役職への適性配置で能力発揮が可能な側面があるということである.

3. 戦後日本企業における人材育成管理の変遷

3.1 1945 (終戦) 〜1960年代前半 (第二次世界大戦後の復興期) ―生活主義

1947年に職業安定法と労働基準法が施行されると,技術者養成が積極的に取り組まれるようになった.それは,戦前の徒弟制度の弊害を防止し,産業復興に向けて青少年労働者を技術者として養成することが焦眉の急であったからである (小山田他, 2007：9).

また日経連の調査「戦後復興期における新入社員教育と監督者の普及状況」によれば,1946〜47年には監督者訓練を開始していた事業所が1.1%とほとんどなかった時代に,すでに戦前から,継続して新入社員教育を開始していた企業が17.0%もあった.その後,新入社員教育の普及は続き,1950年代には92.2

図表8-1 戦後日本企業における人材育成管理の変遷

年　代	1945（終戦） ～1960年代前半	1960年代後半～ 1973年	1973年～ 1970年代中頃	1970年代後半～ 1990年代初頭
社会・経済環境	第二次世界大戦後の復興期	高度経済成長期	オイルショック（1973年10月）後の低経済成長期	景気回復・安定期～バブル経済期（1985年7月～1991年2月）
人事管理パラダイム	生活主義 （生活水準の重視）	年功主義・属人主義 （生活給の重視）	能力主義 （潜在能力の重視）	職能主義 （職務遂行能力の重視）
当時のわが国企業における教育訓練・能力育成・人材育成制度等の状況	アメリカ直輸入の教育訓練技法の導入の時代	教育訓練体系の見直しによる再点検の時代（少数精鋭主義）	人事制度との有機的関連をもった人材育成の時代	トータル人事システムの成長の時代
代表的な人材育成手法・施策	OJT（職場内教育訓練）とOff-JT（集合研修），TWI（監督者プログラム），MTP（管理者プログラム），CCS経営講座，QC（品質管理）講座など	OJTとOff-JT，管理者教育（討議，講義，講演，ケーススタディ），ビジネスゲーム，マネジメントゲーム，問題解決実習，視聴覚，組織開発，職場ぐるみ訓練，ロールプレイング，創造性開発手法，ブレインストーミング，KJ法，NM法）など	OJTとOff-JT，小集団活動（QCサークル），ZD（無欠点）運動，自主管理運動，作業グループの活動，安全衛生活動，CDP（キャリア開発プログラム），ジョブローテーション（job rotation；計画的職務転換），通信教育など	OJTとOff-JT，自己啓発制度，CDP，ジョブローテーション，技能開発センターの活用など
日本的雇用制度	日本的雇用慣行の成立期	日本的雇用制度の生成期	日本的雇用制度の確立期	日本的雇用制度の安定期
賃金体系・制度	電産型賃金体系・定期昇給制度・職務給・職能給など	職務給・職能給・仕事給制度など	能力給・職能給・職能資格制度など	職能給・職能資格制度など

年　代	1990年代初頭～ 2002年頃	2002年頃～ 2008年頃	2008年頃～ 現在
社会・経済環境	バブル崩壊・平成不況期（1991年3月～2002年1月）	景気回復期（いざなみ景気—2002年2月～2008年2月）	リーマンショック（2008年9月）後の不況期
人事管理パラダイム	成果主義 （顕在能力の重視）	ポスト成果主義 （職務遂行能力主義）	新しい人事管理パラダイムの模索
当時のわが国企業における教育訓練・能力育成・人材育成制度等の状況	個の自律や当面の企業績向上を重視した人材育成の時代	組織力の強化を目的とした中長期的視点に立った人材育成の時代	人事制度，人材育成体系ならびに現場のOJTの一貫性・整合性の構築の時代
代表的な人材育成手法・施策	OJTとOff-JT，自己啓発支援，選択型研修，コア人材研修，CDP，ビジネスキャリア制度（職業能力習得制度）など	OJTとOff-JT，自己啓発支援，選択型研修，階層別研修，スキル選択型研修，コア人材研修，チューター制度，CDPなど	OJTとOff-JT，自己啓発支援，社内ブログ，社内SNS，ンミュレーション研修，ケースフォーラム，メンター制度，管理職コーチング，社内資格認定，CDPなど
日本的雇用制度	日本的雇用制度の崩壊期	新しい雇用制度への過渡期	新しい雇用制度の模索期
賃金体系・制度	成果給・業績給・職務給制度など	新職務給・範囲職務給制度など	職種別賃金・多立型賃金制度など

出所）筆者作成．

%に達した（ちなみに，監督者訓練は81.9％）（全日本能率連盟人間開発センター，1981）．

　日本において企業内教育が本格的に開始されるようになったのは，朝鮮動乱（1950年）前後のことであった．すでに1946年には，GHQ（連合国総司令部）民間通信局から，日本の通信工業の改善による経済復興を目的としたCCS（Civil Communication Section）経営講座が紹介されていた．次いで，1949年には第一線現場監督者を対象に，監督能力の発揮・活用を目的とした定型化されたTWI（Training Within Industry）と呼ばれる訓練方式や，1950年代に入るとMTP（Management Training Program）と呼ばれる管理者訓練プログラムがGHQから提供され，産業界に普及していった．まさに終戦直後から1950年代にかけては，アメリカ直輸入の教育訓練技法が，模倣・導入されていった時代であった（小山田他，2007：11，17，33）．

　1960年代に入ると，産業界は，1958年頃から急速に進行しはじめた若年新卒労働者不足や，ますます激化する国際経済競争などを背景として，技術革新に対応する組織の再編成や人事労務管理の近代化を促進する必要性を感じるようになってきた．とくに1955年頃の若年労働力の需給逼迫による初任給高騰により定着した年功序列賃金を，何らかの形で修正しなければならなくなった．そこで，日経連は日本の経営風土に適合した，職務給よりすぐれた賃金体系であるという考え方に基づいて，職能給の本格的な導入に踏み切った．

　ただ職能給は，たんなる賃金形態の1つとして捉えるだけでは不充分である．というのは，職能給は，個々の従業員が有する職務遂行能力の種類と発揮度による賃金支払形態であるため，その前提として，職務遂行能力を格付けし，それに資格名称を付与した，いわゆる職能等級・資格制度を整備しなければならないからである．しかも，顕在能力だけでなく潜在能力の有無も賃金と結びつけるため，能力を開発させる装置が不可欠となる．したがって，職能給は，人事考課（能力評価）ならびに職能等級・資格制度を基盤として，配置（昇進・昇格）管理や人材育成（教育訓練・能力開発）管理と連動した，トータル人事

システムの一機能として位置づけられるようになった（幸田，2003b：29-30）．

3.2 1960年代後半～1973年（高度経済成長期）—年功主義・属人主義

1967年，日経連能力主義管理研究所が実施した「年功制を修正した新しい人事管理の諸制度・手法に関する実態調査」によれば，現行資格制度の主な狙いは，職務・能力中心の人的秩序の確立と答えたものが65.5％，役職不足の救済が35.7％，職階制の補助的制度が29.2％であった（幸田，2003b：38）．

また1972年の『OECD対日労働報告書』において，日本の能力開発の機会と場が企業内教育訓練によって与えられている実態が，次のように述べられている（経済開発協力機構，1972：17）．

「日本では産業訓練の主たる責任は伝統的に事業主にあった．国の役割は，公共職業訓練校での若年者や成人に対する職業訓練の実施，企業のこの種の職業訓練に対する財政援助のいずれについても，比較的限定されたものであった」と．

公共の職業訓練施設といえば，技能中心に中高年齢失業者あるいは転職者を対象としてきた．それではなぜ，公的教育機関よりも企業内教育に重点が置かれたかというと，そこには企業外でどんなに職業訓練を積んできても，その企業での社員としての行動様式を身に付けなければ，その会社に貢献できる潜在力を獲得したことにはならない，とする考え方があるからである（山田，1980：11）．

1967年の日経連『賃金白書』は，当時の状況を「高能力化の時代」と呼び，能力主義管理促進のためには，① 能力に応じて配置，昇進，待遇ができる環境づくりと，② 各人の能力の最高発揮の必要性を強調した（日経連，1967）．さらに1968年の『賃金白書』では，前年の能力主義管理への移行過程を，次のようにより具体的に述べている（日経連，1968：69-71）．

「能力主義管理には，2つの過程がある．その第1は，能力を発揮するに必要な経営内の諸条件をととのえる段階である．ここでは，年功・学歴主義の打

破や，能力を客観的に把握する体制の確立，実力に応ずる処遇，昇進など，環境をつくることが目標となる．…その第2は，確立された能力管理の基盤の上に立って，さらに個人能力の開発と発揮に力をそそぐという段階である．そこでは，能力の高低を選別することよりも，むしろ能力を開発し，意欲と熱意に訴えて，最高の力を発揮するという経営の総合的な体制確立が重要となる」と．

1969年，日経連は，① 能力の開発・活用，② 年齢・学歴・勤続年数といった属人的要素ではなく能力発揮に応じての平等な処遇，ならびに③ 少数精鋭主義を目指す人事労務管理を「能力主義」と名づけ，具体的な人材育成施策として，キャリア教育，キャリア開発プログラム（Career Development Program；CDP），スキルズインベントリー（skills inventory）などを挙げている（日経連，1969）．とくに，能力開発については，自己啓発の重要性，その環境づくり（職場風土），管理者のあり方について言及し，能力開発の最も基本的な手段は，従業員の自己啓発と職場そのものを場とするOJT（On the Job Training；職場内教育訓練）であると位置づけている（日経連，1969：263-274）．

この時代は，アメリカから直輸入された教育訓練技法や体系を見直し，再点検することで，年功主義から能力主義に脱却しようとした時代であった．その際，自己啓発を促進するとともに，OJTやOff-JT（Off the Job Training；職場外教育訓練）を中心に，管理者教育（討議，講義，講演，ケーススタディ），ビジネスゲーム，マネジメントゲーム，問題解決実習，視聴覚，組織開発，職場ぐるみ訓練，ロールプレイング，創造性開発手法（ブレインストーミング（brainstorming），KJ法，NM法）など，さまざまな手法・技法による能力開発が試みられた時代でもあった．

3.3　1973年〜1970年代中頃（低経済成長期）―能力主義

1973年10月に石油危機（いわゆるオイルショック）が勃発した．また翌1974年には，総需要抑制政策により実質経済成長率がマイナスに転じ，日本経済を不況へと追い込んだ．経済は低成長期に入り，加えて高齢化社会到来の危機感

から年功賃金体系の変更が痛切に叫ばれた．また能力主義管理への強い要請もあり，賃金・人事処遇制度を統合的かつ総合的に管理しなければならなくなった．

そこで従業員の教育訓練・能力開発をも期待できる職能資格制度が採用されるとともに，賃金制度として職能給が，たんなるポスト不足対策，昇進圧力対策という消極的活用だけでなく，従業員の能力伸長，活性化といった積極的活用のために採用されるようになった．つまり職能給は，職務遂行能力の質によって分類し，能力差を賃金に反映させる賃金体系としての機能だけではなく，職能資格制度の一機能としての役割を担うものとして位置づけられたのである（幸田，2003b：35-36）．

1970年代以降，日本は低成長・高齢化社会を迎え，中高年齢者を中心とする過剰労働力をかかえた企業は，能力の再開発を余儀なくされ，企業外では能力再開発訓練を目的とした技能開発センターの活用，企業内ではCDP，ジョブローテーション（job rotation：計画的職務転換），OJT，Off-JT，自己啓発制度の導入に取り組んでいた（労働省，1977）．

とくに当時の能力（再）開発の要請を受けて導入されたのがCDPであった．これは，従業員自らの人生計画を達成するというきわめて個人的な動機を職務遂行に取り込むことで士気（モラール）を向上させ，人材の活性化を図ろうとするものであった．したがって，従業員が職務経験を通じて働きがいを見つけ出し，自らの可能性を広げるために自らを動機づけていけるように，いわゆる自己実現欲求を満たせるような職務へ，継続的に配置させる必要があった．現在の職務が次の職務に向けての修業の段階となり，従業員は1つの職務に長期的に滞留することなく，計画的に職務を異動させられる．従業員は，OJTにより当該職務に必要な知識・技能を習得するとともに，Off-JTや自己啓発により次の職務に向けて準備しなければならなくなるのである．そしてCDPを有効に機能させるために，自己申告制度，人材アセスメント（human assessment），スキルズインベントリー，人材目録（personnel inventory），人事カードといった人事データ制度などの管理制度や技法との一体化が行われた．

当時は，企業内教育訓練に比して公的教育訓練が質量ともに不足していた．たしかに当時でも，公共職業訓練施設では，新たに技能労働者になろうとする者や中高年齢失業者および転職者を対象とし，技能習得に力を入れてはいた．しかし実際には，企業ではライン部門（販売・生産部門）に比べ，相対的にスタッフ部門（事務・技術・研究開発・企画・調査・電算機部門など）のウェイトが高まってきていた（幸田，2003a：21）．そしてスタッフ部門で必要とされる能力（知識・技能）を修得する機関は民間に依存していたのが実態であった．企業には各種セミナー，通信教育などにかかる費用を負担してまでも，能力開発を推進しようとする姿勢がみられた．

3.4　1970年代後半〜1990年代初頭（経済回復・安定期〜バブル経済期）—職能主義

　1980年代に入ると，オイルショックによる低経済成長期を脱し，日本の経済は回復基調をみせるようになった．またこの時期は，ME（マイクロエレクトロニクス）化の進展により，日本産業は情報化の波にさらされ，産業の空洞化を伴う産業再編成が急激に進行した時代でもあった．このME化の進展は，労働環境の変化を引き起こし，1980年代中頃から政府や労働組合，専門家によってME化がもたらす労働問題が大きく取り上げられるようになった（幸田，1987：63）．

　ME化は，生産現場（ブルーカラー労働者）にはFA（Factory Automation）化，また事務現場（ホワイトカラー労働者）にはOA（Office Automation）化として現れ，そこで形成されてきた熟練技術・技能を変容させた．したがって，必然的に産業での技能教育や企業内教育も再編成を余儀なくされ，多くの企業において，ME化に伴う教育訓練プログラムが整備・体系化された．具体的には，職場の代表者にME教育を施し，その者がインストラクターとなって職場内での普及に努める方法や，専任のインストラクターによる階層別・職種別の方法が取られた．教育訓練の期間や時期は，一般的に，基本コースで1〜3

日間が一番多く，入社時や2年次の場合と適宜に行う場合がみられた（幸田，1985：67）．

1980年代は，こうしたME化といった技術革新とともに国際化・グローバル化や高齢化が進展することで，「ミスマッチ」が一般化し始めた．ミスマッチには，現在話題になっている，求人者である企業と求職者のニーズが合わないために，採用できないという「雇用のミスマッチ」や，企業が求める仕事・役割と従業員が保有する技術・能力が合わない「仕事と能力のミスマッチ」がある．この時代，とくに後者のミスマッチが問題となった．

日本では，一時期を除き，過剰労働力を前提とし，その労働能力を最大限に発揮させるための施策・方法が検討されてきた．賃金制度の構築においても同様に，過剰労働力に対していかに賃金支払形態に公平性・納得性をもたせるかに腐心してきた．しかし，中高年従業員の職務遂行能力とその処遇（賃金・役職等）のミスマッチ，つまり過剰支払いが企業にとって深刻な問題となってきたのであった．そこで，80年代後半以降，OA化・国際化へ対応できるミドル・マネジメントに対する能力開発施策と集合研修に大きな変化はないものの，自己啓発計画づくりなどを行う参加型研修が導入されるようになった（小山田他，2007：194，202）．

1980年代の人材育成管理は，上述したように，技術革新や国際化・グローバル化，高齢化といった企業を取り巻く環境の変化に対応していかなりればならなくなった．能力主義といった曖昧な職務遂行能力の処遇施策から，顕在能力の発揮と潜在能力の開発に向けて，より職能資格制度を中心とした職能主義をベースに，人材育成管理もトータル人事システムの一機能として，賃金管理・配置管理などの他の機能と有機的関連をもって運営されていた時代でもあった．

3.5 1990年代初頭～2002年頃（バブル崩壊・平成不況期）—成果主義

バブル経済崩壊後の平成不況期に猛威を振るったリストラの嵐により，正規従業員本来の職務・仕事が，急激に非正規従業員に取って替わられた．未曾有

の不況が長引くにつれ，それまでの潜在・保有能力をも評価する年功主義や能力主義から，個人的にも組織的にも，顕在・発揮能力といった実績を評価する成果主義へのシフトが見られるようになるのは1990年代中頃のことであった．

それまでの年功主義的賃金・人事処遇制度は，①ぬるま湯的な体質，②自己啓発・能力開発の停滞，③人件費の固定費化，といった課題を抱えていた．それぞれの課題に対しては，成果主義の導入により，①ショック療法による意識改革，②能力発揮を促す刺激策によるインセンティブ効果，③人件費の流動費化によるコスト圧縮・削減，が期待できた．

日本企業では，未曾有の不況下における高齢化の進展，技術革新，経済のソフト化・サービス化，国際化などの急速な社会環境の変化により，より高度で専門的な能力を保有した人材の育成・開発が急務となった．しかし，それまでホワイトカラー層の職業能力開発の代表的手段であるOJTやジョブ・ローテーションでは，こうしたニーズに十分に対応できなくなっていた．また企業で求められる専門的知識も体系化されておらず，各種教育訓練機関でも体系的な教育訓練を実施していなかった．したがって，Off-JTと自己啓発を組み合わせることにより，高度な専門的能力を習得できる環境整備が必要となった．

このような経緯で創設されたのが，1994年4月にスタートした「ビジネス・キャリア制度（職業能力習得制度）」であった．この制度は，①ホワイトカラーの職務遂行能力に必要な専門的知識の体系化，②教育訓練の認定による具体的な学習手段の提示，③受講者に対する学習履歴の証明を行うことで，ホワイトカラーの段階的・体系的な専門的能力の開発・向上の促進を目的としていた．一定の基準に合致した民間や公共の各種教育機関ならびに企業で実施している教育訓練コースを，労働大臣が認定コース・講座として認定し，その学習を終えた者を対象に修了認定試験を実施し，合格者には修了書を授けるというものであった．

しかし，バブル崩壊後10数年を経過し，やがて景気に明るい兆しがみえるようになると，この成果・業績主義がもたらした弊害が出始めるようになってき

た．その1つが熟練技術をもった人材の育成の不足あるいは欠如である．能力の向上には，個人の努力もさることながら，組織の施策・システムによる支援が不可欠である．加えて，リストラあるいは定年によりベテランのエキスパート・スペシャリストや熟練技術者などが企業の外部に退出してしまった．コスト面から教育訓練費を削減した結果，企業における教育訓練・能力開発施策・システムは，効果的・有効的に機能しなくなってしまったのである．

3.6　2002年頃～2008年頃（景気回復期）―ポスト成果主義

2002年より，経済産業省は，国際競争力が低下した日本の製造企業の復活を目的に，技術経営（Management Of Technology；MOT）人材の育成を促している．

それではなぜ，こうしたMOT人材といった新しい人材が求められるようになったのであろうか．そこには，厳しく急激な経営環境の変化にともない，企業業績の維持・向上を目的に新たな人材を獲得，開発，育成するために，その仕組みやシステムを構築する必要性に迫られたからであった．つまり，企業内に分散・偏在している知識を結びつけて新たな価値を創造する「マネジメント人材」と，特定分野の専門家として新たな価値を創造する「プロフェッショナル人材」をそれぞれ育成するとともに，2つの特性をあわせ持つ技術経営（MOT）人材を育成することが産業界のみならず，国にとっても喫緊の課題となったからである（中小企業金融公庫総合研究所，2006）．

2005年には，日本経団連が，企業内の若手社員の育成に焦点を当てた「若手社員の育成に関する提言」を行っている．人材育成に関する提言は次の通りである．

(1)　経営者は人材育成にもつながる企業理念を明確に打ち出す
　　①長期的な視点の「人材育成」と「成果主義」の両立を図る
　　②管理者の「人材育成責任」を明確化する
(2)　将来を担う人材を長期視点で育成する

①チャレンジングな仕事を与え，「職場」主体で育成する

　②自主的・選択的キャリア形成を支援する

(3) 個々に合わせた成長の機会と環境を提供する

　若年労働力減少時代の到来，若年者層の失業率の高止まり，有期雇用者の増加，そして若年者の職業観等の多様化といった現状を鑑み，国や教育界はもとより，企業は「競争力の維持・強化のために，将来を担う若手社員を養成し，人材の質的水準を向上させることが必要」だというのである（日本経団連，2008，概要）．

　2007年には，『中小企業白書』において，新しい人材ポートフォリオという考え方が見られるようになった．これは，企業が事業戦略を遂行する際の職務に適した人材の最適な組み合わせを，4つの人材のタイプ（① プロデューサー型人材，② スペシャリスト型人材，③ 熟練スタッフ型人材，④ スタッフ型人材）に分けて図示したものである（中小企業庁，2007）．

　さらに，『中小企業白書』では，野村総合研究所の調査データをもとに，「業況感が『非常に良い』『良い』企業の人材ポートフォリオ」を取り上げ，現在の非正規雇用を減らし，正規雇用では，① プロデューサー型人材と② スペシャリスト型人材を増やし，③ 熟練スタッフ型人材と，とくに④ スタッフ型人材を大幅に減らすよう提案している（野村総研，2006）．

　バブル経済崩壊後，顕在化された能力つまり業績だけが企業目的の達成に貢献するものとみなされるようになった．しかし2002年以降，景気が回復するにつれて，こうした顕在能力のみを重視する成果主義に対して疑問が投げかけられるようになり，企業は，組織力の強化を目的とした中長期的な視点に立った人材育成を目指すようになった．

3.7　2008年頃〜現在（リーマンショック後の不況期）—新しい人事管理パラダイムの模索

　2007年は，アメリカ経済のサブプライムローン問題や石油価格の急騰・高騰

といった不安定要因があるとはいえ，日本経済は依然として景気拡大基調にあった．しかし，2008年9月のいわゆるアメリカで起こったリーマンショックを境に，日本経済に再び不況の波が押し寄せてきた．

2007年の『国民生活白書』で，1986年から2004年までの「職業教育訓練の実施率の推移」をみてみると，「Off-JTまたは計画的OJT」，「Off-JT」，「OJT」の順で実施率が高く，景気変動に対応して実施率が増減している．また，1983年から2006年までの「労働費用計に占める教育訓練費の割合」は，バブル経済期，平成不況，ITバブル崩壊，サブプライムローン，そしてリーマンショックを契機として，増減を繰り返している．つまり，教育訓練費は好況時には増大し，不況時には減少するということである（内閣府，2007）．

2009年の厚生労働省「能力開発基本調査」によれば，Off-JTは，2007年，2008年とそれぞれ1人当たり2.2万円，2.5万円と微増したが，2009年には1.3万円とほぼ半減した．同様に，自己啓発支援も同じく0.7万円，0.8万円と微増したが，0.4万円と半減した．また，上述したように，日本経団連によって標榜・重視されてきた選抜重視の人材育成が，ここへきて労働者全体を重視する傾向に変化した．とくに注目すべきは，自己啓発やOff-JTの実施率がともに低下し，有効な能力開発手段としてOJTが重視されていることである．「これまで」ならびに「今後」の「能力開発の主体は『企業か個人か』」という問いに対しては，2000年と2004年を比較してみると，それぞれ企業の責任が69.4％，65.9％，個人の責任が26.5％，31.0％と企業の責任の割合が多いが，年度とともに個人の責任の割合が増えている．

また労働者の半数が，自らの職業能力開発の方法として，「自発的な能力向上のための取組を行うことが必要」と答えているが，「仕事が忙しくて自己啓発の余裕がない」，「費用がかかりすぎる」と答えている点が課題である．その点から，労働者はこれまでの経験から，次第に企業での人材育成をあてにしなくなってきていることが窺える（厚生労働省，2009）．

最近の大企業の事例を概観すると，たとえば，スキル選択型研修，チュータ

ー制度，社内ブログ，社内SNS，シミュレーション研修，ケースフォーラム (case forum)，メンター制度，社内資格認定など，新しい人材育成方法を模索しながらも，OJTとOff-JT，自己啓発支援を中心に，人事制度，人材育成体系ならびに現場のOJTの一貫性・整合性の構築に腐心していることが分かる（労務行政研究所，2005, 2009）．

4．東洋大学経営力創成研究センター「日本発経営力の創成と『新・日本流』経営者・管理者教育アンケート調査」結果より[1]

4.1 管理者として必要とされる行動に影響を与える要因

ここでは，調査結果の中から「管理者として必要とされる行動」[2]に影響を与えていると考えられる要因（因子）として，「管理者の資質」，「管理者の能力」，「管理者の育成方法」の3つについて検討することにしたい．

「管理者として必要とされる行動」として挙げた7つをその重要度の平均が高い順にみてみると，① 有言実行・率先垂範的な行動，② 終始一貫した行動（ブレない行動），③ 部下との良好な人間関係を築こうとする行動，④ トラブルシューター（問題解決人）としての行動，⑤ リーダーとして物事を部下と合意の上で進めていく行動，⑥ 部下の行動に対して自由度をもたせる行動，⑦ 強いリーダーシップ（ワンマンな行動）となっている．

まず，7つの「管理者として必要な資質」（説明変数）が，それぞれの「管理者として必要とされる行動」（目的変数）に関連している度合いの大きさを調べるために重回帰分析を行った．資質ごとに影響度（t値の絶対値が1.4以上）をみてみると，「胆力（精神力）」と「人柄・人望・人間的魅力」の影響度が高いことが判った．「胆力（精神力）」は，③ 部下との良好な人間関係を築こうとする行動，④ トラブルシューター（問題解決人）としての行動，⑤ リーダーとして物事を部下と合意の上で進めていく行動，⑥ 部下の行動に対して自由度をもたせる行動の4つに対して影響度が1位，② 終始一貫した行動（ブ

レない行動）で2位，①有言実行・率先垂範的な行動で3位と，7つの行動のうち6つにおいて高い影響度がみられた．

また「人柄・人望・人間的魅力」は，①有言実行・率先垂範的な行動と②終始一貫した行動（ブレない行動）の2つに対して影響度が1位，③部下との良好な人間関係を築こうとする行動で2位，④トラブルシューター（問題解決人）としての行動で3位と，7つの行動のうち4つにおいて高い影響度がみられた．

次に，7つの「管理者として必要とされる行動」に対する「管理者に必要な能力」の影響度をみてみた．それによると，「上司のパワーをつかいこなせる能力」，「熱意・チャレンジ精神」，「コミュニケーション」といった3つの能力の影響度が高いことが判った．とくに「上司のパワーをつかいこなせる能力」は，②終始一貫した行動（ブレない行動），④トラブルシューター（問題解決人）としての行動，⑥部下の行動に対して自由度をもたせる行動，⑦強いリーダーシップ（ワンマンな行動）の4つで1位，③部下との良好な人間関係を築こうとする行動で2位と，その影響度はずば抜けて高い．

「熱意・チャレンジ精神」は，⑤リーダーとして物事を部下と合意の上で進めていく行動では1位，①有言実行・率先垂範的な行動と②終始一貫した行動（ブレない行動）で2位であった．

「コミュニケーション」は，③部下との良好な人間関係を築こうとする行動で1位，⑤リーダーとして物事を部下と合意の上で進めていく行動で2位，④トラブルシューター（問題解決人）としての行動で4位となった．

第3に，「管理者に必要な能力」と「管理者を育成するための方法」との関係をみてみると，8つのうち6つの能力—責任感，政策形成力，情報処理能力，リーダーシップ，熱意・チャレンジ精神，部下の育成能力—において，その育成方法として，「自己啓発（各人の自主性・やる気に任せる）」が1位から3位までを占めていた．

また同じく「研修会での上司・先輩の談話」といった育成方法が，「熱意・

チャレンジ精神」と「コミュニケーション」といった「管理者に必要な能力」に対して1位，「部下の育成能力」と「上司のパワーを使いこなせる能力」で2位，「政策形成力」で3位，「リーダーシップ」で5位と，全般的に影響度が高かった．その他では，「他部門・関連企業への出向」が「上司のパワーをつかいこなせる能力」で1位を含む4つ，「経営者・コンサルタント等の講演会」が「リーダーシップ」で1位を含む3つで，高い影響度を示した．

最後に，「管理者として必要とされる行動」に影響する「管理者を育成するための方法」には，どのようなものがあるのか分析した．ここでも② 終始一貫した行動と③ 部下との良好な人間関係を築こうとする行動に対して「研修会での上司・先輩の談話」が1位，④ トラブルシューター（問題解決人）としての行動と⑦ 強いリーダーシップ（ワンマンな行動）に対して2位，また④ トラブルシューター（問題解決人）としての行動と⑦ 強いリーダーシップ（ワンマンな行動）に対して「自己啓発（各人の自主性・やる気に任せる）」が1位，「有言実行・率先垂範的な行動」が3位であった．

4.2 管理者の素質・能力と育成方法

それでは，以上の4つの分析から，(1)どのような素質や能力をもった人物が管理者として適しているのか，(2)どのような育成方法を取り入れれば，管理者に必要な能力を育成できるのか，そして(3)素質豊かで有能な管理者を育成するためにはどのような方法を取り入れたらよいのか，といった点について考察することにしたい．

まず(1)だが，分析結果によれば，「胆力（精神力）」があり「人柄・人望・人間的魅力」に満ちた素質・能力を備えた人物が，管理者に相応しいということになる．つまり事に当たって，恐れたり，尻ごみしたりしない精神力やものに動じない気力をもったいわゆる肝っ玉が大きい，魅力あふれる人物である．こうした人物が管理者になれば，上司とコミュニケーションをよく図り，上司の力をうまく引き出し自分の力とする熱意とチャレンジ精神をもった人物となる．

多分に理想的・希望的願望が見受けられるとはいえ，確かにそのような人物であれば，上司にとっても部下にとっても好ましいことは言うまでもない．

次に，(2)の教育や訓練によって能力を鍛える（向上させる）としたら，どのような育成方法が良いのかということだが，「企業内講師（インストラクター）による講習会」や「社外教育機関（大学等を含む教育機関）」，「経営者・コンサルタント等の講演会」といったOff-JTではなく，OJTや自己啓発が重要である．講義といった座学ではなく，「研修会での上司・先輩の談話」や「上司による指示・指導」といったOJTももちろん重要だが，何よりも自主的にやる気をもって事に当たる「自己啓発」が一番ということであろう．また「他部門や関連企業への出向」といった異なる環境に身を置くことで，能力が鍛えられよう．

そして(3)だが，何よりも管理者として必要とされる行動が取れるように育成する方法としては，上司や先輩の経験談やアドバイスを聞かせたり，問題が起きた時にそれを解決できるような手段を体得させるために出向させたりすることが有益である．海外勤務を除くすべての育成方法が，管理者として必要とされる行動に役立つと考えられる．

5．首尾一貫した経営哲学と人材育成施策―むすびにかえて―

5.1 景気に左右される人材育成方針・施策

われわれは，第二次世界大戦後から現在までの期間を，7つの時代（① 第二次世界大戦後の復興期，② 高度経済成長期，③ 低経済成長期，④ 経済回復・安定期～バブル経済期，⑤ バブル崩壊～平成不況期，⑥ 景気回復期，⑦ リーマンショック後の不況期）に区分して，当時の教育訓練・能力開発といった人材育成管理が，各時代を象徴する人事管理パラダイム（① 生活主義，② 年功主義，③ 能力主義，④ 職能主義，⑤ 成果主義，⑥ ポスト成果主義，⑦ 新しい人事管理パラダイムの模索）からどのような影響を受けてきたかを

考察した．

　そこで明らかになったことは，人材育成方針・施策が経済環境（景気）に左右されることであった．すなわち，① 層別教育視点から個別育成視点へ，② 指名参加研修方式から選択的な研修参加方式へ，③ 長期人材育成から短期人材育成へのシフトがみられた．

　例えば，バブル崩壊後には，① 労働費用に占める教育訓練費の削減，② 全員参加型から選択型研修へのシフト，③ 自己啓発の促進（その一方で自己啓発支援費用の削減）がみられた．また2002年以降の景気回復期（いざなみ景気）には，一転して経営者からは① 企業ならびに管理者の人材育成責任，② 個々の成長に合わせた育成管理の必要性，③ 長期的視点での人材育成などが標榜された．換言すれば，好況期には人材育成に力が注がれ充実した施策が取られるが，不況期になると企業は提供する教育機会を減らし，個人主体の学習機会に期待するといった具合である．

　リーマンショックや東日本大震災といった激変する社会・経済環境や，成果・業績主義といった人事管理パラダイムに振り回され，能力向上・伸長を従業員の自己責任とする場当たり的な企業の対応に，従業員の企業への帰属意識や信頼感は次第に損なわれてきている．

5.2　首尾一貫した経営哲学と人材育成管理

　人材育成管理は，トータル人事システムの中核として位置づけられ，賃金管理ならびに配置管理と連関して企業業績に密接に影響を与えている．人材育成の視点からみて個人の能力は，顕在（発揮）能力と潜在（保有）能力からなる職務遂行能力であり，その潜在能力を向上させ，組織能力を増強するためには，基本的に次の3つの方法しかない．

　第1は，職場の上司などによる職場内教育訓練を通じて行われる face-to-face といった人間系のコミュニケーションを通じての支援である．第2は，集合教育などの職場外教育訓練を中心とした組織やシステムを通じての支援であ

る．第3は，自己啓発を通じての個人学習による自らのエンプロイアビリティ（employability）の向上である（幸田，2010：92-93）．

しかるに，多くの企業にみられる教育訓練費の削減による従業員の教育機会の減少は，個人の学習機会の減少を引き起こしている．もちろん知識の習得や技能の体得は，企業から提供されるOJTやOff-JTに全面的に依存することなく，自己啓発がその前提になろう．とはいえ，求める人材像・組織像の基盤となる経営哲学・理念さらに経営方針・ビジョンを安易に変更・転換することは，人材育成に多大な悪影響を及ぼす．したがって，首尾一貫した人材育成施策が企業経営に求められよう．

前述のアンケート調査からは，胆力（精神力）があり人柄・人望・人間的魅力に満ちた資質を持った管理者が日本企業にいま求められていることが判った．また座学を中心としたOff-JTよりも，OJTや自己啓発が従業員の能力向上にとって重要であり，事に当たって望ましい行動が取れる管理者を育成する方法として，上司や先輩の経験談やアドバイスを聞かせたり，問題が起きた時にそれを解決できるような手段を体得させるために出向させたりすることが有益であることが明らかになった．

5.3 新しい人事部門における人材育成方針・施策

新しい人材育成管理は，OJTとOff-JTと自己啓発支援（援助）を中心に，新たな人材育成手法・技法を取り入れて従業員の能力向上に努め，MOT人材をはじめとするマネジメント人材やプロフェッショナル人材あるいはプロデューサー人材や専門スタッフ人材といった新しい価値を創出する人材を育成しなければならない責務を負っている．

しかし，新しい付加価値を創出するマネジメント人材やプロフェッショナル人材を育成するためには，旧来型の人事部門ではその役割を果たすことが難しい．新しい人事部門では，これまでのような組織の視点ばかりでなく，いままで以上に人の視点に立つ，つまりルール重視の管理からサービス提供の役割が

重視される．

　新しい人事部門における人材の育成に関しては，個人的かつ組織的能力の向上を図るため，企業のビジョンや戦略と連携させるとともに，インフラ整備が必要である．したがってそのトップには，経営陣の戦略パートナーとして，財務部門と肩を並べる責任と権限を有する最高人事責任者（Chief Human Resource Officer；CHO）の配置が不可欠である．また，同部門の運営のために，人材マネジメントの専門家であるとともに，従業員の擁護者・サービス提供者としての役割を果たすスタッフの育成が望まれる．このように人事部門ならびに人事スタッフが上記の役割を果たすことで新・日本流の管理者教育が実践され，日本発の経営力が創成されることになろう． 　　　　　　　　　　（幸田　浩文）

注
1）本調査は，経済同友会の「企業経営に関するアンケート」調査結果（『第16回企業白書―新・日本流経営の創造』2009年）とほぼ同一な設問からなるアンケートにより，新たな知見を得ることを目的として実施された．
2）管理者に必要な能力として，設問に問題解決能力や論理的・構造的に物事を考える批判的思考（クリティカル・シンキング―critical thinking）力などを挙げる必要があったかもしれない．

参考文献
岩脇千裕（2007）「日本企業の大学新卒者採用におけるコンピテンシー概念の文脈―自己啓発理解支援ツール開発にむけての探索的アプローチ―」『JILPT Discussion Paper』series 07-04，労働政策研究・研修機構：1-35.
小山田英一・服部治・梶原豊（2007）『経営人材形成史―1945年〜1995年の展開分析―』中央経済社．
川喜多喬（2008）「キャリア支援を重視した人材育成へ社内資源の再投資を」『これからの人材育成研究』（労政時報　別冊）労務行政研究所：47-51.
経済開発協力機構編（1972）『OECD 対日労働報告書』（労働省訳），日本労働協会．
厚生労働省編（2009）「能力開発基本調査」．
幸田浩文（2011）「戦後わが国企業における人材育成管理の史的展開―能力概念を中心に―」『経営力創成研究』第7号，東洋大学経営力創成研究センター：121-133.

幸田浩文（2010）「新しい人材像と人事部門の役割」『人的資源管理』（平野文彦・幸田浩文編）学文社：76-96.

幸田浩文（2009）「人材マネジメントの革新と競争力の創成―新しい人材像と人事部門―」『経営力創成の研究』（東洋大学経営力創成研究センター編）学文社：76-96.

幸田浩文（2003a）「戦後わが国にみる賃金体系合理化の史的展開(3)―職能給の特質と問題点　」『経営論集』第61号，東洋大学経営学部：11-26.

幸田浩文（2003b）「戦後わが国にみる賃金体系合理化の史的展開(2)―職能給の形成過程にみる職能概念と類型化―」『経営論集』第59号，東洋大学経営学部：29-41.

幸田浩文（1987）「OA技術とVDT労働―オフィス生産性とそれに伴う弊害―」『日本労務学会年報』第16回全国大会，日本労務学会：63-69.

幸田浩文（1985）「日本生命保険㈱・日本航空㈱・大成建設㈱のOAシステム」『オフィス・オートメーション』第20号，オフィス・オートメーション学会：58-67.

全日本能率連盟人間能力開発センター編（1981）『戦後企業内教育変遷史―職階別・職能別・テーマ別産業教育―』全日本能率連盟人間能力開発センター.

中小企業金融公庫総合研究所編（2006）『中小企業の技術経営（MOT）と人材教育』中小企業金融公庫総合研究所.

中小企業庁編（2007）『中小企業白書　2007年版』ぎょうせい.

東洋大学経営力創成研究センター編（2011）「日本発経営力の創成と『新・日本流』経営者・管理者教育アンケート調査」東洋大学経営力創成研究センター.

内閣府編（2007）『国民生活白書』時事画報社.

野村総合研究所（2006）「キーパーソンの育成や確保に関するアンケート調査」野村総合研究所.

日経連職務分析センター編（1980）『新職能資格制度―設計と運用―』日本経営者団体連盟弘報部.

日経連能力主義管理研究会編（2001）『能力主義管理―その理論と実践（日経連能力主義管理研究会報告）―』（新装版）日経連出版部.

日本経営者団体連盟編（1969）『能力主義管理―その理論と実践（日経連能力主義管理研究会報告）―』日本経営者団体連盟弘報部.

日本経営者団体連盟編（1968）『激動する国際環境と日本経済』日本経営者団体連盟弘報部.

日本経営者団体連盟編（1967）『自由化の新段階と賃金問題』日本経営者団体連盟弘報部.

日本経済団体連合会（2008）「若手社員の育成に関する提言―企業は今こそ人材育

成の原点に立ち返ろう―」（概要）．
藤井得三（1964）「現段階における職能給の役割と方向」『労務研究』第17巻第3号，日本労務研究会：8-11．
槇田仁・伊藤隆一・小林和久・荒田芳幸・伯井隆義・岡耕一（2010）『管理能力開発のためのインバスケット・ゲーム　改訂版』金子書房．
谷内篤博（2001）「新しい能力主義としてのコンピテンシーモデルの妥当性と信頼性」『経営論集』第11巻第1号，文京学院大学経営学部：49-62．
谷内篤博（2002）「企業内教育の現状と今後の展望」『経営論集』第12巻第1号，文京学院大学経営学部：61-76．
山田雄一（1980）『社内教育入門』日経連弘報部．
労働省編（1977）『雇用管理調査報告』労働大臣官房統計情報部．
労務管理研究会編（1953）『賃金管理ハンドブック』ダイヤモンド社．
労務行政研究所編（2009）『これからの人材育成研究―多様な事例・解説から探る教育・研修の在り方―』労務行政研究所．
労務行政研究所編（2005）『人事担当者のための次世代人材育成の手引き』労務行政研究所．
Spencer, L.M. and S.M. Spencer, (1993) *Competence at Work*, John Wiley & Sons, Inc.（梅津祐良・成田攻・横山哲夫訳（2009）『コンピテンシー・マネジメントの展開―導入・構築・活用―』生産性出版）．
Katz, R.L. (1955) Skills of an Effective Administrator, *Harvard Business Review*, Vol.33 No.1, Harvard Business School Publishing：33-42．（再掲載）Katz, R.L. (1974) Skills of an Effective Administrator, *Harvard Business Review*, Sep.-Oct., Harvard Business School Publishing：90-102．

資　料

2010年8月18日

「日本発経営力の創成と『新・日本流』経営者・管理者教育」に関するアンケート調査に対するご協力のお願い

謹啓

　盛夏の候，貴社におかれましては，ますますご清祥の御事とお慶び申し上げます．

　東洋大学経営力創成研究センターは平成21年度の文部科学省による「私立大学戦略的研究基盤形成支援事業」の認可を受け，研究テーマ「日本発経営力の創成と『新・日本流』経営者・管理者教育の研究」のもとに研究を始めました．

　さて，このたび本研究センターでは，「日本発経営力の創成と『新・日本流』経営者・管理者教育」に関するアンケート調査を行うこととなりました．本アンケート調査は，日本発の日本企業における経営者教育および管理者教育を通した経営力創成の経営実践を明らかにし，日本企業の今後の方向性を検討するために実施するものです．また，本アンケート調査は「経済同友会　企業経営委員会」が議論を進めてきた日本企業の経営実践について提言を行っている『新・日本流経営の創造』に対応するものであります．

　本アンケート調査の内容は，経営に関する質問と経営者・管理者育成に関する質問が大半を占めております．つきましては，貴社経営者様および経営幹部・経営幹部候補者様にご回答いただければ大変有り難く存じます．

　ご多忙のところ誠に恐縮でございますが，本アンケート調査の趣旨にご理解いただき，ご協力いただきますようお願い申し上げます．なお，アンケート調査における個別の回答内容は，アンケート集計結果の作成や情報管理を徹底した上での更なる詳細調査の原データとしての利用などにとどまり，研究の目的以外には一切利用いたしません．個別調査票の形式で公表されるような事は一切ございませんので，ご協力の程お願い申し上げます．

　ご回答いただきましたアンケート回答用紙は，お手数ですが，2010年9月17

日(金)までに返信頂きたく宜しくお願い申し上げます.なお,期日を過ぎても受領いたしますので,ご回答後,返信頂きたく存じます.

謹白

東洋大学経営力創成研究センター

センター長　小椋　康宏

お問合せ先

　東洋大学経営力創成研究センター

　FAX：03-3945-7396　　E-Mail：ml-rcm@ml.toyonet.toyo.ac.jp

1．本調査の目的

　本調査は「経済同友会」が2008年に提言を行った『新・日本流経営の創造』を参考に，日本発の日本企業における経営者教育および管理者教育を通した経営力創成について明らかにしようとしたものである．学界・研究者レベルからの研究成果を基礎にこれらのテーマに取り組むことによって，日本企業の今後の方向性について研究者や経営実践家に発信することが期待される．
　本調査の構成は，Ⅰ．経営全般，Ⅱ．経営力，Ⅲ．経営者能力，Ⅳ．管理者能力に関する4つのテーマから構成されている．本調査では各質問項目に対する「重要度」について5段階項目で評価を行っている．
　Ⅰ．経営全般では，経営者の行動原則について明らかにしようとしたものである．具体的には，経営理念，経営構想，意思決定主体，意思決定内容，ステークホルダーについて尋ねている．
　Ⅱ．経営力については，日本企業の経営力創成に関する行動原則について明らかにしようとしたものである．具体的には，マーケティング力，イノベーション力，プロダクティビティ力，財務力，物的資源力，最高経営層のリーダーシップ力，ガバナンス力，収益力，情報システム力，企業の社会的責任力（CSR力）について尋ねている．
　Ⅲ．経営者能力については，日本企業の経営者教育に関する行動原則について明らかにしようとしたものである．具体的には，経営のグローバル化，企業としてのグローバル化，経営者としてのグローバル化，トップ経営者になるための資質，経営者になるために必要な卓越した行動，管理者に対するキャリア教育，トップ経営者の教育，経営理念・ビジョン，M&A，地球環境問題について尋ねている．
　Ⅳ．管理者能力については，日本企業の管理者教育に関する行動原則について明らかにしようとしたものである．具体的には，管理者の後継者の確保先，管理者を育成するための方法，管理者の能力を評価する方法，管理者に必要な能力，管理者として必要とされる資質，管理者として必要とされる行動，人事部門の役割として必要なもの，部門管理者，人材育成策，人事処遇制度について尋ねている．

2．本調査の対象と方法

　本調査の対象は，全上場企業における金融，上場廃止企業，上場廃止予定企業，監理・整理銘柄指定企業を除いた企業3,522社（2010年8月時点）である．なお，調査対象の選定にあたっては，「会社四季報　CD-ROM 2010年1集」に基づいて行った．
　調査実施時期は，2010年8月であり，回答者数は205社（回収率5.8％）であった．
　調査対象者は，主として経営者を対象に行った．経営者が回答できない場合は，

経営者の職に準ずる方から回答を頂いた．
　調査方法は郵送により，会社名，回答者氏名，回答者職名の欄を設けた．
　本調査はアンケート調査の回答から集計したデータの統計的処理と分析のプロセスにおいて，初期段階のデータ処理で得られた基本統計量とその分析をまとめたものである．基本統計量は最も素朴な情報を提供するので，直感的に理解しやすい分析の結果が得られる．アンケートをご回答いただいた企業様へのフィードバック，さらなる学術的分析の検討資料として本報告書を制作することにした．
　アンケートの回答方法について，各質問項目のそれぞれの項目ごとに貴社にとっての重要度を次のように5段階評価し，回答をいただいた．
　　5：最も重要，4：かなり重要，3：どちらかといえば重要，2：あまり重要でない，1：重要でない．
　ここでは，基本統計量として各項目の重要度の標本平均と標準偏差を示した．標本平均は各項目の平均的重要度を表しているので，標本平均の大きい順に並べ替えた基本統計量を質問ごとにまとめ，標本平均についてはグラフに示した．標準偏差は重要度のばらつきを表すので，その値が小さいほど回答者の認識が近いことを意味し，大きいほど意見が分かれていることを意味している．各質問ごとに分析の結果をグラフの下に示している．

3．調査メンバーおよび執筆者一覧

　本調査に携わったメンバーは以下のとおりである．
小椋　康宏（センター長，プロジェクト・リーダー，東洋大学教授）〔Ⅰ．経営全般担当〕
河野　大機（プロジェクト・サブリーダー，東洋大学教授）〔Ⅱ．経営力担当〕
中村　久人（研究員，東洋大学教授）〔Ⅲ．経営者能力担当〕
幸田　浩文（プロジェクト・サブリーダー，東洋大学教授）〔Ⅳ．管理者能力担当〕
董　　晶輝（研究員，東洋大学准教授）〔調査分析担当〕

2. 調査結果

I. 経営全般について

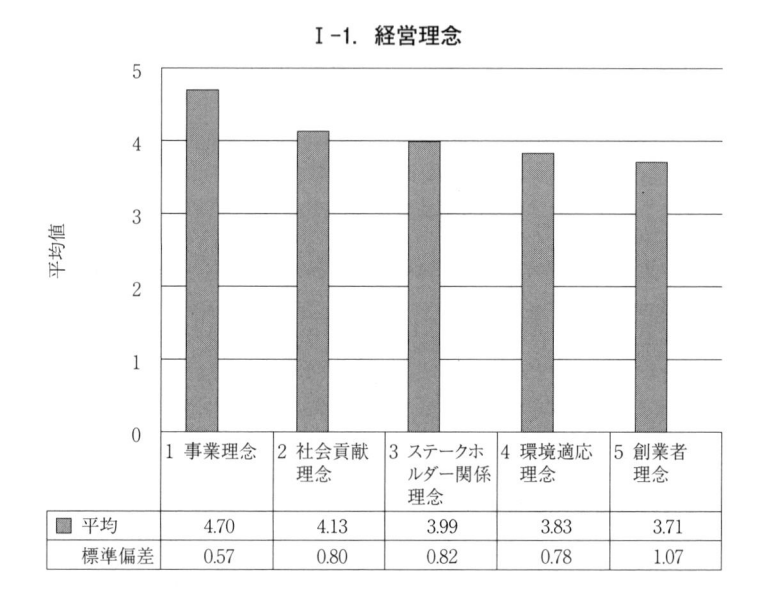

I-1. 経営理念

	1 事業理念	2 社会貢献理念	3 ステークホルダー関係理念	4 環境適応理念	5 創業者理念
平均	4.70	4.13	3.99	3.83	3.71
標準偏差	0.57	0.80	0.82	0.78	1.07

経営全般について，まずI-1．経営理念の重要度を尋ねた．経営理念の中身については，ここでとりあげた5つの理念の重要度を問うたものである．第1位は事業理念が平均4.70，標準偏差0.57で，高い重要度を示すことになった．第2位は，社会貢献理念が平均4.13，標準偏差0.80であり，これも高い重要度を示すことになった．第3位は，ステークホルダー関係理念が平均3.99，標準偏差0.82であり，第4位は環境適応理念が平均3.83，標準偏差0.78であり，第5位は創業者理念が平均3.71，標準偏差1.07であり，いずれも経営理念の重要度はあるとの結果を得た．

創業者理念が最下位になっていることについては，企業年齢が経つにつれて，経営者がその重要性について少し低く考えているということがいえよう．

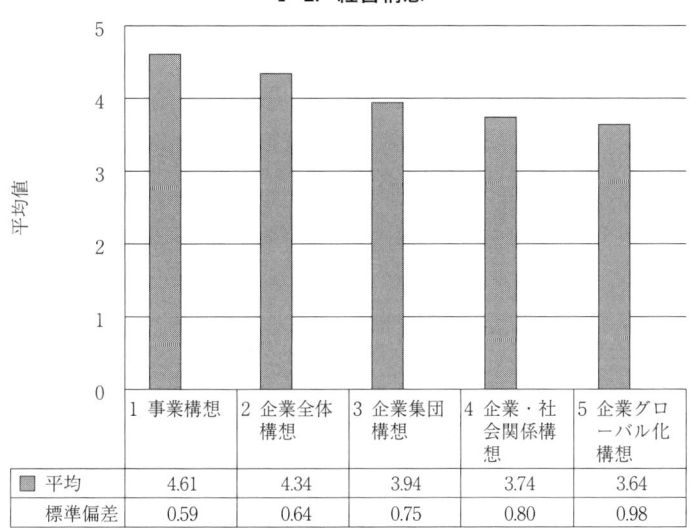

Ⅰ-2. 経営構想

	1 事業構想	2 企業全体構想	3 企業集団構想	4 企業・社会関係構想	5 企業グローバル化構想
平均	4.61	4.34	3.94	3.74	3.64
標準偏差	0.59	0.64	0.75	0.80	0.98

　経営全般について，Ⅰ-2．経営構想の重要度について尋ねた．経営構想の中身については，ここでとりあげた5つの構想の重要度を問うたものである．経営構想については，第1位は，事業構想が平均4.61，標準偏差0.59であり，第2位は，企業全体構想が平均4.34，標準偏差0.64であり，その重要度が明らかになった．第3位は，企業集団構想が平均3.94，標準偏差0.75であり，第4位は企業・社会関係構想が平均3.74，標準偏差0.80であり，第5位は，企業グローバル化構想が平均が3.64，標準偏差0.98であり，重要度があると判断していることがわかる．

　事業構想および企業全体構想が高い重要度を示していることについては，異論のないところである．

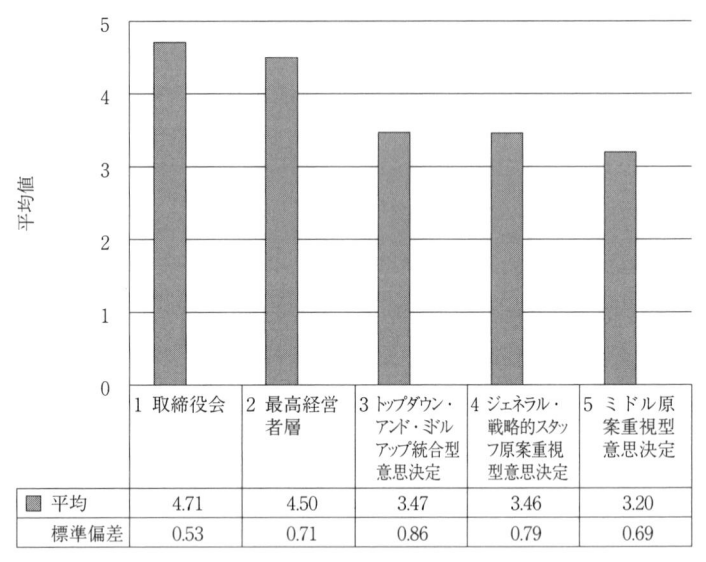

Ⅰ-3. 意思決定主体

	1 取締役会	2 最高経営者層	3 トップダウン・アンド・ミドルアップ統合型意思決定	4 ジェネラル・戦略的スタッフ原案重視型意思決定	5 ミドル原案重視型意思決定
平均	4.71	4.50	3.47	3.46	3.20
標準偏差	0.53	0.71	0.86	0.79	0.69

　経営全般について，Ⅰ-3．意思決定主体の重要度を尋ねた．意思決定主体の中身については，ここでとりあげた5つの意思決定主体の重要度を問うたものである．第1位が取締役会であり，平均4.71，標準偏差0.53であり，第2位は，最高経営者層が，平均4.50，標準偏差0.71となり，その重要度が明らかになった．第3位がトップダウン・アンド・ミドルアップ統合型意思決定が平均3.47，標準偏差0.86，第4位がジェネラル・戦略的スタッフ原案重視型意思決定が，平均3.46，標準偏差0.79，第5位ミドル原案重視型意思決定が平均3.20，標準偏差0.69であり，どちらかといえば重視していることがわかった．しかしながら取締役会，最高経営者層が意思決定主体であることについては変わりない．

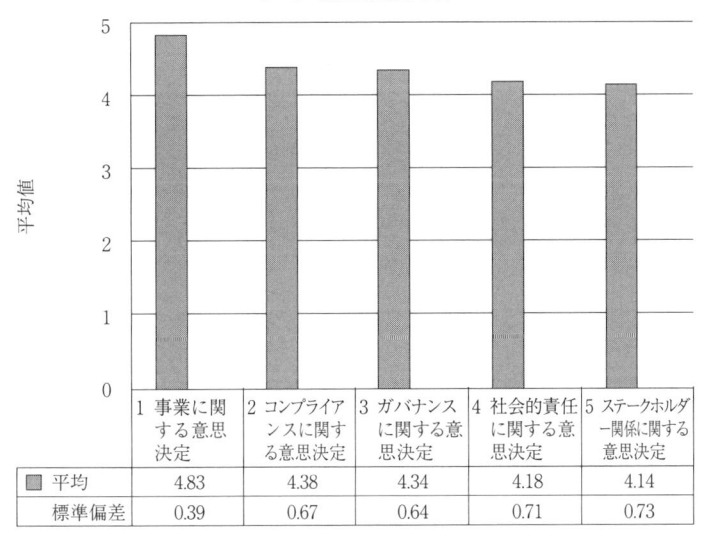

I-4. 意思決定内容

	1 事業に関する意思決定	2 コンプライアンスに関する意思決定	3 ガバナンスに関する意思決定	4 社会的責任に関する意思決定	5 ステークホルダー関係に関する意思決定
平均	4.83	4.38	4.34	4.18	4.14
標準偏差	0.39	0.67	0.64	0.71	0.73

　経営全般について，I-4.意思決定の内容の重要度を尋ねた．意思決定内容の中身については，ここでとりあげた5つの意思決定内容の重要度を問うたものである．第1位は，事業に関する意思決定が平均4.83，標準偏差0.39であり，第2位はコンプライアンスに関する意思決定が，平均4.38，標準偏差0.67であり，第3位は，ガバナンスに関する意思決定が，平均4.34，標準偏差0.64であり，第4位は，社会的責任に関する意思決定が，平均4.18，標準偏差0.71であり，第5位は，ステークホルダー関係に関する意思決定が，平均4.14，標準偏差0.73であり，いずれも高い重要度を示すことになった．この点については，経営全般における意思決定については，経営者にとってもっとも重要な事項の一つとなっていることが明確になった．

I-5. ステークホルダー

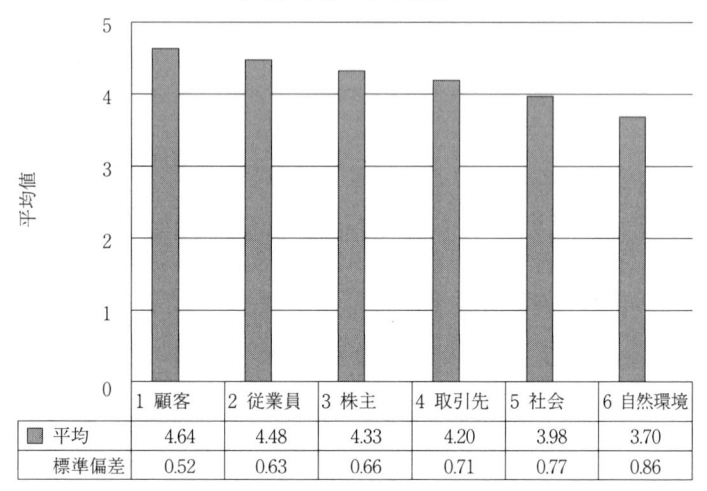

	1 顧客	2 従業員	3 株主	4 取引先	5 社会	6 自然環境
平均	4.64	4.48	4.33	4.20	3.98	3.70
標準偏差	0.52	0.63	0.66	0.71	0.77	0.86

　経営全般について，I-5.ステークホルダーの重要度を尋ねた．ステークホルダーの中身については，ここでとりあげた6つのステークホルダーの重要度を問うたものである．第1位は顧客が平均4.64，標準偏差0.52であり，第2位は従業員が平均4.48，標準偏差0.63，第3位は株主が平均4.33，標準偏差0.66であり，第4位は取引先が平均4.20，標準偏差0.71となり，いずれも重要度の高いステークホルダーとなった．前4者は，いずれも経営者と直接に関係を持つステークホルダーであり，アンケート結果は理解できるところである．ただし，ステークホルダーである株主が最上位にこなかった点については，日本企業の経営者の考え方を示しているといえよう．尚，第5位は社会が平均3.98，標準偏差0.77であり，第6位は自然環境が平均3.70，標準偏差0.86となっており，社会や自然環境に対する関心度は，他のステークホルダーと比べてやや低いことが明らかになった．

II. 経営力について

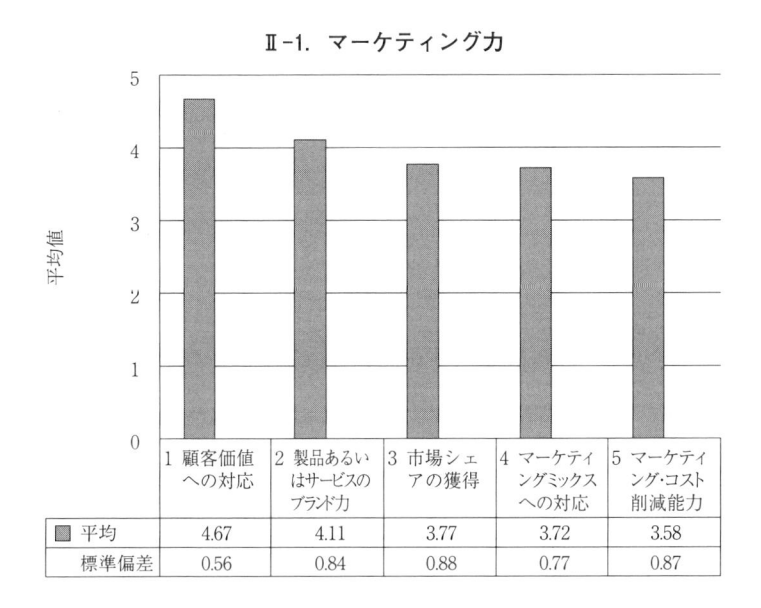

II-1. マーケティング力

	1 顧客価値への対応	2 製品あるいはサービスのブランド力	3 市場シェアの獲得	4 マーケティングミックスへの対応	5 マーケティング・コスト削減能力
平均	4.67	4.11	3.77	3.72	3.58
標準偏差	0.56	0.84	0.88	0.77	0.87

II-1．マーケティング力：重要度第1位は「顧客価値への対応」（重要度平均4.67）である．第2位は「製品あるいはサービスのブランド力」（同4.11）である．他のものでは「市場シェアの獲得」（同3.77），「マーケティングミックスへの対応」（同3.72），「マーケティング・コスト削減能力」（同3.58）もすべて重要度3の後半の中に収まっており，全体として重要視されている．〔現在・将来の〕顧客〔・市場・用途〕創造を実現したものとしてドラッカーは日本企業をあげたが，これを重視した日本企業の基本的な経営姿勢を読み取ることができる．今やグローバル化した経営においては，この必要性は日本企業のみならず各国企業にも通じる一般的なものと捉えられている．

II-2. イノベーション力

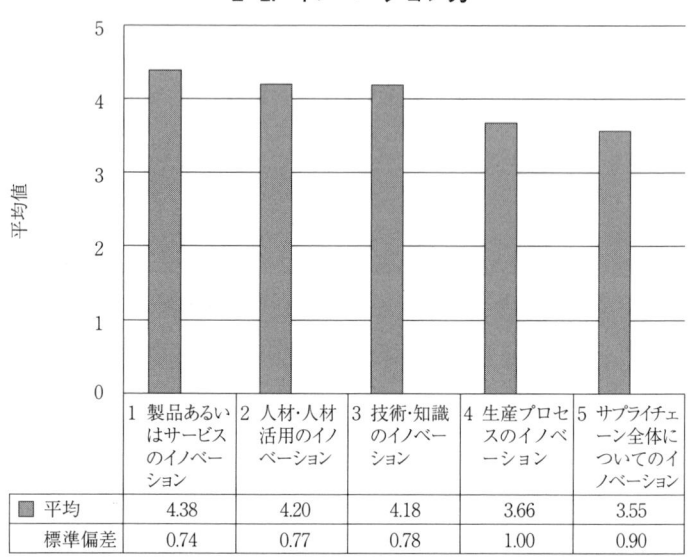

	1 製品あるいはサービスのイノベーション	2 人材・人材活用のイノベーション	3 技術・知識のイノベーション	4 生産プロセスのイノベーション	5 サプライチェーン全体についてのイノベーション
平均	4.38	4.20	4.18	3.66	3.55
標準偏差	0.74	0.77	0.78	1.00	0.90

II-2. イノベーション力：重要度第1・2・3位は「製品あるいはサービスのイノベーション」（重要度平均4.38），「人材・人材活用のイノベーション」（同4.20），「技術・知識のイノベーション」（同4.18）である．他のもの「生産プロセスのイノベーション」（同3.66），「サプライチェーン全体についてのイノベーション」（同3.55）もすべて重要度3の後半の中に収まっており，全体として重要視されている．とくに，「人材・人材活用のイノベーション」が重要度第2位を占めているということから，人間を重視した日本企業の基本的な経営姿勢を読み取ることができる．また，「技術・知識のイノベーション」が近接していることは，グローバルな知識社会への対応を示している．

II-3. プロダクティビティ力

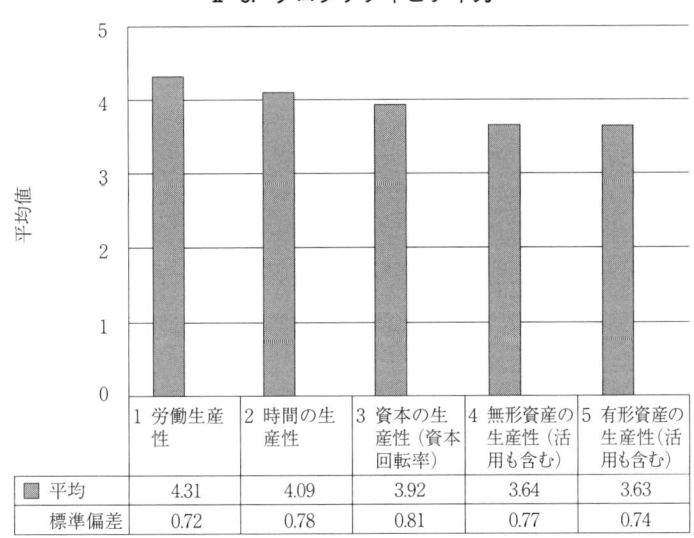

	1 労働生産性	2 時間の生産性	3 資本の生産性（資本回転率）	4 無形資産の生産性（活用も含む）	5 有形資産の生産性（活用も含む）
平均	4.31	4.09	3.92	3.64	3.63
標準偏差	0.72	0.78	0.81	0.77	0.74

II-3. プロダクティビティ力：重要度第1位は「労働生産性」（重要度平均4.31），第2・3位は「時間の生産性」（同4.09），「資本の生産性（資本回転率）」（同3.92）であり，他のものでは「無形資産の生産性（活用も含む）」（同3.64），「有形資産の生産性（活用も含む）」（同3.63）もすべて重要度3の後半の中に収まっており，全体として重要視されている．「労働生産性」が重要度第1位を占めていることは，人間を重視した日本企業の基本的な経営姿勢を読み取ることができる．また，「時間の生産性」が重要度第2位を占めていることは，日本人の時間意識の高さの表れと理解されるが，これが作業時間のみならず管理時間も指しているかについては今後調査する必要がある．

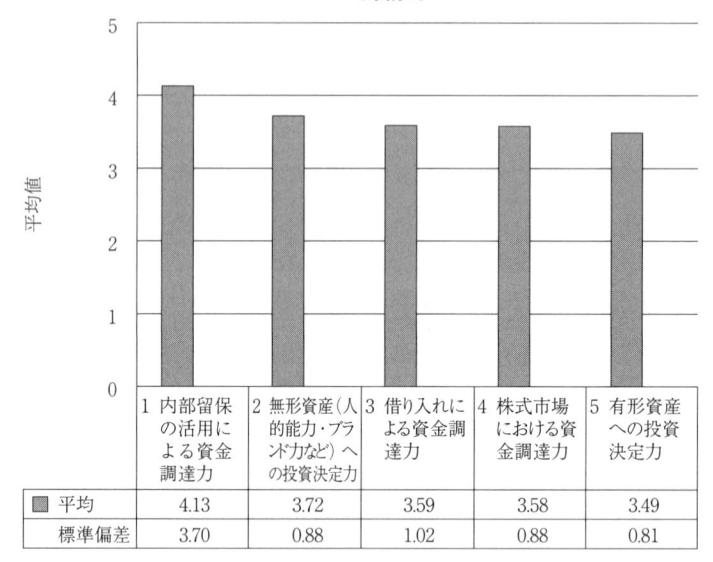

II-4. 財務力

	1 内部留保の活用による資金調達力	2 無形資産(人的能力・ブランド力など)への投資決定力	3 借り入れによる資金調達力	4 株式市場における資金調達力	5 有形資産への投資決定力
平均	4.13	3.72	3.59	3.58	3.49
標準偏差	3.70	0.88	1.02	0.88	0.81

II-4. 財務力：重要度第1位は「内部留保の活用による資金調達力」（重要度平均4.13）（偏差は大），第2位は「無形資産（人的能力・ブランド力など）への投資決定力」（同3.72）である．他のものでは「借り入れによる資金調達力」（同3.59），「株式市場における資金調達力」（3.58），「有形資産（人的能力・ブランド力など）への投資決定力」（3.49）もすべて重要度3の中程に収まっており，全体としてある程度は重要視されている．資金調達力は，「借り入れによる」（同3.59），「株式市場における」（同3.58）よりも「内部留保の活用による」（同4.13）の方が重視されている．また，「無形資産（人的能力・ブランド力など）への投資決定力」が第2位であることは，人間重視の姿勢の表れか．

資料　205

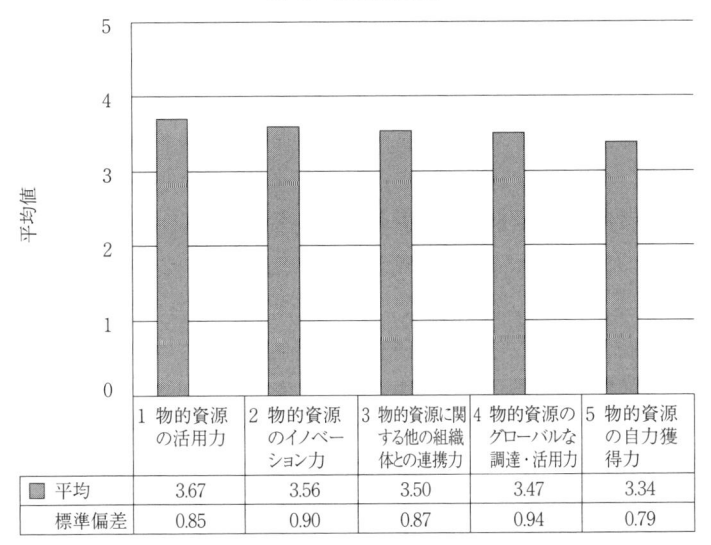

II-5. 物的資源力

	1 物的資源の活用力	2 物的資源のイノベーション力	3 物的資源に関する他の組織体との連携力	4 物的資源のグローバルな調達・活用力	5 物的資源の自力獲得力
平均	3.67	3.56	3.50	3.47	3.34
標準偏差	0.85	0.90	0.87	0.94	0.79

II-5. 物的資源力：この経営力の細目５つの間に差は少なく，重要度３の中程に収まっていて全体としてある程度は重要視されている．このことは，「物的資源の活用力」(3.67)，「物的資源のイノベーション力」(3.56)，「物的資源に関する他の組織体との連携力」(3.50)，「物的資源のグローバルな調達・活用力」(3.47)，「物的資源の自力獲得力」(3.34) に表れている．こうした評価の結果から，物的資源力の表れ方，あるいは獲得・活用の仕方について，日本企業のなかに大きな差が果たして無いのか，または，個々の企業間に差があったとしても日本企業全体としては平均化されてしまっているのか，という点を，今後は検討を加えていく必要がでてくるであろう．

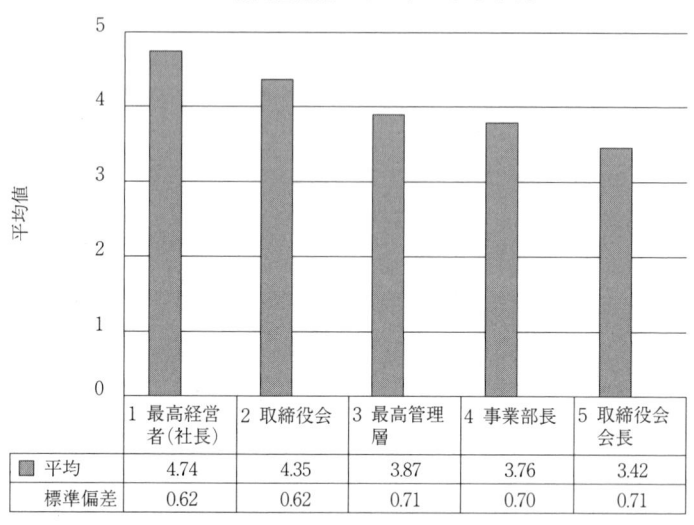

Ⅱ-6. 最高経営層のリーダーシップ力

	1 最高経営者(社長)	2 取締役会	3 最高管理層	4 事業部長	5 取締役会長
平均	4.74	4.35	3.87	3.76	3.42
標準偏差	0.62	0.62	0.71	0.70	0.71

Ⅱ-6. 最高経営層のリーダーシップ力：重要度第1位は「最高経営者（社長）」（重要度平均4.74)，第2位は「取締役会」（同4.35）である．その他「最高管理層」（同3.87)，「事業部長」（同3.76）は重要度3における後半に収まっており，「取締役会会長」（同3.42）は重要度3の中ほどに近く，全体として重要視されている．これら数値の表れ方の意味は何かについて，今後さらなる調査が必要であろう．このリーダーシップ力について，①第1位に焦点を当てて従来のアメリカ型に近づいたとみるのか，また，第1・3・4位と第2位・5位とについて，②最高経営執行者と取締役の未分化・重複という日本企業の特徴とみるのか，③相互作用とみるのかなど．

II-7. ガバナンス力

	1 最高経営者(社長)の意思決定力	2 取締役[会]の意思決定力	3 内部統制および危機管理能力	4 コンプライアンス力	5 ステークホルダーとの対抗力
平均	4.54	4.52	4.17	4.12	3.71
標準偏差	0.48	0.68	0.66	0.69	1.29

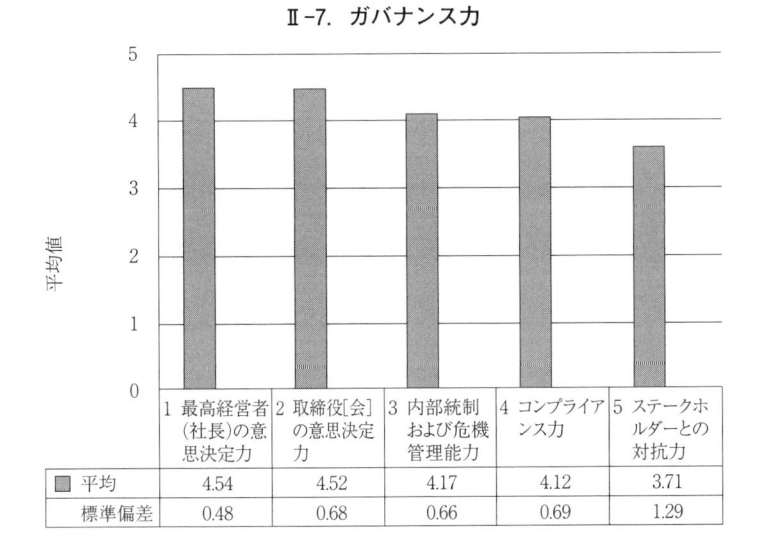

II-7. ガバナンス力：重要度第1・2位は「最高経営者（社長）の意思決定力」（重要度平均4.54），「取締役［会］の意思決定力」（同4.52）であり，しかも同程度であるということは，広義の最高経営層にガバナンス力があることを意味しているかを今後検討する必要がある．また，II-7. ガバナンス力とII-6. 最高経営層のリーダーシップ力とI-3. 意思決定主体のそれぞれの重要度も比較検討する必要が今後生じよう．さらに，その対象・内容は第3・4・5位の「内部統制および危機管理能力」（同4.17），「コンプライアンス力」（同4.12），「ステークホルダーとの対抗力」（同3.71）であるが，I-1. 経営理念やI-2. 経営構想の重要度評価値との比較が必要になろう．

II-8. 収益力

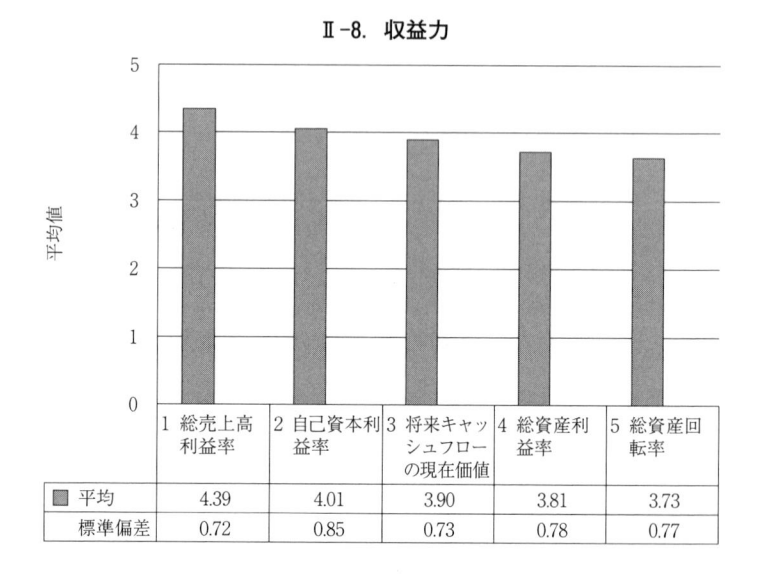

	1 総売上高利益率	2 自己資本利益率	3 将来キャッシュフローの現在価値	4 総資産利益率	5 総資産回転率
平均	4.39	4.01	3.90	3.81	3.73
標準偏差	0.72	0.85	0.73	0.78	0.77

II-8. 収益力：この経営力の5つの細目はすべて重要度3の後半の中に収まっており，全体として重要視されている．「総売上高利益率」（重要度平均4.39）が重要度第1位であることと，II-1．マーケティング力の細目・市場シェアの獲得（3.77，第3位）とを，単純に比較することはできないが，日本企業は前者の方を重視しているのではないかと読み取れる．また，「自己資本利益率」（同4.01）が第2位であることは，日本企業も株主価値の創造を意識してきていることを窺わせるのではなかろうか．さらに，「将来キャッシュフローの現在価値」が第3位（同3.90）であることは，理論面だけでなく実践面，しかも日本企業でも相当重視されていることを示している．

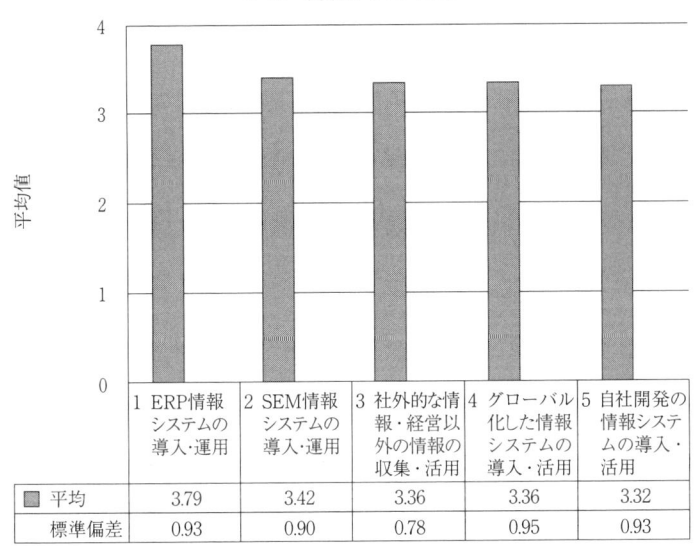

II-9. 情報システム力

	1 ERP情報システムの導入・運用	2 SEM情報システムの導入・運用	3 社外的な情報・経営以外の情報の収集・活用	4 グローバル化した情報システムの導入・活用	5 自社開発の情報システムの導入・活用
平均	3.79	3.42	3.36	3.36	3.32
標準偏差	0.93	0.90	0.78	0.95	0.93

II-9．情報システム力：重要度第1位は「ERP情報システムの導入・運用」（重要度平均3.79），第2位以下は3.4と3.3段階であり，順に「SEM情報システムの導入・運用」（同3.42），「社外的な情報・経営以外の情報の収集・活用」（同3.36），「グローバル化した情報システムの導入・活用」（同3.36），「自社開発の情報システムの導入・活用」（同3.32）である．ERPについては，分化された経営諸職能の統合化への意識・関心を示している．しかし，その評価値も4には到達せず，第2位以下の細目はすべて重要度3の前半の中に収まっておりその差はほとんどない．このことと，I-1．経営理念やI-2．経営構想を対応させると，この経営力の面は日本企業の今後の課題になる．

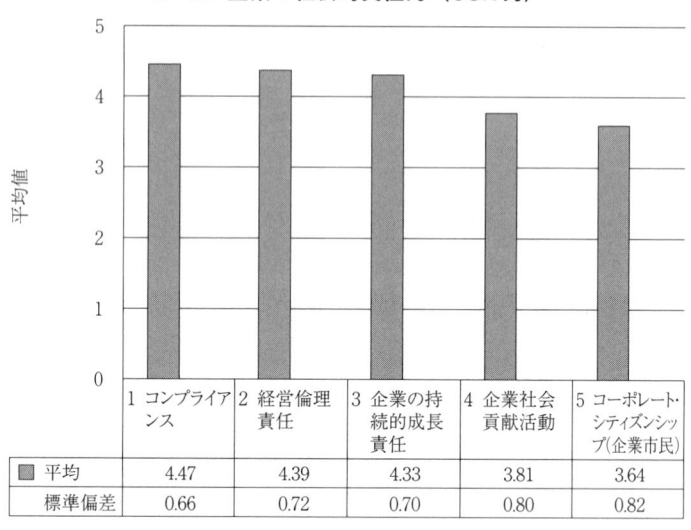

II-10. 企業の社会的責任力（CSR力）

	1 コンプライアンス	2 経営倫理責任	3 企業の持続的成長責任	4 企業社会貢献活動	5 コーポレート・シティズンシップ(企業市民)
平均	4.47	4.39	4.33	3.81	3.64
標準偏差	0.66	0.72	0.70	0.80	0.82

II-10. 企業の社会的責任力（CSR力）：第1・2・3位は，「コンプライアンス」（重要度平均4.47），「経営倫理責任」（同4.39），「企業の持続的成長責任」（同4.33）である．第3位以上の細目が重要度4の前半の中に収まっていることは，II-2. イノベーション力やII-7. ガバナンス力とともに，非常に重視されていることを意味している．また，第4・5位が，「企業社会貢献活動」（同3.81），「コーポレート・シティズンシップ（企業市民）」（同3.64）であり，3の後半の中に収まっていることは，全体として重要視されていることを意味している．社会的責任の重要度評価においては，社会を重視した日本企業の基本的な経営姿勢を読み取ることができる．

Ⅲ. 経営者能力について

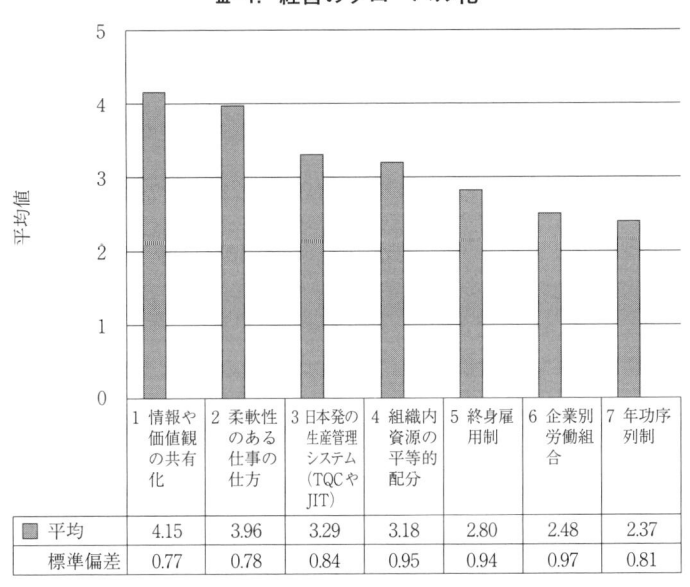

Ⅲ-1. 経営のグローバル化

	1 情報や価値観の共有化	2 柔軟性のある仕事の仕方	3 日本発の生産管理システム(TQCやJIT)	4 組織内資源の平等的配分	5 終身雇用制	6 企業別労働組合	7 年功序列制
平均	4.15	3.96	3.29	3.18	2.80	2.48	2.37
標準偏差	0.77	0.78	0.84	0.95	0.94	0.97	0.81

　経営者能力に関して，最初の質問は「経営のグローバル化時代において，それぞれの重要度をお答え下さい」であった．結果は，上記の通りであり，いわゆる「日本的経営の三種の神器」を挙げる回答は少なかった．

　「情報や価値観の共有化」（1位）については，従来から日本企業の強さは情報共有，価値共有（経営理念やビジョンなど）とよく言われてきた．組織の成員間，部門間，また下請などとの企業間においても共有されており，これは職場でのローテーンションン，大部屋のオフィス　レイアウト，新製品開発のためのプロジェクトチームの設置，デザイン・インなどによって補強されていると考えられる．「柔軟性のある仕事の仕方」（2位）は，日本の組織の職務においては相互依存の領域が多く，融通性や柔軟性が高い点が評価されていると思われる．そのような特性があって，例えば工場では，「多能工化」や「知的熟練」が可能になると考えられる．TQCやJITなどの生産管理システム（3位）の優秀性も日本企業の優位性としてこれまで外国からも高い評価が与えられている．TQCとJITは一緒になって，無駄の排除，

不良率の削減，職場共同体の醸成，コストの削減等に貢献している．「組織内資源の平等的配分」については中位であるが，日本の組織は資源の階層的配分が平等的または分散的である点に，賛否両論があるということでもあろう．

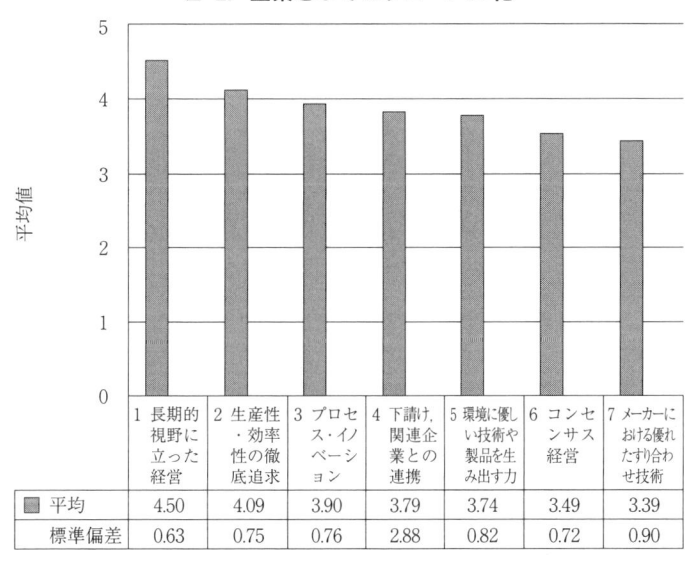

Ⅲ-2. 企業としてのグローバル化

	1 長期的視野に立った経営	2 生産性・効率性の徹底追求	3 プロセス・イノベーション	4 下請け，関連企業との連携	5 環境に優しい技術や製品を生み出す力	6 コンセンサス経営	7 メーカーにおける優れたすり合わせ技術
平均	4.50	4.09	3.90	3.79	3.74	3.49	3.39
標準偏差	0.63	0.75	0.76	2.88	0.82	0.72	0.90

　次の質問は「企業としてのグローバル化との関係で，それぞれの重要度をお答え下さい」というものである．この質問はグローバル化との関係で各企業の「強み」を知ろうとする意図が含まれている．結果は，「長期的視野に立った経営」が1位であった．長期的視野に立った戦略立案や緻密な実行，それに伴う戦略の一貫性・継続性などが具体的内容として考えられるが，この点は経済同友会のアンケート調査[1]でも経営者が長期的視点からの成長を重視しており，本調査結果とも一致する．「生産性・効率性の徹底追求」(2位)は，これまで日本企業は外国の優れたものを巧みに取り入れるだけでなく，JITやTQCにより生産性・効率性の向上を図ってきたことからも明らかであろう．3位の「プロセス・イノベーション」については，一般的に日本企業はアメリカ企業のように革新的技術開発力や画期的新製品開発力といった「プロダクト・イノベーション」には劣っているが，量産化技術開発，生産性向上，品質管理などの「プロセス・イノベーション」には優れているといわれてきた．この結果はそのことを裏付けていると思われる．4位の「下請け，関連企業との連携」について標準偏差が高いのは賛否両論があるということであろう．

注1）「事業環境の変化と企業経営に関するアンケート調査」(経済同友会，2007年)

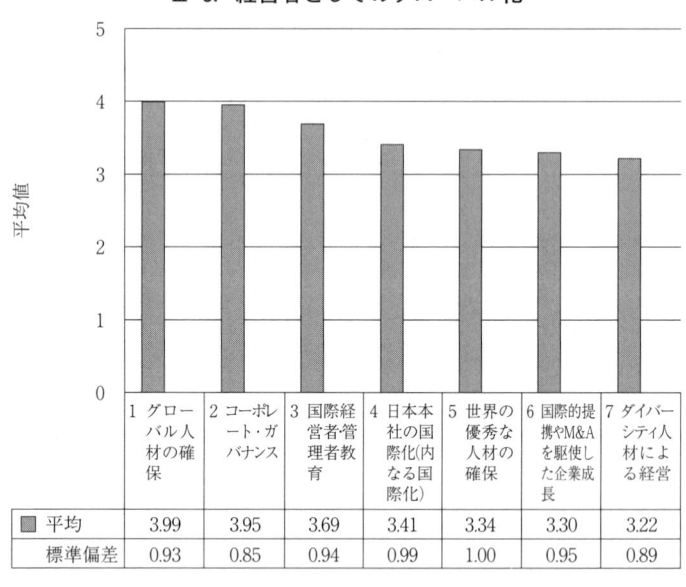

III-3. 経営者としてのグローバル化

	1 グローバル人材の確保	2 コーポレート・ガバナンス	3 国際経営者・管理者教育	4 日本本社の国際化(内なる国際化)	5 世界の優秀な人材の確保	6 国際的提携やM&Aを駆使した企業成長	7 ダイバーシティ人材による経営
平均	3.99	3.95	3.69	3.41	3.34	3.30	3.22
標準偏差	0.93	0.85	0.94	0.99	1.00	0.95	0.89

　第3の質問は「経営者としてのグローバル化との関係で，それぞれの重要性をお答え下さい」である．「グローバル人材の確保」を挙げる企業が一番多かったが，このことは企業の急速なグローバル化によって子会社の数が急増し，社内でのグローバル人材の育成や確保が追いつかないことを物語っているといえよう．今後，現地人，第3国籍人を含め積極的な国際経営者・管理者の育成と確保が急務である．第2位の「コーポレート・ガバナンス」については，ステークホルダーの多くがグローバル化している現在，経営の信頼性を高めるためにも，経営者は株主の期待にこたえる経営やガバナンスの透明化などを重視していることが窺える．3位の「国際経営者・管理者教育」は，1位の「グローバル人材の確保」と部分的に重複する結果となっている．これらの教育には現地子会社だけでなく「日本本社の国際化」（4位）が重要である．つまり，海外子会社でのヒトの国際化の問題は，日本本社の国際化（内なる国際化）の問題でもあるといえよう．「世界の優秀な人材の確保」が5位というのは，グローバル人材を日本人に限定しているのだろうか．さらに，日本の経営者は，6位，7位にみられるように，相対的には「国際的提携やM&Aを駆使した企業成長」や「ダイバーシティ人材による経営」には関心度合いが今一つの結果となっている．

資料　215

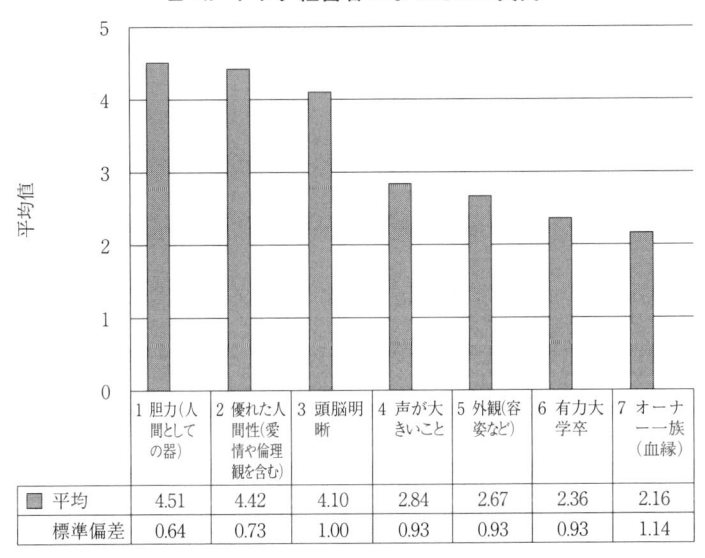

Ⅲ-4. トップ経営者になるための資質

	1 胆力(人間としての器)	2 優れた人間性(愛情や倫理観を含む)	3 頭脳明晰	4 声が大きいこと	5 外観(容姿など)	6 有力大学卒	7 オーナー一族(血縁)
平均	4.51	4.42	4.10	2.84	2.67	2.36	2.16
標準偏差	0.64	0.73	1.00	0.93	0.93	0.93	1.14

　第4の質問は「トップ経営者になるための資質として，それぞれの重要度をお答え下さい」である．この質問は，トップとしてのリーダーの資質を聞くものであるが，1位は「胆力（人間としての器）」であった．また，胆力は人間としての度量ということでもある．次頁の質問とも関係するが，トップとしてのリーダーに要請される最も重要な能力は意思決定能力であると組織行動論では言われているが，この意思決定能力を構成する要因として「知識」，「論理的思考力」，および「胆力」が挙げられる[2]．胆力をつけることは，「一皮むける経験」と大いに関係しており，トップとしてのリーダーになるために非常に重要な資質と考えられる．2位は，「優れた人間性（愛情や倫理観を含む）」であるが，これも組織行動論では，リーダーシップ発現の核心的ファクター（リーダーシップコア）を構成する3つの要素の一つ（他には能力と一貫性）として知られている[3]．3位は頭脳明晰であった．

　他方，上場企業といえども一旦入社してしまえば，有力大学卒（6位）やオーナー一族（血縁）（7位）であることなどさほど重要なことではなさそうである．

注2）波頭亮『リーダーシップ構造論』産業能率大学出版部，91ページ．
注3）波頭亮『リーダーシップ構造論』産業能率大学出版部，91ページ．

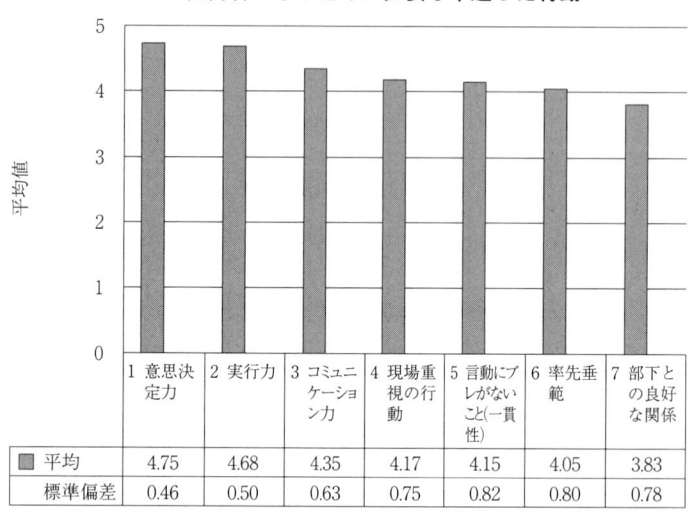

Ⅲ-5. 経営者になるために必要な卓越した行動

	1 意思決定力	2 実行力	3 コミュニケーション力	4 現場重視の行動	5 言動にブレがないこと(一貫性)	6 率先垂範	7 部下との良好な関係
平均	4.75	4.68	4.35	4.17	4.15	4.05	3.83
標準偏差	0.46	0.50	0.63	0.75	0.82	0.80	0.78

　トップ経営者であるリーダーには，前出の要請される資質の他に卓越した経営行動が要求されると考えられる．第5番目はこれについての質問である．「意思決定力」，「実行力」，「コミュニケーション力」がそれぞれ1位，2位，3位であった．これらはすべてリーダーシップコア要素の一つを構成する能力（Capability）のサブ要素として捉えることができ，組織行動の理論とも一致する．意思決定力は，組織目標を達成に導くものであり，部下（フォロワー）がトップとしてのリーダーに求める最も重要な能力要素であることが確認されたことになる．既述のように意思決定力の構成因子は，「知識」，「論理的思考力」，および「胆力」である．知識は主として学習と経験によって，「論理的思考力」は訓練の蓄積によって，「胆力」は経験と心がけによってそれぞれ習得されるものである．また，「実行力」に関しては，トップとしてのリーダーが集団を動かさなければならない状況というのは，非定常的であり，しかも前例がないような状況である．与えられた選択肢を評価して合理的な方策を選ぶだけの判断行為ではなく，むしろ自らリスクをとって自らが下した選択肢に賭け，目標達成に突き進んでいく実行力をいう．「現場重視の行動」も関連してくる．また，5位は言動にブレがないこと（一貫性）であり，これも組織行動論では，能力，人間性（愛情と倫理）と並んでリーダーシップコアを構成する3要素の一つに挙げられる．

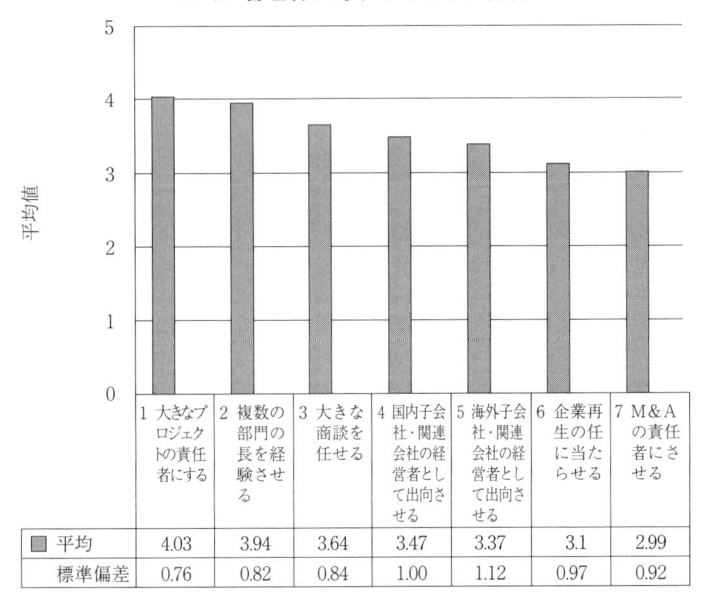

III-6. 管理者に対するキャリア教育

	1 大きなプロジェクトの責任者にする	2 複数の部門の長を経験させる	3 大きな商談を任せる	4 国内子会社・関連会社の経営者として出向させる	5 海外子会社・関連会社の経営者として出向させる	6 企業再生の任に当たらせる	7 M&Aの責任者にさせる
平均	4.03	3.94	3.64	3.47	3.37	3.1	2.99
標準偏差	0.76	0.82	0.84	1.00	1.12	0.97	0.92

　6番目の質問は「管理者に対するキャリア教育の一環として，それぞれの重要度をお答え下さい」である．この質問の背景にあるのは，経営者は部下の管理者に対してキャリアの一環として，「一皮むける経験」とか「胆力」を養うような経験を意識的にさせる必要があると仮定した場合，どのような実践教育が必要になるかという問題意識である．また，社内での階層別や職種ごとのOJTや集合教育，外部教育機関への派遣といった方法以外にどのような実践教育があるかという質問でもある．「大きなプロジェクトの責任者にする」が1位であったが，実際に過去・現在の著名経営者の経歴を辿ると管理者の時代から大きなプロジェクトを任され，それを成功に導くことにより，一皮むけて経営者への階梯を登って行った人々の例は枚挙に暇がない．「複数の部門を経験」したり（2位），「大きな商談を任せられ」たり（3位），「内外子会社・関連会社の経営者として出向する」（4位，5位）なども経営者になるための管理者にとっての重要な試練として考えられていることが確認できる．「企業再生の任に当たらせる」や「M&Aの責任者にさせる」の平均値が低いのは，自社にそのような機会がなかった企業も多いことが一因と考えられる．

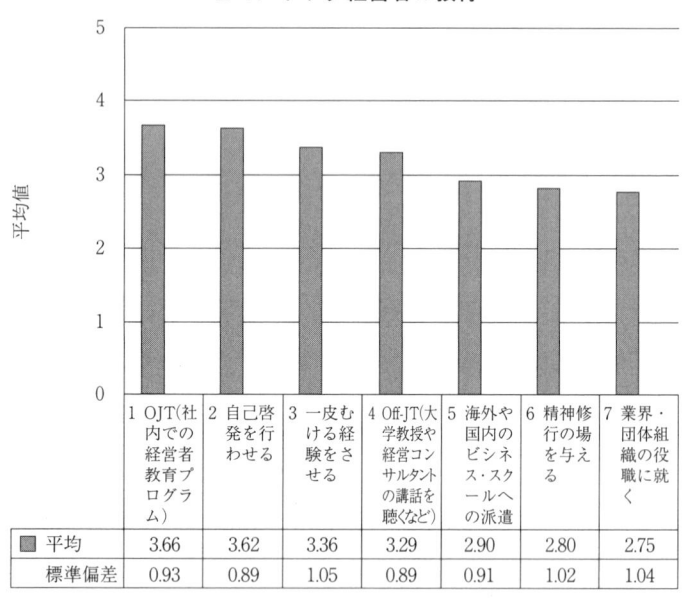

III-7. トップ経営者の教育

	1 OJT(社内での経営者教育プログラム)	2 自己啓発を行わせる	3 一皮むける経験をさせる	4 Off-JT(大学教授や経営コンサルタントの講話を聴くなど)	5 海外や国内のビジネス・スクールへの派遣	6 精神修行の場を与える	7 業界・団体組織の役職に就く
平均	3.66	3.62	3.36	3.29	2.90	2.80	2.75
標準偏差	0.93	0.89	1.05	0.89	0.91	1.02	1.04

　第7番目の質問は「トップ経営者の教育について，それぞれの重要度をお答え下さい」である．トップ経営者は教育できないという考え方もあろうが，ここではそのような考え方は採らない．トップ経営者になるための資質や才能は天賦のものだから学び取ることはできないと考えるよりも，それは学んで掴み取ることのできるという立場を採る．また，生まれつきそのような資質や能力を持っている人が仮にいたとしても，何もしなくてもトップとしてのリーダーシップが発揮できるものではないし，そのようなリーダーシップはフォロワーとしての部下から認められてはじめて発現するものであろう．回答者もそのような立場で答えて戴いたものと推察される．

　回答結果をみると，意外とオーソドックスな「OJT（社内での経営者教育プログラム）」が1位であった．「自己啓発を行わせる」（2位）は，OJTと並行して，いやそれ以上にトップの教育は自己啓発以外にはないといったリーダー自身のメッセージを反映しているとも考えられる．「一皮むける経験」（3位）は，経営者になってもさらに高みを目指して重要であると認識されている．また，Off-JT（4位）もかなり重要視されていることが窺われる．

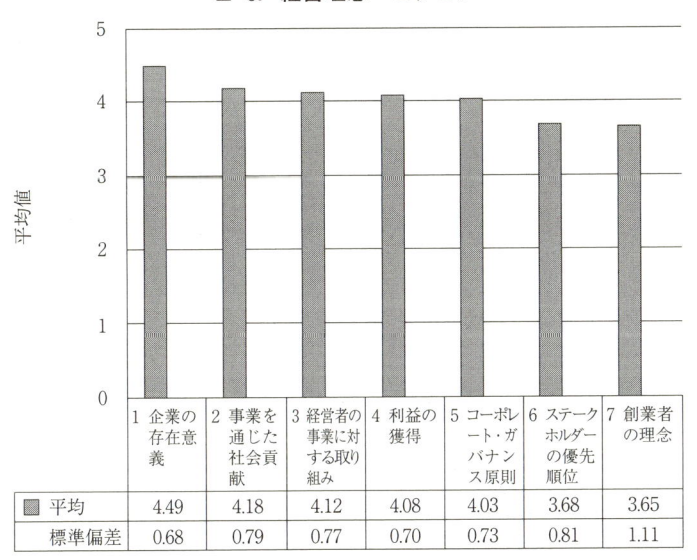

III-8. 経営理念・ビジョン

	1 企業の存在意義	2 事業を通じた社会貢献	3 経営者の事業に対する取り組み	4 利益の獲得	5 コーポレート・ガバナンス原則	6 ステークホルダーの優先順位	7 創業者の理念
平均	4.49	4.18	4.12	4.08	4.03	3.68	3.65
標準偏差	0.68	0.79	0.77	0.70	0.73	0.81	1.11

　第8番目の質問は「経営理念・ビジョンとして，それぞれの重要度をお答え下さい」である．本来，企業は社会的に有用な存在として，事業を行うことによって社会と消費者（顧客）に何らかの便益をもたらす存在であるべきであろう．その意味から，経営理念として「企業の存在意義」が1位にランクされているのはむしろ当然かとも思われる．また，「事業を通じた社会貢献」が2位の高順位にあることは，今日企業は社会的責任として最低限の法的責任を果たしていればよいという時代ではなく，より積極的・自発的に社会貢献を果たさなければならないと経営者が意識していることを窺わせるものである．「経営者の事業に対する取り組み」（3位）は当然といえば当然である．トップとしてのリーダーはその企業で何を実現しようとしているのか，何を具体化したいと考えているのか，それをすることによってどういう成果が期待できるのかを示す必要があるのであり，それが即ちビジョンであるからである．4位の「利益の獲得」は企業の維持・成長のために重要であるとの認識であろう．「コーポレート・ガバナンス原則」（5位）については，その根本が「持続可能な経営」や「社会に信頼される企業」を目指すという意味で経営理念・ビジョンとの結びつきを思考していると考えられる．

III-9. M&A

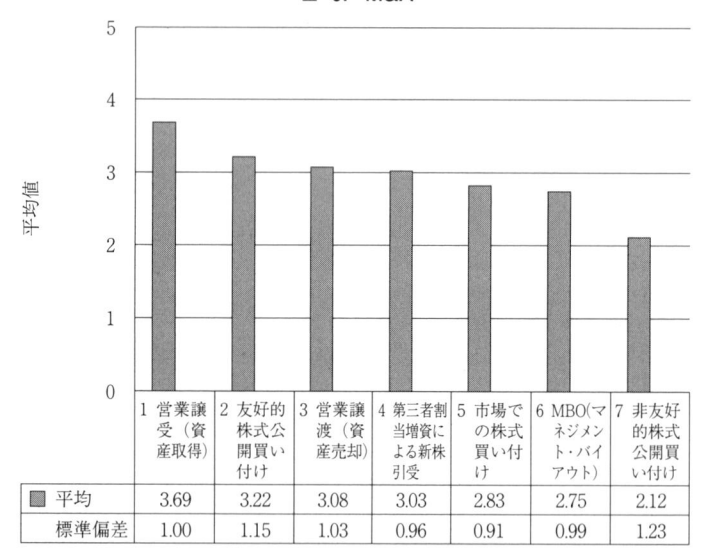

	1 営業譲受（資産取得）	2 友好的株式公開買い付け	3 営業譲渡（資産売却）	4 第三者割当増資による新株引受	5 市場での株式買い付け	6 MBO(マネジメント・バイアウト)	7 非友好的株式公開買い付け
平均	3.69	3.22	3.08	3.03	2.83	2.75	2.12
標準偏差	1.00	1.15	1.03	0.96	0.91	0.99	1.23

　9番目の質問は「M&Aについて，その重要度をお答え下さい」である．一昔前は，日本国内においてはM&Aは忌避される傾向があった．しかし，今日では日本企業は，M&Aを梃子にして外部成長戦略に取り組むようになった．経済同友会の『第6回企業白書』によれば，日本企業によるM&Aの源流モデルは「トップ同士の信頼関係や大株主の関係が良好な場合のみ」実施されていたが，今日モデルでは「内部成長を基本とするが，重要な経営資源獲得のために戦略的」に展開しており，さらに近未来モデルとしては「低コスト製品開発やモジュール化を補完する新興国企業のM&A」が展開されることを予測している[4]．

　本調査では視点を変え，今日日本企業が実施している現実のM&A手法について具体的に尋ねている．調査結果は上記のグラフが示す通りであるが，日本ではMBO（6位），非友好的株式公開買い付け（TOB）（7位）などは比較的少なくて，一番多いのは「営業譲受（資産取得）」や「友好的株式公開買い付け（友好的M&A）」（2位）であり，さらに「営業譲渡（資産売却）」（3位），「第三者割当増資による新株引受」（4位），「市場での株式買い付け」（5位）と続いており，日本企業におけるM&A手法の実態が明らかになっている．

注4）経済同友会（2008）「新日本流経営の創造」『第6回企業白書』52ページ．

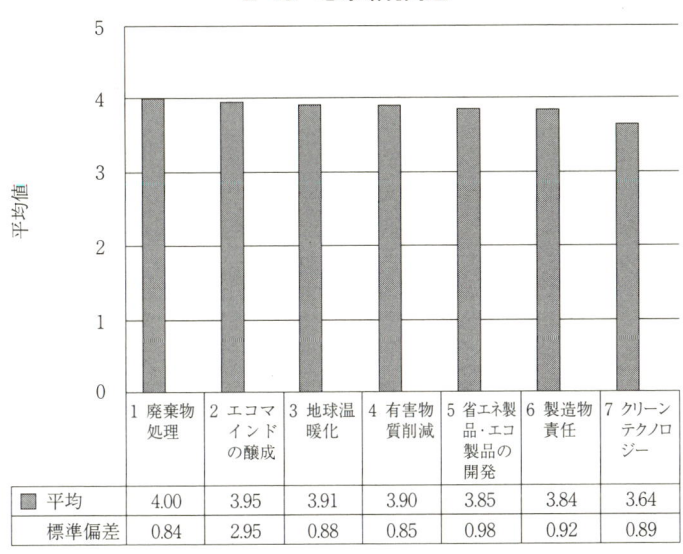

Ⅲ-10. 地球環境問題

	1 廃棄物処理	2 エコマインドの醸成	3 地球温暖化	4 有害物質削減	5 省エネ製品・エコ製品の開発	6 製造物責任	7 クリーンテクノロジー
平均	4.00	3.95	3.91	3.90	3.85	3.84	3.64
標準偏差	0.84	2.95	0.88	0.85	0.98	0.92	0.89

10番目の質問は「地球環境問題に対する企業の取り組みについて，それぞれの重要度をお答え下さい」である．地球環境問題の今日的特徴は，60年代や70年代のような短期間に大勢の人の生命が脅かされるといったタイプの公害問題は影を潜めており，新たな環境問題が持ち上がったことである．地球温暖化，オゾン層破壊，酸性雨，砂漠化，生物種の減少などの問題であり，今日企業に責任の一端があることは言を俟たないところである．

そこで当設問では，企業の具体的な地球環境問題への取り組みを明らかにしようとした．上記の調査結果をみると1位の「廃棄物処理」から7位の「クリーンテクノロジー」まで平均値の差は最大0.36しかない．この点回答項目にもっと工夫が必要であったかもしれない．しかし，企業はそれだけ広範囲にこの問題に取り組んでいるという解釈も可能であろう．まず，「廃棄物処理」においては，資源のリサイクルが課題であるが，資源の乏しい日本では最も期待される活動である．「エコマインドの醸成」については，企業が地域社会ひいては地球社会の一員としての自覚を持ち，環境問題にさまざまな形で取り組む姿勢が感じられる．「地球温暖化」については，例えば，企業はオゾン層を破壊するフロンガスを製品に使わないとか，ディーゼル車の排気ガスを低減させる等の努力が払われている．以下の項目についても，日本企業は過去の公害対策基準の達成や2度のオイルショック時の経験を参考に，世界レベルの環境保全技術を駆使してこの問題に対処することが必要である．

IV. 管理者能力について

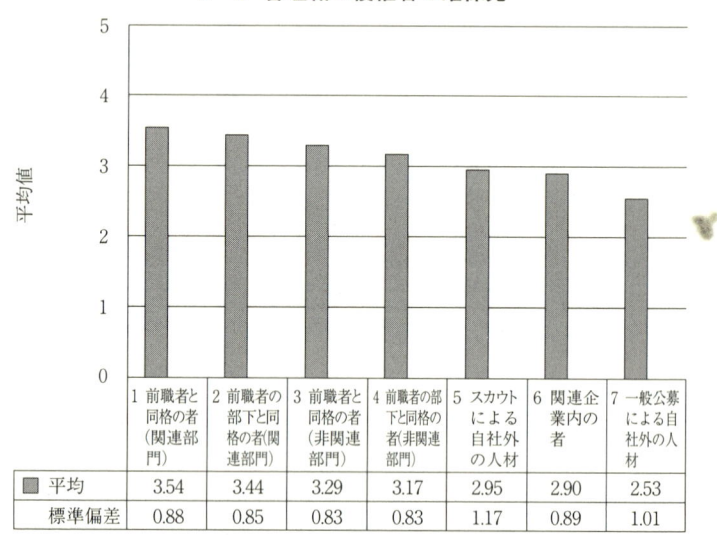

IV-1. 管理職の後継者の確保先

	1 前職者と同格の者(関連部門)	2 前職者の部下と同格の者(関連部門)	3 前職者と同格の者(非関連部門)	4 前職者の部下と同格の者(非関連部門)	5 スカウトによる自社外の人材	6 関連企業内の者	7 一般公募による自社外の人材
平均	3.54	3.44	3.29	3.17	2.95	2.90	2.53
標準偏差	0.88	0.85	0.83	0.83	1.17	0.89	1.01

　わが国企業における従業員つまり人的資源の配置・配分は，昇進・昇格や異動によりその需給を調整しようとする，いわゆる内部労働市場メカニズムによって運営されているのが一般的である．そうした土壌が，旧来の終身雇用制やそれに基づく年功（昇進・賃金）制といった日本的雇用慣行を生み出したといわれている．
　本設問は，管理職ポストが空席になった場合，その後継者をどこから確保するかについて問うものである．その回答として多かったのは，関連部門の前職者と同格の者かその部下を内部昇進・昇格によって後継者として確保する，であった．次いで，関連部門に後継者がいない場合は，非関連部門から探すといった順であった．スカウトによる自社外の人材や関連企業内の者，一般公募による自社外の人材といった，企業外部の労働市場から後継者を探すという回答は優先順位が低かった．
　そこからは，わが国企業では労働者が必要に応じて企業間を移動し，成果に応じた賃金・人事処遇を受け取る態勢がいまだ定着していない現状が見て取れる．

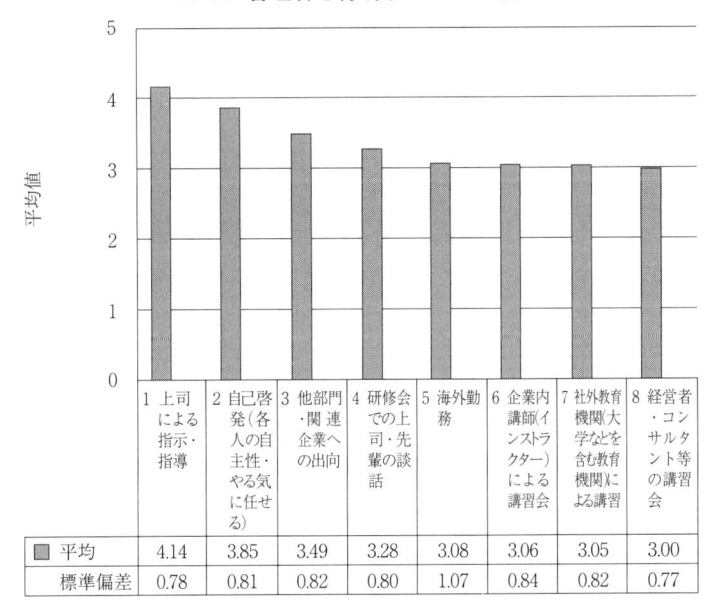

IV-2. 管理者を育成するための方法

	1 上司による指示・指導	2 自己啓発(各人の自主性・やる気に任せる)	3 他部門・関連企業への出向	4 研修会での上司・先輩の談話	5 海外勤務	6 企業内講師(インストラクター)による講習会	7 社外教育機関(大学などを含む教育機関)による講習	8 経営者・コンサルタント等の講習会
平均	4.14	3.85	3.49	3.28	3.08	3.06	3.05	3.00
標準偏差	0.78	0.81	0.82	0.80	1.07	0.84	0.82	0.77

　個人の能力には，その能力が発揮され顕在化することで判明する顕在能力と，保有されている可能性があるがその存在がいまだ判明していない潜在能力の2つがある．そうした個人の能力を組織において育成するためには，基本的に次の3つの方法しかない．

　第1は，職場の上司などによるOJT（職場内教育訓練）を通じて行われるface-to-faceといった人間系のコミュニケーションを通じての支援である．第2は，組織による能力開発システムの支援いわゆるOFF-JT（職場外教育訓練）であり，第3は，各人の個人学習ならびに集団学習を通じての自己啓発である．

　本設問は，管理者を育成するための方法として，上記の3つの方法について問うたものである．その回答として多かったのはOJTで，依然として管理者の育成方法として主流である．次いで自己啓発の重要性が高まっていることが見て取れる．また出向や上司・先輩の談話が，育成方法の一つとして挙げられているのが目に付く．なおOFF-JTが，OJTや自己啓発に比べると相対的に優先順位が低くなっているが，その背景として景気低迷により企業の労働費用に占める教育訓練費の削減が見て取れる．

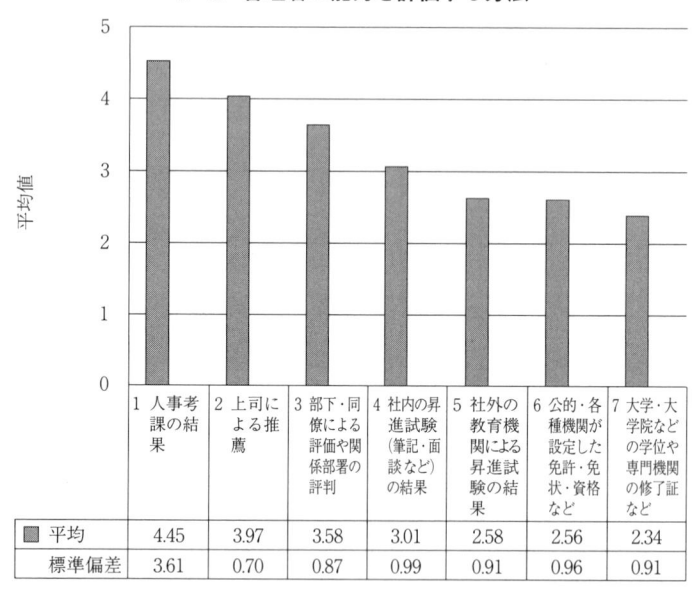

IV-3. 管理者の能力を評価する方法

	1 人事考課の結果	2 上司による推薦	3 部下・同僚による評価や関係部署の評判	4 社内の昇進試験（筆記・面談など）の結果	5 社外の教育機関による昇進試験の結果	6 公的・各種機関が設定した免許・免状・資格など	7 大学・大学院などの学位や専門機関の修了証など
平均	4.45	3.97	3.58	3.01	2.58	2.56	2.34
標準偏差	3.61	0.70	0.87	0.99	0.91	0.96	0.91

　従業員に仕事についての知識や技能を身につけさせても，その効率性が損なわれないように，労働能力と仕事要件が一致するよう，適性・適正配置を行う必要がある．また，従業員を労働能力の伸長に応じて，それに相応しい仕事に就けさせなければならない．

　従業員をその能力に相応しいポストに配置するためには，管理者によって従業員の能力が適正かつ公正に評価されなければならない．その際，業績だけではなく，態度や意欲も重視する必要がある．

　本設問は，管理者の能力を評価する方法について問うたものである．その回答として多かったのは，人事考課であった．人事考課は，従業員一人ひとりの個性と能力を適切な職務に結びつけ，従業員に働く喜びを与え，企業としてより有効な人材活用を実現するために必要な人事情報を収集する手段である．次いで回答として多かったのは，上司による推薦や関係者の評判で，それらも重要な能力評価方法として挙げられている．なお，社外の昇進試験結果や，専門教育機関の修了証や免許・免状・資格などは相対的に順位が低く，あくまで能力評価に際しての参考資料程度の扱いなのであろうか．

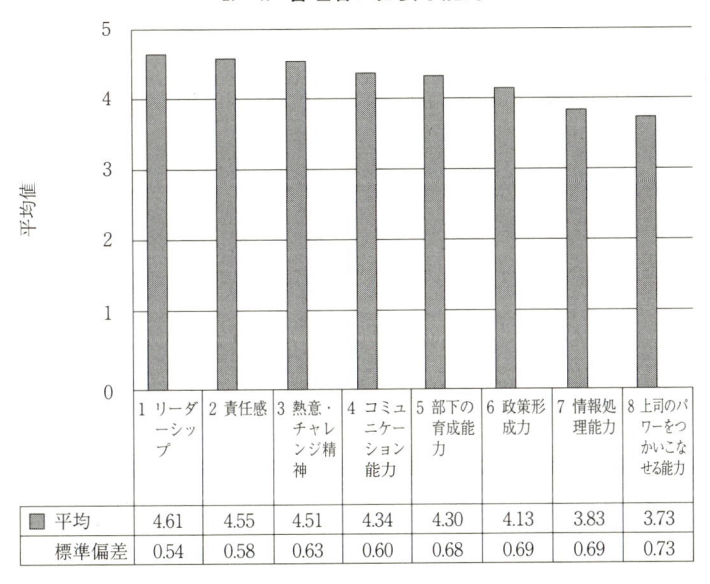

IV-4. 管理者に必要な能力

	1 リーダーシップ	2 責任感	3 熱意・チャレンジ精神	4 コミュニケーション能力	5 部下の育成能力	6 政策形成力	7 情報処理能力	8 上司のパワーをツかいこなせる能力
平均	4.61	4.55	4.51	4.34	4.30	4.13	3.83	3.73
標準偏差	0.54	0.58	0.63	0.60	0.68	0.69	0.69	0.73

　1969年，現日本経団連の前身であるいわゆる日経連は，能力を体力・適性・知識・経験・性格・意欲等の要素から成り立つと定義した．つまり能力は，①適性および性格（いわゆる気質とかパーソナリティといわれるもの），②一般的能力（理解力・判断力・記憶力・分析）といったいわゆる天賦の能力—基礎能力），③特殊能力（②を土台にした専門的知識，技能—業務能力），④意欲（実行力，責任感，バイタリティー—態度），⑤身体的特質（いわゆる筋力や運動神経—肉体的能力）といった各諸要素がからみあったものであるとした．こうした能力は，個別的に発揮され，業績という形で顕在化され，企業目的に資するのである．企業において従業員に求められる能力とは，企業目標の達成に貢献する職務遂行能力であり，人の能力の質と量は，個人の努力や職場の環境によって変化するのである．

　本設問は，管理者に必要な能力について問うたものである．その回答として多かったのは，リーダーシップであった．リーダーシップは，標準偏差をみても，ばらつきが相対的に低く，次いで，責任感，熱意・チャレンジ精神，コミュニケーション能力と続いている．なお，管理者に必要な能力として，設問に問題解決能力や論理的・構造的に物事を考える批判的思考（クリティカル・シンキング）力などを挙げる必要があったと考える．

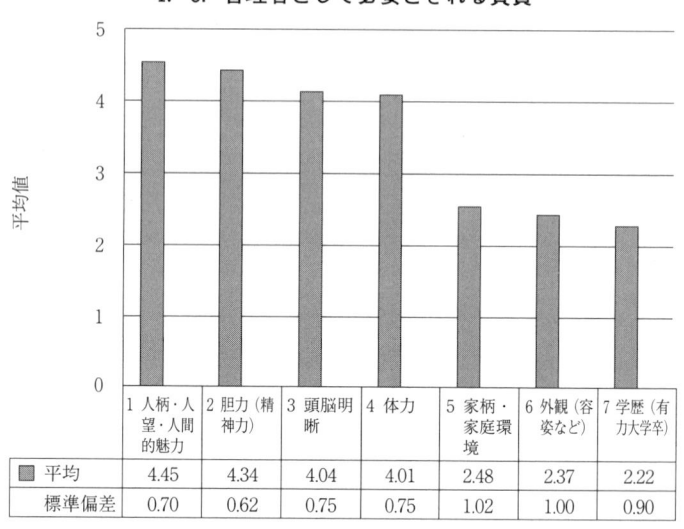

IV-5. 管理者として必要とされる資質

	1 人柄・人望・人間的魅力	2 胆力（精神力）	3 頭脳明晰	4 体力	5 家柄・家庭環境	6 外観（容姿など）	7 学歴（有力大学卒）
平均	4.45	4.34	4.04	4.01	2.48	2.37	2.22
標準偏差	0.70	0.62	0.75	0.75	1.02	1.00	0.90

　本設問は，前設問の管理者に必要な能力に関連して，管理者として必要とされる生まれ持った性質や才能つまり資質について問うたものである．その回答として多かったのは，人柄・人望・人間的魅力といった性格面が管理者の資質であった．回答は，1位から4位と，5位から7位までと平均値の高低にギャップがみられる．つまり，家柄・家庭環境，外観（容姿など），学歴（有力大学卒）は，それほど重要視されていないのだが，ただし，それらについては，1位～4位に比べて標準偏差（バラツキ）が高いのが特徴的である．つまり，平均値は低いが重要視している向きもあるということが言えよう．

　学歴の高さや有力大学卒といった履歴が必ず管理者として必要とされる資質ではないとの回答が，最下位の7位として示されているが，3位の頭脳明晰との関連性はどのように考えたらよいのだろうか．つまり，頭脳明晰といった資質は，大学などの高等教育機関によって向上させることができるかどうかといった問題に関連しよう．また，6位の外観だが，貫禄・恰幅・見た目が良いなどの容姿や様子は，業種や職種によっては，重要な要素だと考えられるがどのように捉えたらよいのだろうか．

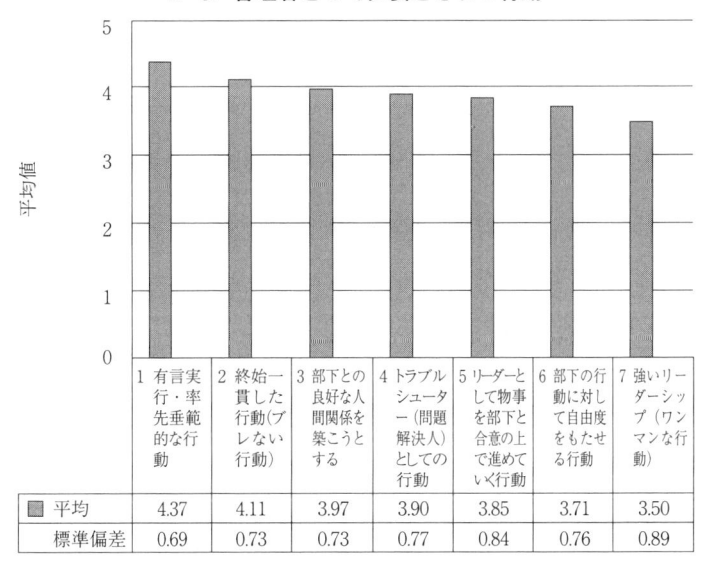

IV-6. 管理者として必要とされる行動

	1 有言実行・率先垂範的な行動	2 終始一貫した行動(ブレない行動)	3 部下との良好な人間関係を築こうとする	4 トラブルシューター(問題解決人)としての行動	5 リーダーとして物事を部下と合意の上で進めていく行動	6 部下の行動に対して自由度をもたせる行動	7 強いリーダーシップ(ワンマンな行動)
平均	4.37	4.11	3.97	3.90	3.85	3.71	3.50
標準偏差	0.69	0.73	0.73	0.77	0.84	0.76	0.89

　本設問は，管理者として必要とされる行動について問うたものである．その回答として多かったのは，「有言実行・率先垂範的な行動」，「終始一貫した行動（ブレない行動）」といった，リーダーとして信頼される上司（管理者）に対するものであった．次いで，部下との良好な人間関係の構築や部下の意見を聞いてくれる上司に対する評価が高かったが，ワンマンな行動といった強いリーダーシップの優先順位が低いのが特徴的であった．

　ミンツバーグ（Minzberg, H.）は，かつてマネジャーである経営者・管理者の仕事を10の役割（role）として描いた（The Nature of Managerial Work, Prentice-Hall, Inc., 1973；奥村哲史，須貝栄訳『マネジャーの仕事』白桃書房，1993年）．彼によれば，マネジャーの行動（役割）は，(1)主に人間関係に関するもの—象徴者，リーダー，連結者の役割，(2)主に情報の伝達に関するもの—モニター，情報伝播者，広報者の役割，(3)意思決定に関するもの—企業家，妨害処理者，資源配分者，交渉者の役割に区分されている．

　これを敷衍すれば，本設問で総じて高い平均値を示している管理者行動は，(1)の主に人間関係に関するものであると言える．

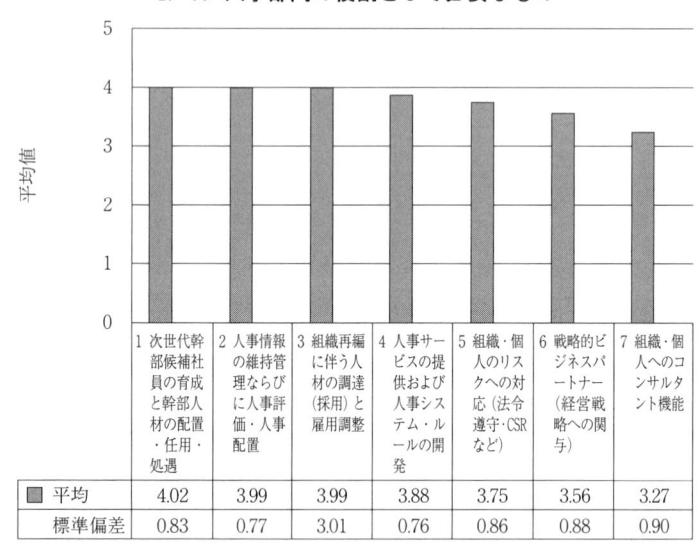

IV-7. 人事部門の役割として必要なもの

	1 次世代幹部候補社員の育成と幹部人材の配置・任用・処遇	2 人事情報の維持管理ならびに人事評価・人事配置	3 組織再編に伴う人材の調達（採用）と雇用調整	4 人事サービスの提供および人事システム・ルールの開発	5 組織・個人のリスクへの対応（法令遵守・CSRなど）	6 戦略的ビジネスパートナー（経営戦略への関与）	7 組織・個人へのコンサルタント機能
平均	4.02	3.99	3.99	3.88	3.75	3.56	3.27
標準偏差	0.83	0.77	3.01	0.76	0.86	0.88	0.90

ウルリッチ（Ulrich, D.）によれば，新しい人事部門には，期待する成果に直結するインフラを構築・管理するといった旧来の役割に加えて，① 長期的・戦略的な視点に立って，戦略を遂行するとともに，人材を育成することで新しい価値の創出に貢献する戦略パートナーの役割，② 従業員のニーズに対応し，諸資源を提供することで，組織へのコミットメントや保有能力の向上に資する従業員擁護者の役割，③ 新しい組織を創造するといった組織変革の推進者といった役割がある．これを敷衍すれば，本設問に対する回答として多かったのは，①の役割にあたる次世代幹部候補社員の育成と幹部人材の配置・任用・処遇であった．次いで，組織再編に伴う人材の調達（採用）と雇用調整と，人事情報の維持管理ならびに人事評価・人事配置といった，従来からの役割が重要視されている．

しかし，②にあたる人事部門のサービス提供部門としての役割の重要性が強調されるようになったが，①にあたる戦略的ビジネスパートナー（経営戦略への関与）や②にあたる組織・個人へのコンサルタント機能，③にあたる組織・個人へのリスクへの対応に対しては，相対的に優先順位が低く，旧来型の人事部門からなかなか脱皮できない実態が見て取れる．

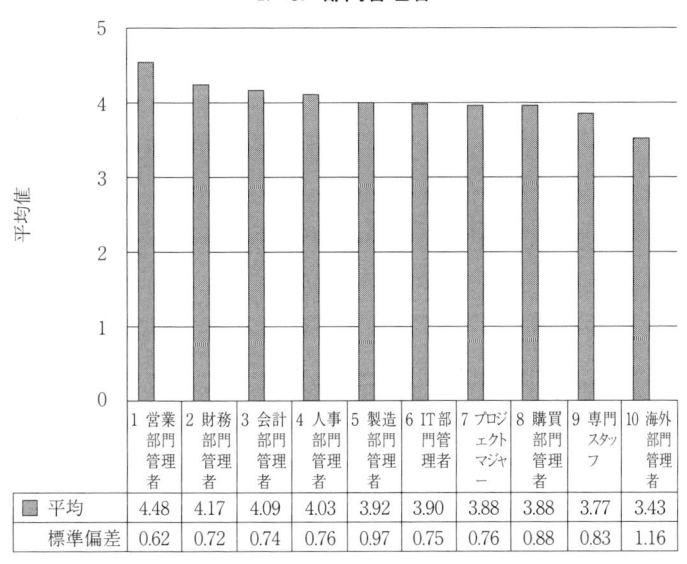

IV-8. 部門管理者

	1 営業部門管理者	2 財務部門管理者	3 会計部門管理者	4 人事部門管理者	5 製造部門管理者	6 IT部門管理者	7 プロジェクトマネジャー	8 購買部門管理者	9 専門スタッフ	10 海外部門管理者
平均	4.48	4.17	4.09	4.03	3.92	3.90	3.88	3.88	3.77	3.43
標準偏差	0.62	0.72	0.74	0.76	0.97	0.75	0.76	0.88	0.83	1.16

　本設問は，部門管理者の重要性，つまり当該企業において育成に注力している部門管理者について問うたものである．しかし，設問文を統一したため，人材育成という視点が抜け落ち，現時点での産業・業種の置かれた企業・経営環境の状況により，どの部門が重要なのかという回答になってしまったきらいがある．

　いずれにしても，本設問に対する回答として多かったのは，厳しい企業環境を反映してか，営業部門，財務部門，会計部門など，売上や資金運用等，ファイナンス関連の部門管理者であった．意外であったのは，海外部門管理者の重要度が10位と最下位であったことである．ただ，海外部門管理者や製造部門管理者の標準偏差が他の部門よりも相対的に高いが，それは海外部門や製造部門をもたない企業もあるため，ばらつきがみられるのかもしれない．

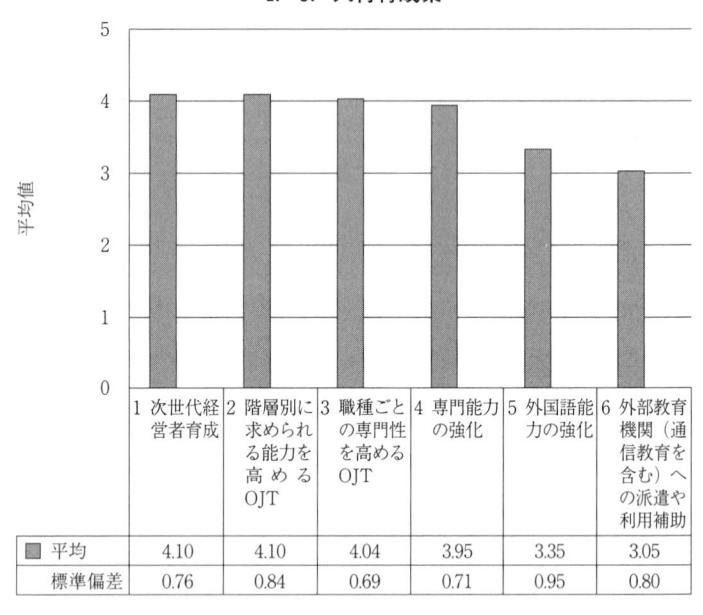

Ⅳ-9. 人材育成策

	1 次世代経営者育成	2 階層別に求められる能力を高めるOJT	3 職種ごとの専門性を高めるOJT	4 専門能力の強化	5 外国語能力の強化	6 外部教育機関（通信教育を含む）への派遣や利用補助
平均	4.10	4.10	4.04	3.95	3.35	3.05
標準偏差	0.76	0.84	0.69	0.71	0.95	0.80

　本設問は，人材育成策，つまり当該企業においてどのような人材育成施策に注力しているかについて問うたものである．また，本設問はⅣ-2の「管理者を育成するための方法」や，Ⅳ-7の「人事部門の役割として必要なもの」とも関連している．本設問に対する回答として多かったのは，次世代経営者育成であり，Ⅳ-7の「人事部門の役割として必要なもの」の回答と合致している．次いで，階層別，職種別のOJTの重要度が高かった．

　また専門能力の強化が要請されているが，外国語能力の強化や外部教育機関への派遣や利用補助といったOFF-JTの重要度は相対的に低くなっている．こうした背景には，企業における労働費用に占める教育訓練費の削減が影響している．

　この集計結果は，経済同友会の「企業経営に関するアンケート」調査結果（『第16回企業白書—新・日本流経営の創造』2009年）における同様の設問とほぼ同じような回答である．ちなみに，回答数の多い順に，OJT，「階層別に求められる能力を高めるOJT」，「次世代経営者育成」，「職種ごとの専門性を高めるOff-JT」，「外国語能力の強化」，「外部教育機関（通信教育を含む）が提供する教育への派遣，利用補助」となっている．

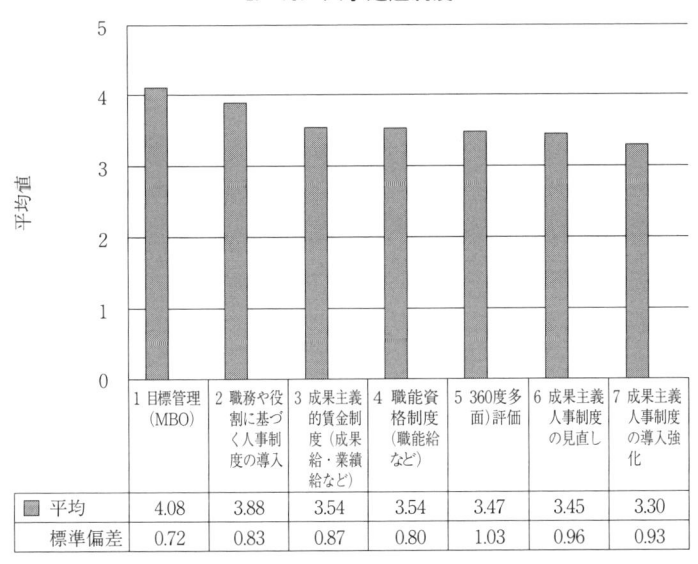

Ⅳ-10. 人事処遇制度

	1 目標管理(MBO)	2 職務や役割に基づく人事制度の導入	3 成果主義的賃金制度（成果給・業績給など）	4 職能資格制度（職能給など）	5 360度多面)評価	6 成果主義人事制度の見直し	7 成果主義人事制度の導入強化
平均	4.08	3.88	3.54	3.54	3.47	3.45	3.30
標準偏差	0.72	0.83	0.87	0.80	1.03	0.96	0.93

　わが国の第二次世界大戦以降の賃金・人事処遇制度は，①年功主義に基づく賃金（年功給，学歴給，勤続給等）・人事処遇制度（終身雇用制，年功昇進制等，②能力（顕在・潜在能力）主義に基づく賃金（職能給）・人事処遇制度（職能資格制度）を経て，③成果主義に基づく賃金（成果給，業績給，職務給，役割給等）・人事処遇制度（目標管理―MBO），360度評価，コンピテンシー等）へと推移してきた．

　現在，多くの大企業をはじめ中小企業において，何らかの形で成果主義が導入されている．しかし，成果主義が当初期待したような成果を上げておらず，評価に対する不満や不信感や士気の低下やメンタルヘルスの不全などが問題化しており，その原因は評価制度の整備の遅れにあると言われている．

　本設問は，人事処遇制度の重要性について問うたものである．本設問に対する回答として多かったのは，成果主義人事処遇制度とセットになっている場合が多い目標管理（MBO）であった．また，成果主義賃金制度の導入とともに，潜在能力を評価する点で批判されるようになった職能資格制度（職能給など）が第4位と，依然として用いられている．なお，成果主義の見直しや強化は，6位・7位と順位は低いが，その重要度は高いのが特徴的である

東洋大学経営力創成研究センターの概要と活動報告

1．本センターの概要

(1) 研究目的

　東洋大学経営力創成研究センターは，平成21年度の文部科学省による「私立大学戦略的研究基盤形成支援事業」の認可を受け，研究テーマ「日本発経営力の創成と『新・日本流』経営者・管理者教育の研究」のもとに研究を始めた．本センターは，経営実践学の方法に基づいて「日本発経営力の創成と『新・日

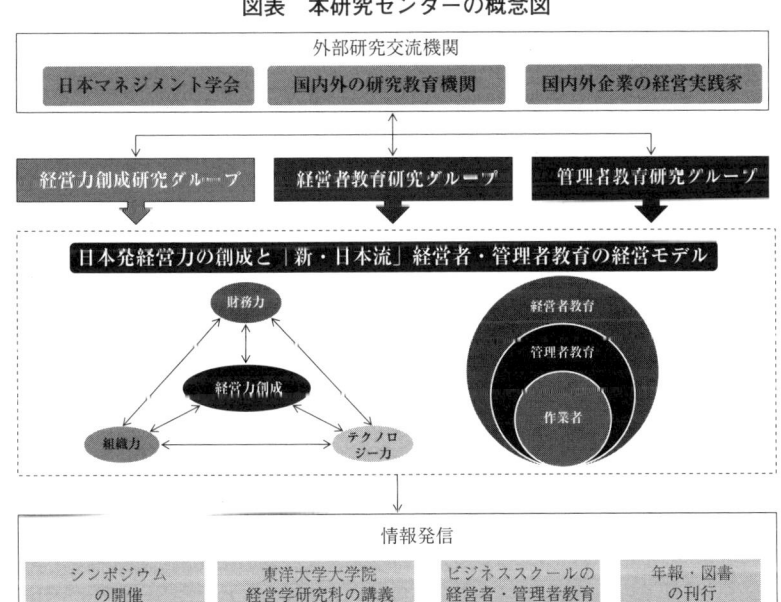

図表　本研究センターの概念図

本流』経営者・管理者教育」に関する研究活動を行っている．国内外の経営実践家とのコミュニケーションを図ることを通じて，日本発の経営力創成と「新・日本流」経営者・管理者教育の経営実践モデルを構築することを最終目標としている．具体的には，「経営力創成研究グループ」，「経営者教育研究グループ」，「管理者教育研究グループ」の3つの組織体制の下，シンポジウムの開催や年報『経営力創成研究』の刊行によって，経営実践家や研究者に還元している．

(2) 研究領域
研究領域Ⅰ：経営力創成研究グループ
　経営力創成研究グループは，組織力，財務力，マーケティング力，テクノロジー力を含めた経営力の創成を目的とする．国内外の経営実践家とのコミュニケーションを図ることを通じて，日本発の経営力創成の経営モデルを明らかにする．

研究領域Ⅱ：経営者教育研究グループ
　経営者教育研究グループは，現代企業の経営理念・ビジョン，CSR，コーポレート・ガバナンス，M&A，MBO，ベンチャー，配当政策など，日本企業の経営政策の課題を検討することを通じて，経営者教育の経営モデルを明らかにすることを目的とする．

研究領域Ⅲ：管理者教育研究グループ
　管理者教育研究グループは，管理者についての研究を主として，マーケティング，人事，労務，会計，財務や情報システムまでを含み，幅広く管理者能力の開発・育成に努めることを通じて，管理者教育の経営モデルを明らかにすることを目的とする．

2．シンポジウム

・第1回シンポジウム
「日本発経営力の創成と『新・日本流』経営者・管理者教育」
日時：2009年7月18日（土）
会場：東洋大学白山キャンパス2号館16階スカイホール

　本研究センターが私立大学戦略的研究基盤形成支援事業の認可を受け，新たに発足したことを記念して開催した．小椋センター長より，新プロジェクトの目的と概要の説明がなされ，基調講演では，医療器具の縫合針や治療器具において先進的な経営実践を世界中で行っているマニー株式会社会長の松谷貫司氏が「マニーの経営と海外生産」について講演した．研究報告においては，中村久人氏が「小売企業のグローバル化の実態と理論構築に向けて―日系小売企業を中心として―」について報告し，パネルディスカッションにおいては，各研究グループのプロジェクト・サブリーダーがそれぞれ「経営力創成」，「経営者教育」，「管理者教育」について討論を行った．

・第2回シンポジウム
「日本におけるベンチャー企業経営者・管理者教育」
日時：2009年12月19日（土）
会場：東洋大学白山キャンパス2号館16階スカイホール

　本シンポジウムでは，基調講演としてIT分野の起業家として先進的な経営実践を行っている株式会社ipoca代表取締役社長の一之瀬卓氏が，「創業の動機から操業に至るまで」というテーマで講演した．また特別研究報告として本学専任講師の中野剛治氏が「大学発ベンチャー企業における経営者の役割」について報告し，研究報告として加藤茂夫氏が「ベンチャー企業のポジショニング」について報告した．その後，上記の3名がパネルディスカッションで討論を行った．

・第3回シンポジウム

「中小企業経営者と経営力の創成」

日時：2010年1月30日（土）

会場：東洋大学白山キャンパス2号館16階スカイホール

　本シンポジウムでは，基調講演として多くの企業経営者や医療機関のトップに社長塾や個別指導を行ってきた株式会社せおん代表取締役社長越純一郎氏が「トップリーダー育成の実務」，そして海外生産において数多くの電子部品メーカーをコンサルティングしてきた堀口ビジネスコンサルティング代表の堀口敬氏が「アフリカを反面教師とした中小企業の育成」というテーマで講演した．また研究報告として小嶌正稔氏が「創業者概念の変質」について報告した．その後，上記の3名がパネルディスカッションで討論を行った．

・第4回シンポジウム

「『新・日本流』経営者・管理者教育の展開」

日時：2010年7月3日（土）

会場：東洋大学白山キャンパス2号館16階スカイホール

　本シンポジウムでは，研究報告として中内基博氏が「技術者間の知識移転とマネジメントの方法」，富田純一氏が「アーキテクチャ論で考える日韓台競争力逆転のメカニズム―液晶パネル産業の事例―」というテーマでそれぞれ報告した．また特別研究報告としてハリウッド大学院大学教授の小林勝氏が「『新・日本流経営』のリーダー，マネジャーの発掘と育成」というテーマで報告した．最後に基調講演として株式会社国際ビジネスブレイン代表取締役社長の新将命氏が「勝ち残る企業創りとリーダーの条件」について講演した．

・第5回シンポジウム

「経営者・管理者の育成と経営力創成」

日時：2010年12月11日（土）

会場：東洋大学白山キャンパス２号館16階スカイホール

　本シンポジウムでは，研究報告として山口裕之氏が「製品市場における技術間競争と企業間競争」というテーマで報告し，基調講演としてコカ・コーラカスタマーマーケティング株式会社前代表取締役社長の土井隆司氏が，「経営者のカウンセリングサポート」について講演した．その後，パネルディスカッションにおいては，各研究グループの代表者がそれぞれ「経営力創成」，「経営者教育」，「管理者教育」に関するテーマについて討論を行った．

・第６回シンポジウム
「日本の経営者・管理者の育成と経営力創成」
日時：2011年１月22日（土）
会場：東洋大学白山キャンパス6302教室

　本シンポジウムでは，研究報告として中村公一氏が「経営戦略論における外部成長戦略―M&Aの形成とマネジメント―」というテーマで報告し，パネルディスカッションにおいては，各研究グループの代表者が本年度実施したアンケート調査の結果について討論を行った．最後に基調講演として前NTTドコモ代表取締役副社長，株式会社情報通信総合研究所代表取締役社長の平田正之氏が，「NTTグループの経営課題と人材育成―NTTドコモの経験」について講演した．

・第７回シンポジウム（国際シンポジウム）
「グローバル化時代の経営者とマネジメント」
日時：2011年６月29日（水）
会場：東洋大学５号館井上円了記念ホール

　本シンポジウムは，本学125周年記念に併せて国内外の経営実践家や研究者とのコミュニケーションを図ることを通じて，本センターの最終目的である「新・日本流」経営者・管理者教育の経営実践モデルを構築するための手掛か

りにすることを目的とした．

　アメリカからは本学提携校であるミズーリ大学准教授 Usui Chikako 氏が「日本の起業家精神活動における比較分析」について特別研究報告を行った．同じくアメリカからマーケティング研究の第一人者としてご活躍されているテンプル大学教授 Kotabe Masaaki 氏が，「米国型アウトソーシング戦略と顧客満足の関係―その競争力と落とし穴―」について特別研究報告を行った．中国からは，中国の経営実践家として，香港証券市場に上場した金蝶国際軟件集団有限公司高級副総裁の張良杰氏が，「中国企業における管理モデル」について講演した．日本からは，経営実践家としてマニー株式会社会長の松谷貫司氏が「当社のグローバル化と今後の課題」というテーマで講演した．

　また学内からは，センター長である小椋康宏氏が「日本型経営と経営者の役割」について基調講演を行った．続いて研究報告として幸田浩文氏が「戦後わが国企業における人材育成管理の史的展開―能力概念を中心に―」について報告した．また中村久人氏が「グローバリゼーションと日本型経営からの脱却―スミダとサムソンに学ぶ」について報告した．

3．刊行物

・年報『経営力創成研究』第 6 号　2010 年 3 月 16 日発行
・年報『経営力創成研究』第 7 号　2011 年 3 月 16 日発行
・調査中間報告書「日本発経営力の創成と『新・日本流』経営者・管理者教育に関するアンケート調査」2011 年 3 月 16 日発行

索　引

ア　行

アート　128
安定的雇用の創出　9
アントレプレナー（起業家）　77, 108
　　——シップ　108
暗黙知　129
委員会設置会社　18
意思決定主体　65
イノベーション　32, 35, 102
　　——力　67
イノベーター　82
Win-Winの関係　64
永続的経営体　48
SL理論　147
NGO　81, 94
NPO　94
FA　176
M&Aコンピタンス　63, 73
M&A戦略　60, 61
ME　176
MOT人材　179
MBA　131
LMX理論　148
OA　176
OJT　174, 178, 181
Off-JT　174, 178, 181

カ　行

開業年齢　117
開業率　106
外国人経営者　16
確定額金銭報酬　20
株価連動型インセンティブ受領権　20
環境に配慮した製品開発　9
監督者訓練　170
官民一体護送船団方式　14
管理者
　　——の育成方法　182
　　——の資質　182
　　——の能力　182
管理者的職能　32
企業家型経営者　135
起業家　102, 108
　　——社会　118
　　——の資質　107
企業価値創造　2, 7
　　　経営　135
企業価値の最大化　22
起業家的な職能　32
企業三重制度　30
企業体の価値　2
企業統治　22
企業内教育訓練　173
企業内講師　185
企業内大学　135
企業倫理　15
技術的起業家　114
キャリア開発プログラム　174
キャリア教育　174
教育訓練　170
競争優位性　69

協働　8
　　——統治　45, 46
クラフト　128
クリティカル・シンキング　12
グローバル・ビジョン　12
グローバルマインド　12
経営機能主義　3
経営教育　25
経営構想　65
経営実践学の研究方法　25
経営者
　　——の条件　139
　　——の全人的教育　25
経営者教育　135
経営者能力　127
　　——育成　136
経営者報酬　16
経営戦略　54
　　——の策定　59
経営体三〔四〕重制度　43
経営体存続　30
　　——目標　43
経営哲学　12
経営理念　3
経営力　67
経済同友会　10
形式知　129
経路目標理論　148
「公益性」社会責任　5, 24
「公共性」社会責任　15
顧客創造　32
コーポレート・ガバナンス　18, 20, 21
コミュニケーション　11, 152, 153
雇用者社会　105
コンセプチュアル・スキル　168
コンピテンシー　169
コンプライアンス　15
　　——経営　16

サ　行

サイエンス　128
最高経営　30
最高人事責任者　188
財務資源　33, 38
サーバント・リーダーシップ論　156, 159
CEO（最高経営責任者）　16, 23
CSR　3
　　——ビジョン　10
事業部制組織　59
自己啓発　24, 185
　　——支援　187
自己雇用　104
　　——者　103
自己統治　46
シナジー　70
社外教育機関　185
「社会性」社会責任　4
社会的企業家　87
社会的衝撃　40
社会的責任　33, 39
社会問題の緩和や解決　40
収益重視型起業家　114
就業構造基本調査　105
集団主義　11
受動的起業家　112
状況的リーダーシップ論　147
情報システム統合　46, 47
職能給　172, 175
　　——体系　169
職能資格制度　169, 175
所有経営者　114
人材育成　181
　　——管理　177
人材ポートフォリオ　180
人事考課　172
新社会構築　40

索　引　241

人的資源　36
　──ないし人間組織　33, 36
ステークホルダー　5, 6
ストックオプション　21
スピンオフ型　109
擦り合わせ技術　13
生産性　33, 38
制度化された自己統治　45
専門的企業家　114
戦略　54
　──担当部門　59
　──的意思決定　54
　──的事業単位（SBU）　57
創業　70
　──動機　112, 113
操業　70
創造的資本主義　83
創造的破壊　102, 108
組織統合　62
ソーシャル・ビジネス　84, 86, 87, 88, 89, 91, 92, 94
ソーシャルベンチャー　95

タ　行

対境活動　5
対境関係　6
多角化戦略　57
他者統治　45, 46
胆力　140, 184, 187
チーム・ワーク　11
長期経営計画　55, 56
帝王学　133
テクニカル・スキル　168
トップマネジメント　71
富創出能力　30, 48, 49

ナ　行

ナレッジマネジメント　71
日本型経営モデル　95

日本電産コーポレート・スローガン　8
人間組織　37
『人間尊重』の理念　10
『人間としての公共性』　15
ネットワーキング　13
能動的起業家　112
能力主義管理　167, 173
のれん分け型　109

ハ　行

廃業率　106
買収候補企業　61
派遣社員　103
パート・アルバイト　103
バルーン型組織　79, 94
ハワード・ストリンガー　18
ＰＭ理論　146
BOP　91
ビジョン　3, 4
非正規雇用者　103
PDCAサイクル　55
ヒューマン・スキル　168
ピラミッド型組織　94
フォロワー　152
物的資源　33, 38
フランチャイザー　115
フランチャイジー　115
ブランド力　116
ブリガム，E.F.　2
プロセス・イノベーション　13
プロフェッショナル人材　179
分社化　109
ペーシェントキャピタル　97
変革型リーダーシップ論　149, 150
ベンチャー企業　77
ベンチャー起業家　119
ベンチャースピリット　87
ベンチャー・ビジネス　77

マ 行

マクロ環境分析　58
マーケティング　32, 33
マーケティング力　67
マネジメント・グリッド論　146
マネジメント人材　179
マネジメント・プロフェッショナル　24
ミクロ環境分析　58
ミッション　3, 4

ヤ 行

役員報酬　20

ラ 行

ライフスタイル企業家　114
利潤性　41
リスク認識度　116, 117
リストラ型創業者　109
リーダーシップ　144, 152
　――行動論　145
　――資質論　144
　――能力　138
　――の帰属理論　148
　――の条件適合論　147
ロボット化　13
ロボット先進国　14

■編者紹介

東洋大学経営力創成研究センター

　本研究センター（Research Center for Creative Management：RCM）は，平成21年度の文部科学省による「私立大学戦略的研究基盤形成支援事業」の認可を受け，研究テーマ「日本発経営力の創成と『新・日本流』経営者・管理者教育の研究」のもとに研究活動を進めております。

センター長・編集責任者　小椋康宏

〒112-8606
東京都文京区白山5-28-20
TEL：03-3945-7398
FAX：03-3945-7396
E-mail：ml-rcm@toyo.jp

経営者と管理者の研究

2012年2月20日　第一版第一刷発行

編　者	東洋大学経営力創成研究センター
発行所	㈱学文社
発行者	田中千津子

〒153-0064　東京都目黒区下目黒3-6-1
電話(03)3715-1501(代表)　振替00130-9-98842
http://www.gakubunsha.com

印刷／新灯印刷
〈検印省略〉

落丁，乱丁本は，本社にてお取り替えします。
定価は，売上カード，カバーに表示してあります。

ISBN 978-4-7620-2239-5

© 2012　Research Center for Creative Management　Printed in Japan